中华经典藏书

徐霞客游记

朱惠荣 译注

中华书局

图书在版编目（CIP）数据

徐霞客游记/朱惠荣译注. —北京：中华书局，2016.3（2025.2重印）

（中华经典藏书）

ISBN 978-7-101-11550-5

Ⅰ.徐… Ⅱ.朱… Ⅲ.①游记-中国-明代②历史地理-中国-明代③《徐霞客游记》-译文④《徐霞客游记》-注释Ⅳ.K928.9

中国版本图书馆 CIP 数据核字（2016）第 035127 号

书　　　名	徐霞客游记
译 注 者	朱惠荣
丛 书 名	中华经典藏书
责 任 编 辑	刘胜利
装 帧 设 计	毛　淳
责 任 印 制	陈丽娜
出 版 发 行	中华书局
	（北京市丰台区太平桥西里 38 号　100073）
	http://www.zhbc.com.cn
	E-mail：zhbc@zhbc.com.cn
印　　　刷	河北博文科技印务有限公司
版　　　次	2016 年 3 月第 1 版
	2025 年 2 月第 13 次印刷
规　　　格	开本/880×1230 毫米　1/32
	印张 13⅛　插页 2　字数 200 千字
印　　　数	123001-129000 册
国 际 书 号	ISBN 978-7-101-11550-5
定　　　价	27.00 元

前　言

　　徐霞客名弘祖，字振之，以别号霞客行世。明代南直隶江阴（今属江苏）人。生于万历十四年十一月二十七日，相当于公元 1587 年 1 月 5 日。

　　徐霞客是我国古代杰出的旅行家。他生活在我国封建社会的晚期，弃绝科举，放弃仕途，寄情山水，游遍全国名山大川，毕生从事旅游和地理考察。他东边渡海到洛伽山，西抵腾冲西境，北游盘山，南达罗浮山，足迹遍及当时的两京十三布政司，相当于今天的北京、天津、上海及江苏、山东、河北、山西、陕西、河南、湖北、安徽、浙江、福建、广东、江西、湖南、广西、贵州、云南等十九个省市自治区，可能还到过四川省和重庆市。我国古代的旅行家不少，但多系官方派遣，奉命出使或执行政务；游方和尚踏上旅途是为了求法取经或朝山，出于宗教的需要；商人踏上旅途是为了转贩贸易，赚取利润。比之于以上几种，徐霞客可算另类。他一介布衣，不为执行政务，不为求法取经，不为经商获利。他出于对祖国山河的热爱，把全部精力都用在旅游和地理考察上，是我国古代难得的专业旅行家。因此，他很难享用各级官府提供的资助，从事旅游的条件特别艰苦，沿途碰到的困难更加复杂，旅游付出的代价更多更大。徐霞客晚年的旅游已到了炉火纯青的地步。他不满足于定时定点、游罢即归的短期的"有方之游"，而逐步实现了"不计程、亦不计年"的"万里遐征"，即没有时间和范围限制的"汗漫游"。他将家中的田产、自己一生的情趣甚至生命，都献给了他酷爱的旅游事业。在湘江遇盗，钱物被洗劫一空，御寒的衣服都没有，同乡愿意资助他回家的路费，劝他"再生不如息趾"，他却坚定地回答"不欲变余去志"，用家中的田产做抵押，借得一笔路费，继续旅行。他说："吾荷一锸来，何处不可埋吾骨耶！"他已进入"以躯命游"的境界。好友陈函辉赠给他"寻山如访友，远游如致身"的名句，恰当地总结了他与旅游的特殊关系。此句被他的朋友们反复吟咏，徐霞客本人也表示："乃具如许大愿力，当摇其性情，与山水相合也。" 徐霞客不但沉浸在物我两忘的"以性灵游"的境界，更追求"远游致身"的更高境界，通过旅游的历练，修养身心，完善自我。徐霞客的一生主要是在旅途中度过，直到在鸡足山双脚致残，被朋友派人用滑竿送回。回家后不久，崇祯十四年正月二十七日，即公元1641年3月8日逝世。徐霞客攀上了我国古代旅游的高峰，在众多的旅行家中，被尊为"旷世之游圣"。

徐霞客也是一位杰出的地理学家，他在地理学的发展史上作出了卓越的贡献。他对传统的地理观念和结论，大胆地投以批判的眼光，重新加以审查，突破了古典地理学的局限。他"尝谓山川面目，多为图经志籍所蒙"，"云昔人志星官舆地，多以承袭附会；即江、河二经，山脉三条，自纪载来，俱囿于中国一方，未测浩衍"。他随身带着《大明一统志》等书进行考察，沿途一一指出这些权威著作的错误。他敢于用真理驳圣经，否定儒家经典《尚书·禹贡》关于"岷山导江"的错误结论，勇敢地承认金沙江是长江的正源。他是我国古代难得的实测地理学家，主要通过实地考察进行地理研究和考证。"其所纪核，从足与目互订而得之。"他用双脚丈量祖国的大地，通过步量目测，记录祖国广袤的国土，探索祖国山河的真谛，其气魄，其规模，其成就，亘古第一。他通过实地考察，开创了中国地理学发展的新阶段，即从文献因袭到实地考察的革命性的变化。他系统地运用了地理比较法、综合因子分析法、区域描述法等地理研究的新方法，开创了地理学上系统地观察自然、描述自然的新方向。《徐霞客游记》既有逐日记录的大比例尺微观描述，又有对一个小范围的中尺度的概括和专题小结，还有区域性的宏观概括与综合论断。他善于用明确的方位、里距、高下三维空间坐标的框架记录丰富的地理信息。他能够系统地使用各种专门术语，并严格注意这些词汇的规范化。徐霞客是世界岩溶地貌考察的先驱。他全面考察了"磅礴数千里"的我国南方最大的岩溶地貌区，也是世界上连续分布面积最大的岩溶地貌区。他考察了三百多个洞穴，其描述之精确，与今天用科学仪器测量的数据一致，为人们所叹服。他在岩溶地貌的考察研究方面，走在世界的最前列，他的成就与西方岩溶界的总体水平比较，领先于西方约150年。徐霞客通过自己毕生的努力，攀上了世界地理学的高峰，成为近代地理学的先驱。

明代后期，中国的科学技术仍处于世界的领先地位，《徐霞客游记》就是这一时期的代表作之一。《徐霞客游记》被誉为"千古奇书"，"世间真文字、大文字、奇文字"。该书博大精深，具有多方面的学术价值。

其一，文学和旅游方面。《徐霞客游记》是文学名著，其文学价值又与名山胜景密不可分。直到20世纪20年代丁文江提出《徐霞客游记》的地理学价值以前，人们对《徐霞客游记》的赞赏长期集中在文学方面。大家肯定该书内容真实，"据景直书，模范山水"；赞扬该书"文词繁委，为道所亲历，不失质实详密之体"，"不惮委悉烦密"；赞美其写作技巧优美感人，"形容物态，摹绘清景，时复雅丽自赏，足移人情"。徐霞客让科学性、艺术性有机结合并相得益彰，在文学创作上树立了成功的典范，让多姿多彩的山光水色直接和读者见面，使《徐霞客游记》不但被人们神游、卧游所宝爱，也成为人们探奇赏景随身携带的导游手册。长期以来，名人巨公，乐购遗编，争相收藏。康熙年间，朱彝尊评价《徐霞客游记》在文学史上的地位说：“其笔意似子厚，其叙事类龙门。故其状山也，峰峦起伏，隐跃毫端；其状水也，源流曲折，轩腾纸上；其记遐陬僻壤，则计里分疆，了如指掌；其记空谷穷岩，则奇踪胜迹，灿若列星。凡在编者，无不搜奇抉怪，吐韵标新，自成一家言。”他认为与柳宗元相比，“子厚永州记游诸作，不过借一丘一壑，以自写其胸中块垒奇倔之思，非游之大观也”；而与司马迁相比，“先生之游过于子长，先生之才之气直与子长埒，而即发之于记游，则其得山川风雨之助者，固应与子长之《史记》并垂不朽”。《徐霞客游记》内容丰富，规模宏大。《四库全书总目提要》评价说：“弘祖耽奇嗜僻，刻意远游，既锐于搜寻，尤工于摹写，游记之夥，遂莫过于斯编。”流传至今的《徐霞客游记》达 63 万字，是我国古代游记中规模最大的鸿篇巨著。为了容纳众多的性质各异的内容，适应巨大的篇幅，《徐霞客游记》在体例上分为四种情况：日记正文，这是游记的主干；文中记录复杂内容或需说明者，常用小字夹注；还有一些综述性的专条，或研究性、资料性的札记，附在各天日记之后，是游记正文的发展和补充；有些地区形成独立的专文，冠以篇名，如《永昌志略》、《丽江纪略》等，是对该地区综合研究的成果，也可说是札记的扩大，与游记正文联系起来，更便于阅读。前者按游程发展，采用日记体裁，用时间把众多的景物和事件贯串起来，成为一个有机的整体，这是纵的线索。后三者虽然范围不同，规模各异，但都对重要问题展开，进行横的典型解剖。纵横交织，详略互补，构成了独特的“徐霞客游记体”，丰富和发展了宋代以来的日记体游记，在游记写作中独树一帜。

其二，地学和生态学方面。徐霞客考察和研究的范围十分广泛，《徐霞客游记》包括地貌、江河、水文、地质、气象、植物、动物、泉瀑、地热、火山等众多方面，可算我国古代的地学百科全书。可贵的是，徐霞客不是孤立、分类地罗列某些地学内容，而是综合地记录中华大地各种自然要素及它们之间的复杂关系，记录人与自然的关系，并把考察的范围延伸到生态学的领域，给自然存写真，给生态立档案，意义深远。他对生态环境的考察全面、系统，涉及了当时观察生态环境的主要指标；而且观察时段集中，避免了搜集长时段资料而被忽视的环境的变化。《徐霞客游记》给后世留下了一份中国古代基本环境标尺，以此作参照系数，便于和其前、其后各历史时期进行对比研究，有很高的资料价值和科学价值。徐霞客洋溢着对大自然的热爱，主张保护生态环境，保护历史文化遗产，具有强烈的环境保护意识。他发现美丽的岩洞"俱为烧灰者铁削火淬，玲珑之质，十去其七矣"，"凌空蛰云之石，俱受大斧烈焰之剥肤"。他把在名山胜地滥刻乱画称为与山"黥面"，感叹"山灵何罪而受此耶"？见到"坠峡奔崖之流，但为居民造粗纸，濯水如滓，失飞练悬珠之胜"。他把大自然受到的损伤，比喻如人被"剥肤"、"黥面"。对环境的破坏确实是人类面临的切肤之痛，徐霞客感同身受。在三百多年前，徐霞客已敏锐地看到了保护环境的重要性，并为此大声疾呼，身体力行。徐霞客是提倡保护生态环境的先行者，《徐霞客游记》是我国古代的绿色经典，是和谐生态的赞歌。

其三，史学和民族学方面。徐霞客在明亡前夕社会大动荡的岁月，举步遐征，广泛接触社会各阶层，他所关心和记录的社会历史内容越来越丰富。《徐霞客游记》是一部实录性质的历史著作，是后人认识明末社会情况的信史。徐霞客以史家的眼光剖析世事，撷取他所目击和采访的具有史料价值的方方面面，秉笔直书。我们今天有可能从该书广泛引录重要史料，不能不为他犀利的眼光和正直严谨的态度而叹服。明代的历史资料多偏重统治阶级上层的活动和北方的情况，《徐霞客游记》所载，主要反映南方广大地区社会底层的生活。该书人文方面的内容极为广泛，经济史、政治史、文化史皆有涉及。对各地佛寺、道观的记载特别详尽，其他宗教也有涉及。该书反映城乡各阶层丰富多彩的日常生活情态，不但记录杭州府（今浙江杭州）、衡州府（今湖南衡阳）、桂林府（今广西桂林）、云南府（今云南昆明）等大城市，也记录了大量中小城镇及广大农村，对人们的生产生活、风俗习惯、年节活动，都有极其生动的描述。徐霞客旅游经过了瑶、壮、苗、布依、仡佬、水、彝、纳西、白、回、傣等少数民族聚居区，《游记》述及的还有茶山彝、儌倮、古宗、吐蕃等，对这些民族的生产情况、衣食住行、习俗、语言等都作了详细记录。徐霞客经常在民族地区穿行，对土司的状况记载甚详，对边疆情况和边境形势十分关心，对边疆的重大事件多有述及。可贵的是，徐霞客不信瘴疠，没有"边疆不毛"的狭隘观念，对少数民族没有歧视、嘲笑或传统偏见，他多次呼吁维护国家统一，巩固边防。《徐霞客游记》也是我国古代内容丰富的民族学调查实录。

其四，独特的名人传记。徐霞客一生主要写了一部书，但这部书却写了一生，倾注了毕生的心血和汗水。徐霞客非官非宦，没有显赫的地位，没有优厚的条件，没有碰到过特殊的机遇，他是通过自身的努力，勇往直前，艰苦奋斗，终于攀上科学高峰。徐霞客的成功经验具有普遍意义。《徐霞客游记》是记录徐霞客一生献身科学事业的不朽传记，是认识、研究、学习徐霞客的最直接、最便捷、最权威的第一手资料。该书充分展现了作为杰出旅行家和地理学家的徐霞客的精神面貌、思想境界、道德情操、崇高品质、历险经过，读来令人潸然泪下。该书作为徐霞客成长历程的记录，内容丰满，有血有肉；作为徐霞客历险的记录，奇遇甚多，跌宕起伏；作为徐霞客本人来不及定稿的私人日记，没有删润和匡护，真实准确，可信度高；作为徐霞客精神和思想的流露，便于后世效学。

《徐霞客游记》内容广博，体式多样。本书尽量遴选能兼及不同内容、文体、地区等多方面代表性的篇目，选文的分量占原书的十分之一。为照顾地域的广泛性，凡徐霞客所到的省有游记传世者，皆尽量收入。照顾一般人对《徐霞客游记》的阅读习惯，游赏风景名胜、文学性强的篇目仍占较大比例。徐霞客的"万里遐征"大大充实了地理考察的内容。选文以此为重点，对岩溶地貌、高原湖泊、大山大河、生态环境、温泉、瀑布、有代表性的动植物等，皆有所及。《徐霞客游记》记录的丰富的人文内容，选文中亦应兼及。精选一些故事性强的篇目，用以反映徐霞客一生的传奇经历和他面临困难时表现的坚强意志、高尚品德，如《游秦人三洞日记》、《湘江遇盗日记》、《与静闻永诀日记》、《游鸡足山日记后》等。适当选取一些徐霞客的学术札记和专篇论文，如《黄草坝札记》、《随笔二则》、《溯江纪源》等，有助于认识《徐霞客游记》的完整体例和学术价值。

本书的原文据中华书局白文本、朱惠荣整理的《徐霞客游记》。各篇在原书中的顺序不变。原有的标题一仍其旧，原无标题者，由编者拟定。一般一个单元有一个主题，可选连续几天的游历记录，也可选一天的游历记录。为尽量保持原书面貌，不搞相关内容的重新组合；为保持原书文字风格，对所收原文不作任何删节。希望通过选本，读者仍能触摸到具体而微的《徐霞客游记》。

感谢中华书局高瞻远瞩，将《徐霞客游记》列入"中华经典藏书"，为弘扬中华优秀传统文化进行着不懈的努力。参加本书今译工作的有李惠铨、文明元、陈庆江、李兴和等同志，特此致谢。

朱惠荣

2016 年 1 月

目 录

游天台山日记 浙江台州府

天台山又省称"台山",在今浙江天台县北,有华顶、赤城、琼台、桃源、寒岩、明岩诸胜景,以石梁飞瀑最著名。天台山为佛教天台宗的发祥地,有隋朝创建的国清寺。台州府省称"台郡",治临海,即今浙江临海市。

万历四十一年(1613),徐霞客到浙江旅游,先游洛伽山(普陀山),惜未见游记。以后循海南行,第一次游览天台山和雁宕山,同行者有僧人莲舟。《游天台山日记》就是他这次游天台山留下来的游记。

徐霞客于三月的最末一天自宁海县城起行,四月初一日进入天台县境,四月初九日离开天台山。他登华顶峰,观石梁飞瀑,欣赏断桥三曲瀑布及珠帘水,游寒岩、明岩、鸣玉涧,眺览琼台、双阙,登赤城,沿途到了天封、万年、国清、方广诸寺。"泉声山色,往复创变","攒峦夹翠,涉目成赏"。多姿多彩的景色使徐霞客倾倒。"几不欲卧","喜不成寐",反映出他对祖国美好山河的热爱。这篇游记清丽感人的描述,把我们带进了天台胜景。文中指出:"岭角山花盛开,顶上反不吐色,盖为高寒所勒耳。"这是徐霞客早年地理考察的重要结论,他已注意到地形、气候和植物生长的关系。

癸丑之三月晦① 自宁海出西门②。云散日朗，人意山光，俱有喜态。三十里，至梁隍山③。闻此地於菟夹道④，月伤数十人，遂止宿焉。

【注释】

① 癸丑：明万历四十一年，1613 年。晦（huì）：中历每月的末一天。万历四十一年三月三十日，即公元 1613 年 5 月 19 日。

② "自宁海"句：徐霞客自家至宁海路线，《游记》未载。陈函辉《徐霞客墓志铭》载徐霞客自述："而余南渡大士落迦山，还过此中，陟华顶万八千丈之巅，东看大、小龙湫，以及石门、仙都，是在癸丑。"则在 1613 年游天台前，曾经绍兴府、宁波府游落迦山。落迦山，又作"洛伽山"，因《华严经》有善财参观音于普陀洛伽之说而得名。今为普陀山东南的一个小岛，面积仅 0.34 平方公里，环岛一周约 2 公里，与普陀山合称"普陀洛伽山"。普陀山又称"小白华"、"梅岭"，为浙江舟山群岛中的一岛，系徐霞客游踪最东处。有普济寺、法雨寺、慧济寺、千步沙、潮音洞、梵音洞、南天门等胜景，最高峰白华顶海拔 291 米，自麓及巅有石磴七百余级。该山被传为观音菩萨道场，为我国佛教四大名山之一，又是旅游避暑胜地，近已开有从宁波到普陀的旅游客轮，可直达岛上。宁海，明为县，隶台州府，即今浙江宁海县。

③梁隍山：今作"梁皇"，在宁海县西南境的公路边。

④於菟（wūtú）：老虎的别称。

【译文】

癸丑年三月三十日　从宁海县城西门出城。天空阴云尽散，阳光明媚，人的心情、山中的景物，都有喜悦之态。走过三十里路，到达梁隍山。听说此地猛虎夹道，一个月间就伤害数十行人，于是，只好停宿于旅舍。

　　四月初一日　早雨。行十五里，路有歧，马首西向台山，天色渐霁。又十里，抵松门岭，山峻路滑，舍骑步行。自奉化来①，虽越岭数重，皆循山麓；至此迂回临陟，俱在山脊。而雨后新霁，泉声山色，往复创变，翠丛中山鹃映发，令人攀历忘苦。又十五里，饭于筋竹庵。山顶随处种麦。从筋竹岭南行，则向国清大路②。适有国清僧云峰同饭，言此抵石梁，山险路长，行李不便，不若以轻装往，而重担向国清相待。余然之，令担夫随云峰往国清，余与莲舟上人就石梁道③。行五里，过筋竹岭④。岭旁多短松，老干屈曲，根叶苍秀，俱吾阊门盆中物也。又三十余里，抵弥陀庵。上下高岭，深山荒寂，恐藏虎，故草木俱焚去。泉轰风动，路绝旅人。庵在万山坳中⑤，路荒且长，适当其半，可饭可宿。

【注释】

①奉化：明为县，隶宁波府，即今浙江奉化市。

②国清：国清寺，在天台县城北 3.5 公里处的天台山麓。寺周五峰环峙，双涧绕流，环境清幽。古迹甚多，有隋塔、隋梅、唐代天文学家一行墓、寒拾亭、丰干桥、明铸释迦牟尼坐像等。

③莲舟：江阴迎福寺僧人。上人：对僧人的尊称。佛家把人分为四种，即粗人、浊人、中间人、上人。认为内有德智、外有胜行的人，为在上之人，故称"上人"。

④筋竹岭：应即今金岭，在宁海、天台两县界上。

⑤坳（ào）：山间洼下的地方。

【译文】

四月初一日　早上一直下雨。前行十五里，路旁有岔道，勒马从西面向天台山进发，天色逐渐转晴。又走了十里路，抵达松门岭下，山高路滑，只好舍弃骑马，步行前进。从奉化来的道路，虽然经过数重山岭，都是顺着山麓；到这里后，无论迂回、曲折或临水、登高，都在大山脊上面。雨后新晴，秀美的山色中叮咚的流泉声随处可闻，反复地变化出新的景观，绿树丛中怒放的红杜鹃花相互辉映，令人忘却了攀登跋涉的辛苦。又前行十五里路，在筋竹庵里休息、用饭。山顶上到处都种有麦子。从筋竹岭向南走，就是通往国清寺的大路。恰好有国清寺僧人云峰同桌吃饭，他说：从这条路到石梁，山险岭峻，路途漫长，不方便携带行李，不如轻装前往，而让担夫将重的行李先担去国清寺等待。我同意他的建议，让担夫挑着行李随云峰先去国清寺，我则与莲舟上人一起从石梁道上动身前行。走过五里路，翻越过筋竹岭。山岭近旁很多又老又矮的松树，变形的树干弯弯曲曲，树根松叶青绿秀丽，好像城里人家盆景中栽种的奇异清秀的松树桩。又走了三十多里，才抵达弥陀庵。在高峻的山岭里爬上爬下，深山里很荒凉寂静，害怕猛虎躲藏草木中伤人，所以路边的草木都被放火烧掉了。泉水轰鸣，劲风动地，山路上没有其他旅行的人，显得荒凉而漫长。弥陀庵坐落在万山坳中，恰巧正当中途，行人可在此用饭或住宿。

初二日　饭后，雨始止。遂越潦攀岭[①]，溪石渐幽。二十里，暮抵天封寺[②]。卧念晨上峰顶，以朗霁为缘，盖连日晚霁，并无晓晴。及五更梦中，闻明星满天，喜不成寐。

【注释】

①潦（lǎo）：路上的积水。

②天封寺：今仍称"天封"，在天台县东北境。

【译文】

初二日　吃完饭后，雨才停止。于是越过路上的积水，攀登山岭，溪流、山岩越来越显得清澈、幽静。走完二十里路，傍晚时抵达天封寺。睡卧床上，还惦念着明晨登攀峰顶的事，若有缘分则雨停天朗，因为连日来都是晚上雨后转晴，并没有一天是天亮时晴朗的。五更时从梦中醒来，听仆人说，满天都是明亮的星星，喜欢得无法再入睡。

初三日　晨起，果日光烨烨①，决策向顶。上数里，至华顶庵；又三里，将近顶，为太白堂，俱无可观。闻堂左下有黄经洞，乃从小径。二里，俯见一突石，颇觉秀蔚。至则一发僧结庵于前，恐风自洞来，以石甃塞其门②，大为叹惋。复上至太白③，循路登绝顶④。荒草靡靡，山高风冽，草上结霜高寸许，而四山回映，琪花玉树，玲珑弥望。岭角山花盛开，顶上反不吐色，盖为高寒所勒耳。

【注释】

①烨烨（yè）：火焰很盛。

②甃（zhòu）：砌。

③太白：即太白堂，相传为李白读书处。

④绝顶：华顶峰，在天台县东北境，为天台山绝顶，海拔 1098 米。峰下有善兴寺，即华顶寺。

【译文】

初三日　清晨起床，果然看见阳光如火光一般闪耀，于是决策向山顶前进。向上攀爬数里山路，到达华顶庵；再走三里，到达太白堂，已快要接近华顶峰了，而沿途都没有值得观赏的景物。听说太白堂左下方有黄经洞可游览，于是从小路走。二里路后，俯身看见一块很突出的大石头，感到很是秀丽华美。临近一看，是一位发僧在黄经洞前构的庵，恐怕风从洞里吹出来，就用石头砌塞洞门，我不由大为感叹而惋惜。于是只好重新往上走，到达太白堂，然后顺山路登上天台山绝顶华顶峰。峰顶上，四处的荒草被劲风吹得纷纷倒伏，峰高因而寒风凛冽，草上结的霜约有一寸多厚，而回顾峰下四周的山峦上，美丽的鲜花与碧玉般的绿树，远远望去觉得非常玲珑明晰。山脚下山花盛开，峰顶上反而不开花，大概是因为高处寒冷所造成的。

仍下华顶庵，过池边小桥，越三岭。溪回山合，木石森丽，一转一奇，殊慊所望①。二十里，过上方广，至石梁，礼佛昙花亭，不暇细观飞瀑。下至下方广，仰视石梁飞瀑，忽在天际。闻断桥、珠帘尤胜，僧言饭后行犹及往返，遂由仙筏桥向山后。越一岭，沿涧八九里，水瀑从石门泻下，旋转三曲。上层为断桥，两石斜合，水碎迸石间，汇转入潭；中层两石对峙如门，水为门束，势甚怒；下层潭口颇阔，泻处如阈②，水从坳中斜下。三级俱高数丈，各极神奇，但循级而下，宛转处为曲所遮，不能一望尽收。又里许，为珠帘水，水倾下处甚平阔，其势散缓，滔滔汩汩。余赤足跳草莽中，揉木缘崖，莲舟不能从。暝色四下③，始返。停足仙筏桥，观石梁卧虹，飞瀑喷雪，几不欲卧。

【注释】

① 慊（qiè）：满足。

② 阈（yù）：门槛。

③ 暝（míng）色：夜色。

【译文】

沿旧路下山到华顶庵，经过池边的小桥，翻越三座山岭。溪水潆回，山峦重重，树木丛生繁密，岩石光采焕发，转过一个地方就有另一处奇景，使观赏愿望得到很大的满足。走完二十里路，经过上方广，到达石梁，在昙花亭敬佛，已无暇去仔细观赏石梁飞瀑的奇景。往下走到下方广，仰视石梁飞瀑，忽然觉得它似乎从天际倾泻下来一样。听说断桥、珠帘景色尤佳，僧人说吃过饭再去还来得及往返，于是由仙筏桥先去山后。翻过一座山岭，顺着溪涧走八九里，就见流水形成瀑布从石门飞泻而下，回旋流转，经过三道溪湾。最上面的层次是断桥，有两块巨石倾斜而相结联，溪水迸流两石之间，浪花飞溅，汇合后流转入潭；中间的层次，两巨石相对峙有如窄门，溪水为窄门所约束，流势很汹涌；最下面的层次，潭的出口很宽阔，而溪水倾泻处有如受到门槛阻隔，只能从低洼的地方斜涌而下。三台瀑布每台都高达数丈，各级的景观都很神奇，但溪流顺台级而下流，弯转的地方被溪湾所遮掩，不能一览无余。又一里多路，就是珠帘水，溪水倾泻而下的地方很平坦宽阔，水的流势因此缓和、散漫，汩汩流水弥漫潭内。我光着脚跳进草莽之中，攀援树木，沿着山崖前行，弄得莲舟上人不能跟随。夜色四处降下时，才返回。在仙筏桥上停下脚步，在朦胧的夜色中观赏如彩虹的天然石桥，瀑布水花飞溅有如喷雪一样的奇妙景观，几乎使人不想去睡。

初四日　天山一碧如黛。不暇晨餐，即循仙筏上昙花亭，石梁即在亭外^①。梁阔尺余，长三丈，架两山坳间。两飞瀑从亭左来，至桥乃合流下坠，雷轰河隤，百丈不止。余从梁上行，下瞰深潭，毛骨俱悚。梁尽，即为大石所隔，不能达前山，乃还。过昙花，入上方广寺。循寺前溪，复至隔山大石上，坐观石梁。为下寺僧促饭，乃去。饭后，十五里，抵万年寺，登藏经阁。阁两重，有南北经两藏。寺前后多古杉，悉三人围，鹤巢于上，传声嘹呖^②，亦山中一清响也。是日，余欲向桐柏宫，觅琼台、双阙，路多迷津，遂谋向国清。国清去万年四十里，中过龙王堂^③。每下一岭，余谓已在平地，及下数重，势犹未止，始悟华顶之高，去天非远！日暮，入国清，与云峰相见，如遇故知，与商探奇次第。云峰言："名胜无如两岩，虽远，可以骑行。先两岩而后步至桃源，抵桐柏，则翠壁、赤城，可一览收矣。"

【注释】

①石梁：在中方广。山腰有衔接两山的天然石梁，长约 7 米，中央隆起如龟背，狭处仅半尺左右。水有两源，东为金溪，西为大兴坑溪，合流后自梁底向下飞坠。梁，桥。

②嘹呖（liáolì）：形容声音响亮而清远。

③龙王堂：今作"龙皇堂"，在天台县北境。

【译文】

初四日 碧蓝的天空万里无云，广袤的群山一片墨绿。顾不上吃早餐，就沿着仙筏桥登上昙花亭，石桥即在昙花亭外。石桥宽一尺多，长达三丈，架在两山坳之间。两股飞瀑从亭左边流来，至桥边汇合成一股急流向下飞坠，形成瀑布，响声有如雷声轰鸣，如河堤坍塌，瀑布高达百丈以上。我从石桥上走过去，向下俯视深潭，不禁毛骨悚然。走过石桥，就被前面的大石所阻隔，不能由此去前山，于是返回原路走。经过昙花亭，进入上方广寺。顺着寺前的溪水，再爬上阻隔前山的大石上面，坐下来观赏石桥。因为下方广寺的僧人催促去用饭，于是起身离开。吃过饭后，走十五里路，抵达万年寺，登上藏经阁。阁有两层，存有南北佛经两藏。万年寺寺前寺后有很多古老的杉树，都是三人围的粗干，鹤群在树上筑巢，传来的鹤鸣声响亮而清远，也是深山中的一种清雅的响声。这天，我原想去桐柏宫，寻觅琼台、双阙胜景，因路途中有许多使人迷惑的错道，于是改变计划去国清寺。国清寺离万年寺有四十里路，途中经过龙王堂。每走下一座山岭，我都以为已走到平地上，等到接连走下好几重山岭，下坡的态势还远没有停止，这才开始领悟到华顶峰之高，似乎离天已经不远了！傍晚时分，才进入国清寺，与云峰和尚相见，就像遇见久别的知心故友，于是和他商量游览探奇的先后顺序。云峰和尚说："风景名胜没有比得过寒岩、明岩两处幽险的，虽然路程遥远一些，但可以骑马去。先游览寒岩、明岩，然后步行到桃源洞，抵达桐柏宫，那么翠壁、赤城栖霞两处胜景，也可以一览尽收了。"

初五日　有雨色，不顾，取寒、明两岩道，由寺向西门觅骑。骑至，雨亦至。五十里至步头，雨止，骑去。二里，入山，峰萦水映，木秀石奇，意甚乐之。一溪从东阳来①，势甚急，大若曹娥②。四顾无筏，负奴背而涉。深过于膝，移渡一涧，几一时。三里，至明岩。明岩为寒山、拾得隐身地③，两山回曲，《志》所谓八寸关也④。入关，则四围峭壁如城。最后，洞深数丈，广容数百人。洞外，左有两岩，皆在半壁；右有石笋突耸，上齐石壁，相去一线，青松紫蕊，蓊苁于上⑤，恰与左岩相对，可称奇绝。出八寸关，复上一岩，亦左向。来时仰望如一隙，及登其上，明敞容数百人。岩中一井，曰仙人井，浅而不可竭。岩外一特石，高数丈，上岐立如两人，僧指为寒山、拾得云。入寺。饭后云阴溃散，新月在天，人在回崖顶上，对之清光溢壁。

【注释】

① 一溪：即始丰溪，今名同。东阳：明为县，隶金华府，即今浙江东阳市。

② 曹娥：今仍名"曹娥江"，源自天台山北麓，往北流经新昌、嵊县、上虞入杭州湾。

③ 寒山、拾得：唐代二僧。寒山曾隐居天台山寒岩，往还于天台山国清寺，和拾得友好，善作诗，有

《寒山子集》二卷。拾得原是孤儿，由国清寺僧丰干收养为僧，故名"拾得"。亦能诗，有《丰干拾得诗》一卷。后人常以寒山、拾得并称，尊为"和合二仙"。

④《志》：指《大明一统志》。下同。

⑤蓊苁（wěngcōng）：草木茂盛。

【译文】

初五日　虽有下雨的迹象，也顾不及了，选择了去寒岩、明岩的道路，由国清寺去西门寻找乘骑。乘马来到，雨也下来了。雨中走完五十里路后到达步头，雨停了，乘马也打发走了。步行二里路后，进入山中，山峰倒映在潆绕流动的溪水之中，树木秀丽，岩石奇异，心情因此而很快乐。一条溪水从东阳流来，水势很湍急，流量大小与曹娥江相似。四处一看没有竹筏可以渡人，只好由仆人背着涉水过溪。溪水深过膝盖，渡过一条溪涧，将近花去一个时辰。又走三里路，到达明岩。明岩是寒山、拾得两位高僧隐居之地，两座山迂回曲折，即《大明一统志》所记述的八寸关。进入八寸关，则四围的陡峭石壁有如城墙。最后面有一山洞，深有数丈，宽处能容纳数百人。山洞外面，左边有两座石岩，都悬在半壁间；右边有石笋高耸，顶头与石壁高相等，而相去仅有一线之地，石笋顶上青松和紫色的花蕊生长茂盛，恰好与左边的两座石岩相对峙，可以称得上是奇绝之景观了。走出八寸关，再登上一座石岩，也是方向朝左。来的时候，仰望就像相隔一线缝隙，待攀登到石岩顶上，才看清它很宽敞，可容纳数百人。石岩中间有一口井，叫仙人井，较浅，但井水不会枯竭。石岩外又有一奇特的石头，有数丈之高，上部分开成两部分，就像两个站立的人，当地和尚指点为寒山、拾得的化身。回到寺里。晚饭后，阴云散尽，一弯新月挂在碧空，人站立回崖顶上，对着满天月色，连岩壁上也洒满明亮的月光。

初六日　凌晨出寺，六七里至寒岩。石壁直上如劈，仰视空中，洞穴甚多。岩半有一洞，阔八十步，深百余步，平展明朗。循岩右行，从石隙仰登。岩坳有两石对耸，下分上连，为鹊桥，亦可与方广石梁争奇，但少飞瀑直下耳。还饭僧舍，觅筏渡一溪。循溪行山下，一带峭壁巉崖，草木盘垂其上，内多海棠、紫荆，映荫溪色。香风来处，玉兰芳草，处处不绝。已至一山嘴，石壁直竖涧底，涧深流驶，旁无余地。壁上凿孔以行，孔中仅容半趾，逼身而过，神魄为动。自寒岩十五里至步头，从小路向桃源。桃源在护国寺旁，寺已废，土人茫无知者。随云峰莽行曲路中，日已堕，竟无宿处，乃复问至坪头潭①。潭去步头仅二十里，今从小路，反迂回三十余里宿，信桃源误人也！

【注释】
①坪头潭：即今平镇，在天台县西境，始丰溪北岸。
【译文】
初六日　凌晨从寺里出发，走六七里路后到达寒岩。

石壁笔直向上有如刀劈一般，仰视空中，有很多洞穴。岩壁半中腰有一洞穴，宽八十步，深一百多步，洞内平坦而明亮。顺着石岩右边走，从岩石的狭窄小道向上攀登。山岩的低洼处有两块岩石相对耸立，下部分开而上部相连，即是所谓的鹊桥，可以与上方广寺的石桥互争奇异，只是少了飞溅的瀑布直泻这一景色罢了。返回僧人的住处用饭，然后找到竹筏渡过一溪流，顺溪流走到山下。这一带都是峭壁巉崖，荒草盘结、树枝下垂，有很多海棠树、紫荆藤，浓荫倒映溪中，更增添景色的优美。香风飘来的地方，玉兰花、芬芳的香草，处处都有，没有穷尽。已走到一山嘴处，岩壁笔直插到涧底，涧水深而湍急，四旁没有可行走的多余地方。岩壁上凿有石孔用来通行，石孔仅仅能容下半只脚，身体贴近岩壁而过，使人惊心动魄。从寒岩走出十五里路到达步头，从小路再去桃源洞。桃源洞在护国寺旁，而护国寺的庙宇已成废墟，问当地人都很茫然，没有人知道。跟随云峰和尚在草木丛生的弯弯曲曲的山路上行走，太阳已经落山，竟还找不到住宿的地方，于是再问路，终于到达坪头潭。从坪头潭到步头仅有二十里路，现在从小路走，反而迂回三十多里，才得以住宿下来，确实是桃源洞误人呀！

初七日　自坪头潭行曲路中三十余里，渡溪入山。又四五里，山口渐夹，有馆曰桃花坞。循深潭而行，潭水澄碧，飞泉自上来注，为鸣玉涧。涧随山转，人随涧行。两旁山皆石骨，攒峦夹翠，涉目成赏，大抵胜在寒、明两岩间。涧穷路绝，一瀑从山坳泻下，势甚纵横。出饭馆中，循坞东南行^①，越两岭，寻所谓"琼台"、"双阙"^②，竟无知者。去数里，访知在山顶。与云峰循路攀援，始达其巅。下视峭削环转，一如桃源，而翠壁万丈过之。峰头中断，即为双阙；双阙所夹而环者，即为琼台。台三面绝壁，后转即连双阙。余在对阙，日暮不及复登，然胜已一目尽矣。遂下山，从赤城后还国清，凡三十里。

【注释】

①坞（wù）：四面高中间低的山洼。

②阙（què）：古代宫殿、祠庙、陵墓前面的建筑物。先筑高台，上修楼观，通常左右各一，中央缺而为道，故称"阙"或"双阙"。此处形容天然峰崖如一对阙楼，故得名"双阙"。

【译文】

初七日　从坪头潭开始，在弯弯曲曲的山路中行走三十多里路，渡过溪水进山。又前行四五里，山口渐渐狭窄，有一处房舍，叫桃花坞。顺着深潭边前行，潭中的水清澈、碧蓝，飞溅的山泉水从上注入潭中，叫作鸣玉涧。涧水顺着山流转，人则顺着涧水边走。涧两旁的山都是裸露的岩石，攒簇的山峦到处夹杂着翠绿的树木，凡是眼睛看到的都是可观赏的景致，景致的优美大体上都在寒岩、明岩这两岩之间。涧水穷尽处，路也就消失了。一条瀑布从山坳间倾泻而下，态势非常奔放。饭后，从桃花坞出来，顺着山洼向东南方走，翻越两座山岭，去寻觅所说的"琼台"、"双阙"两处胜景，竟然没有人知道。走出数里路，才访知在山顶上。与云峰和尚顺山路攀援而上，才到达山巅。向下俯视那陡峭逼削而环转的山岩，完全就像桃源洞的景致，而布满翠绿树木的万丈岩壁则超过了桃源洞的险峻。山峰之顶中间被断隔分开，就是所谓的双阙；夹在双阙正中间的环形石台，就是琼台。琼台的三面都是绝壁，后转就与双阙相连结。我已经站在对阙之上，天黑了来不及再爬上琼台，然而，优美的景致已被我一眼全饱览尽了。于是下山，从赤城的后面返回国清寺，总计旅程三十里。

初八日　离国清，从山后五里登赤城①。赤城山顶圆壁特起，望之如城，而石色微赤。岩穴为僧舍凌杂，尽掩天趣。所谓玉京洞、金钱池、洗肠井，俱无甚奇。

【注释】

①赤城：为天台山支阜，在天台县西北3.5公里处，高339米。上有石洞12个，以紫云洞和玉京洞最著名，山顶有赤城塔。

【译文】

初八日　离开国清寺，从山后走五里路后登上赤城。赤城山顶上圆形的岩壁耸起，很特别，看上去像一座城，而岩石的颜色微微发红。岩洞都成了和尚们的宿舍，被侵扰得非常杂乱，天然的景趣完全被掩盖掉。所说的玉京洞、金钱池、洗肠井，都是没什么很奇特的地方。

游雁宕山日记浙江温州府

雁宕山省称"雁山",今作"雁荡山"。"宕"同"荡",为积水长草的洼地。山中有荡,据传秋雁归时多宿此,故名。雁宕山在浙江温州辖境,蟠跨瓯江南北,平阳以西的为南雁宕山,中雁宕山在乐清西部,北雁宕山在乐清东北,古称"东瓯三雁"。北雁宕山面积最大,风景最佳,有102峰、14嶂、64岩、46洞、18瀑、10谷等。主峰百岗尖,海拔1057米。共五百三十多个景点,游览面积达450平方公里,分灵峰、灵岩、大龙湫、雁湖、显胜门等景区,胜景多集中在南部,灵峰、灵岩、大龙湫为雁荡风景三绝。近年又新开发了仙桥及羊角洞景区。徐霞客所记指北雁荡山。温州府治永嘉县,即今浙江温州市。

《游雁宕山日记》是万历四十一年(1613)徐霞客第一次游雁宕山的游记。徐霞客游天台山后,从黄岩进入雁山。四月十一日登灵峰洞,十二日游灵岩,盛赞龙鼻洞和天聪洞的奇绝,十三日观赏大龙湫飞瀑,至此,雁山三绝皆被徐霞客游遍。十四日,徐霞客又翻山越岭,冒着生命危险寻找雁湖,用足布"悬崖垂空"而下,"布为突石所勒,忽中断,复续悬之,竭力腾挽,得复登上岩",显示了他不畏艰险、勇于攀登的精神。十五日告别雁山,往乐清县城。雁宕山面积宽广,景色多样。《游记》用清新简洁的笔法,全面铺叙了众多景点的布局,胜景纷陈,丰富而不杂乱,反映出徐霞客在写景方面的高超技巧。

自初九日别台山，初十日抵黄岩^①。日已西，出南门，步行三十里，宿于八岙^②。

【注释】

①黄岩：明为县，隶台州府，即今浙江台州市黄岩区。

②岙（ào）：浙江、福建等沿海一带对山间平地的称呼。

【译文】

自初九日离别天台山，初十日抵达黄岩。太阳已偏西，从南门走出三十里，歇宿于八岙的旅舍。

十一日　二十里，登盘山岭。望雁山诸峰，芙蓉插天，片片扑人眉宇。又二十里，饭大荆驿^①。南涉一溪，见西峰上缀圆石，奴辈指为两头陀，余疑即老僧岩，但不甚肖^②。五里，过章家楼，始见老僧真面目：袈衣秃顶，宛然兀立，高可百尺。侧又一小童伛偻于后，向为老僧所掩耳。自章楼二里，山半得石梁洞。洞门东向，门口一梁，自顶斜插于地，如飞虹下垂。由梁侧隙中层级而上，高敞空豁。坐顷之，下山。由右麓逾谢公岭^③，渡一涧，循涧西行，即灵峰道也^④。一转山腋，两壁峭立亘天，危峰乱叠，如削如攒，如骈笋，如挺芝，如笔之卓^⑤，如幞之欹^⑥。洞有口如卷幕者，潭有碧如澄靛者。双鸾、五老，接翼联肩。如此里许，抵灵峰寺。循寺侧登灵峰洞。峰中空，特立寺后，侧有隙可入。由隙历磴数十级，直至窝顶，则窅然平台圆敞^⑦，中有罗汉诸像^⑧。坐玩至暝色，返寺。

【注释】

①大荆驿：今仍作"大荆"，在乐清市东北隅。

②肖：像。

③谢公岭：在乐清市东北，通往雁荡山的路上。相传晋代著名诗人谢灵运任永嘉太守时曾到这里游览过，故名。岭上有落屐亭，亦为纪念谢灵运而建。

④灵峰：高约270米，与右边的倚天峰相合如掌，称"合掌峰"、"夫妻峰"。峰前有灵峰寺，峰下有巨大的观音洞，即《游记》中所称"灵峰洞"。洞口有天王殿，洞内倚岩建有楼房十层，顶层为观音殿，有观音及十八罗汉像。附近还有南北碧霄洞、苦竹洞、凤凰洞、长春洞、将军洞等，极洞府之胜。

⑤卓：直立。

⑥幞（fú）：古代男子的头巾，又称"幞头"。欹（qī）：斜。

⑦窅（yǎo）然：深远的样子。

⑧罗汉：梵文音译"阿罗汉"的略称，为小乘佛教所理想的最高果位，指断绝嗜欲、解脱烦恼、不受生死轮回影响、受人敬仰崇拜的圣人。佛教寺院常有十八罗汉或五百罗汉的塑像。

【译文】

十一日　走过二十里路，登上盘山岭。遥望雁宕山的那些山峰，就像芙蓉直插蓝天，片片花瓣般的景色扑进人的眼里。又前行二十里路，在大荆驿用饭。向南渡过一条溪水，见西边的山峰上点缀着一块圆石，奴仆们认定是两头陀，我则怀疑即是老僧岩，但又不很像。走了五里路，经过章家楼，才看清楚老僧岩的真实面目：穿着袈裟，头上秃顶，形象逼真地直立着，高约百尺。其侧边又有岩石像一小孩童弯腰曲背地跟随在后面，不过平时被老僧所遮掩罢了。从章家楼走出二里路，在山半腰处找到石梁洞。洞门东向，洞门口有一石桥，从洞顶斜插于地上，有如飞虹下垂。由石桥侧面的缝隙中一层一层地拾级而上，上面高而宽敞、空阔。坐下休息了好一会儿，才下山而去。由右边的山麓越过谢公岭，渡过一条溪涧，顺着溪涧岸向西走，就是去灵峰的道路。刚一转过山腋，就见两边的岩壁陡峭笔立，直亘云天，险峰重重叠叠，形态万千，有的像刀削般直立，有的像群峰簇拥，有的像并列的竹笋，有的像挺拔的灵芝，有的像笔一般直立，有的像头巾一样倾斜。山洞洞口有的像卷起的帷帐，水潭有的碧绿得像澄清的蓝靛一般。双鸾峰如羽翼相接的双飞鸾，五老峰酷似五位联肩并行的老翁。走过景致如此幽奇的一里多路，到达灵峰寺。顺灵峰寺一侧的山道登上灵峰洞。灵峰中部是空的，很特异地耸立于灵峰寺后，其侧面有缝隙可以进入。从缝隙处走过数十级石磴，直达窝顶上，深远处的平台方圆而宽敞，其中有十八罗汉等塑像。坐在平台上玩赏景色，直到暮色降临才返回灵峰寺。

十二日　饭后，从灵峰右趾觅碧霄洞。返旧

路，抵谢公岭下。南过响岩，五里，至净名寺路口。入觅水帘谷，乃两崖相夹，水从崖顶飘下也。出谷五里，至灵岩寺。绝壁四合，摩天劈地，曲折而入，如另辟一寰界。寺居其中，南向，背为屏霞嶂。嶂顶齐而色紫①，高数百丈，阔亦称之。嶂之最南，左为展旗峰，右为天柱峰。嶂之右胁介于天柱者，先为龙鼻水。龙鼻之穴从石罅直上②，似灵峰洞而小。穴内石色俱黄紫，独罅口石纹一缕，青绀润泽③，颇有鳞爪之状。自顶贯入洞底，垂下一端如鼻，鼻端孔可容指，水自内滴下注石盆。此嶂右第一奇也。西南为独秀峰，小于天柱，而高锐不相下。独秀之下为卓笔峰，高半独秀，锐亦如之两峰。南坳轰然下泻者，小龙湫也。隔龙湫与独秀相对者，玉女峰也。顶有春花，宛然插髻。自此过双鸾，即极于天柱。双鸾止两峰并起，峰际有"僧拜石"，袈裟伛偻，肖矣。由嶂之左胁，介于展旗者，先为安禅谷，谷即屏霞之下岩。东南为石屏风，形如屏霞，高阔各得其半，正插屏霞尽处。屏风顶有"蟾蜍石"，与嶂侧"玉龟"相向。屏风南去，展旗侧褶中，有径直上，磴级尽处，石阈限之。俯阈而窥，下临无地，上嵌嵝峒。外有二圆穴，侧有一长穴，光自穴中射入，别有一境，是为天聪洞，则嶂左第一奇也。锐峰叠嶂，左右环向，奇巧百出，真天下奇观！而小龙湫下流，经天柱、展旗，桥跨其上，山门临之。桥外含珠岩在天柱之麓，顶珠峰在展旗之上。此又灵岩之外观也④。

【注释】

①嶂（zhàng）：高险如屏障的山。

②罅（xià）：缝隙。

③绀（gàn）：红青色。

④灵岩：壁立干霄，状如屏风，亦称"屏霞嶂"。前为灵岩寺，寺前天柱、展旗两峰相对，称"南天门"，卧龙溪从中穿出。周围群峰环拥。

【译文】

十二日　饭后，从灵峰右侧山脚去寻觅碧霄洞。返回原路走，到达谢公岭下。从南边经过响岩，走五里路，到净名寺路口。再走进去寻觅水帘谷，所谓水帘谷，就是两崖相夹，流水从崖顶上飘落而下。走出水帘谷五里路，就到了灵岩寺。这里四面围合着绝壁，摩天劈地，通过曲折的小道进去，仿佛是另外开辟出来的一个广阔世界。灵岩寺位居其中间，南向，背后则是屏霞嶂。屏霞嶂顶部平而整齐，岩石呈紫色，高有数百丈，宽与高相称。屏霞嶂的最南处，左面是展旗峰，右面是天柱峰。介于屏霞嶂右胁与天柱峰当中的地方，最先看见的是龙鼻水。龙鼻水的出水洞穴，从岩石缝隙一直向上，像灵峰洞，但小一些。洞穴内岩石的颜色都呈黄紫色，唯独缝隙口有石纹一缕是青红色而又湿润，很像龙鳞龙爪的形状。从洞顶部连贯到洞底，落下的一端很像人的鼻子，鼻尖端的石孔可以容纳手指，水就从石孔内滴下来，注入石盆中。这就是屏霞嶂右边的第一奇景了。屏霞嶂西南面是独秀峰，比天柱峰小，但高度和岩石的尖锐却不相上下。独秀峰之下是卓笔峰，高度有独秀峰的一半，岩石的锋锐却与两峰一般。南面的山坳间，轰然向下飞泻的，就是小龙湫瀑布了。隔小龙湫瀑布与独秀峰相对的，是玉女峰。玉女峰顶开满鲜艳的春花，很像是插在玉女发髻上的装饰。从此经过双鸾峰，即以天柱峰为尽头。双鸾峰只有两座山峰并列耸起，峰际有"僧拜石"，身穿袈裟，伛偻着躯体的样子，很像老僧人。由屏霞嶂的左胁，介于展旗峰的中间地方，最前是安禅谷，安禅谷即屏霞嶂的下岩。东南面是石屏风，形状与屏霞嶂相似，高度、宽处各为屏霞嶂的一半，正好插在屏霞嶂的尽头处。石屏风峰顶有"蟾蜍石"，与屏霞嶂侧面的"玉龟石"相对。从石屏风向南去，展旗峰侧面的褶皱中，有小径一直通向峰顶上，石磴级的尽头处，有石门坎阻隔着。俯身石门坎而窥看，下临似乎看不到地，头顶上嵌镶着高高的天空。展旗峰外有两个圆孔，侧面有一个长孔，亮光从孔中射进来，别有一种境界，这就是天聪洞，是屏霞嶂左方的第一奇景。尖峰与高山重重叠叠，左右回环相对，奇异精巧的景致层出不穷，真不愧为天下奇观！而小龙湫瀑布的水向下流，流经天柱峰、展旗峰，有石桥横跨溪流之上，灵岩寺的山门则面对石桥。石桥外面，可看见含珠岩在天柱峰麓，顶珠峰则在展旗峰之上。这又是灵岩的外观了。

十三日　出山门，循麓而右，一路崖壁参差，流霞映彩。高而展者，为板嶂岩。岩下危立而尖夹者，为小剪刀峰。更前，重岩之上，一峰亭亭插天，为观音岩。岩侧则马鞍岭横亘于前。鸟道盘折①，逾坳右转，溪流汤汤②，洞底石平如砥。沿洞深入，约去灵岩十余里，过常云峰，则大剪刀峰介立洞旁。剪刀之北，重岩陡起，是名连云峰。从此环绕回合，岩穷矣。龙湫之瀑③，轰然下捣潭中，岩势开张峭削，水无所着，腾空飘荡，顿令心目眩怖。潭上有堂④，相传为诺讵那观泉之所⑤。堂后层级直上，有亭翼然。面瀑踞坐久之，下饭庵中。雨廉纤不止⑥，然余已神飞雁湖山顶。遂冒雨至常云峰，由峰半道松洞外，攀绝磴三里，趋白云庵。人空庵圮，一道人在草莽中，见客至，望望去。再入一里，有云静庵，乃投宿焉。道人清隐⑦，卧床数十年，尚能与客谈笑。余见四山云雨凄凄，不能不为明晨忧也。

【注释】

①鸟道：《华阳国志》："鸟道四百里，以其险绝，兽犹无蹊，特上有飞鸟之道耳。"形容道路险绝。

②汤汤（shāng）：大水急流的样子。

③龙湫（qiū）：此指大龙湫，在马鞍岭西4公里处，水从高约190米的连云峰上飞坠潭中，为著名大瀑布。湫，水潭。瀑布下为深潭。

④堂：四方而高的建筑。

⑤诺讵那：罗汉名，又作"诺矩罗"。相传诺讵那居

震旦东南大海际雁荡山芙蓉峰龙湫。唐代僧人贯修《诺矩罗赞》有"雁荡经行云漠漠，龙湫宴坐雨蒙蒙"句，即指此景。

⑥廉纤：指细雨。

⑦道人：修道的人。此处指和尚。

【译文】

十三日　从灵岩寺山门出来，顺山麓向右走，一路上只见山崖、岩壁参差不齐，流霞与山间的色彩相辉映。高峻而顶部平展的，是板嶂岩。板嶂岩下耸立而又尖又窄狭的，是小剪刀峰。再往前，重重叠叠的山岩之上，一座亭亭玉立的山峰直插云天，那就是观音岩。观音岩侧面则是马鞍岭横亘在前方。险要的山道盘旋、曲折，越过山坳向右转，有溪流浩浩汤汤，山涧底部的石头平坦得像细磨刀石。沿着山涧深处前进，大约离灵岩寺十余里，经过常云峰，就见大剪刀峰直立于涧旁。大剪刀峰北面，重岩陡然耸起，它的名称叫连云峰。从这里，山环水绕，峰回壁合，岩崖穷尽了。大龙湫瀑布的流水，轰然下泻，直捣潭中，山岩的态势开展而陡峭，而流水没有河床承受，于是腾空飘荡而下，顿时令人目眩而心有恐惧。水潭上方建有庙堂，相传是诺讵那罗汉观赏流泉的地方。从庙堂后面沿石级直上，有座建在岩壁上的亭榭犹如鸟儿展翅一般。面对瀑布踞坐着观赏了很久，才走下山岩回到庵中吃饭。濛濛细雨下个不止，然而我的心神早已飞到雁湖山顶。于是，冒雨到达常云峰，从常云峰半腰的道松洞外，攀登非常陡险的石磴有三里之多，奔赴白云庵。人已空而庵已坍塌，一个和尚在草莽中，见有客人到来，望了望就离开了。再进入一里路，有云静庵，于是在此投宿。清隐和尚已病卧在床数十年，还能与客人谈笑。我见四周山峰乌云笼罩，细雨不止，凄凉寒冷，不能不为明天早晨的旅程担忧。

十四日　天忽晴朗，乃强清隐徒为导。清隐谓湖中草满，已成芜田，徒复有他行，但可送至峰顶。余意至顶，湖可坐得。于是人捉一杖，跻攀深草中①，一步一喘，数里，始历高巅。四望白云，迷漫一色，平铺峰下。诸峰朵朵，仅露一顶，日光映之，如冰壶瑶界，不辨海陆。然海中玉环一抹②，若可俯而拾也。北瞰山坳壁立，内石笋森森，参差不一。三面翠崖环绕，更胜灵岩。但谷幽境绝，惟闻水声潺潺，莫辨何地。望四面峰峦累累，下伏如丘垤③，惟东峰昂然独上，最东之常云，犹堪比肩。

【注释】

①跻（jī）：登。

②玉环：明代称"玉环山"，即乐清县东海中的玉环岛，现为浙江玉环县。

③丘垤（dié）：小土堆。

【译文】

十四日　天忽然间晴朗起来，于是强请清隐和尚的徒弟做向导。清隐说，雁湖中长满了草，已变成荒芜之田，徒弟还要去其他地方，但可以送我到峰顶。我想，只要到达峰顶，便可得以游览雁湖。于是每人手握一根拐杖，在深草中攀登，一步一喘地走了数里路，才到达高峰之巅。四下一望，白云弥漫，一片白色平铺山峰下面。各座山峰就像云海中的朵朵鲜花，仅露出一点儿峰顶，阳光辉映在峰顶之上，这景致就好像盛冰的玉壶、清净洁白的瑶台神仙世界一般，让人不能辨别哪是云海、哪是山川陆地。然而，那云海中的玉环山有如轻微的一抹飘带，似乎可以俯身去拾起来。向北远望，山坳中岩壁削立，里面石笋茂盛繁密，参差不一。三面有布满绿树的山崖环绕，景致更比灵岩优美。但山谷幽深而境地非常陡险，只听见潺潺的流水声，无法辨别出是从什么地方传来的。遥望四周，峰峦累累，低伏的有如小土堆，只有东面的山峰昂然独自向上高耸，最东边的常云峰，还能够与之相当。

导者告退，指湖在西腋一峰，尚须越三尖。余从之，及越一尖，路已绝；再越一尖，而所登顶已在天半。自念《志》云："宕在山顶，龙湫之水，即自宕来。"今山势渐下，而上湫之涧，却自东高峰发脉，去此已隔二谷。遂返辙而东，望东峰之高者趋之。莲舟疲不能从。由旧路下，余与二奴东越二岭，人迹绝矣。已而山愈高，脊愈狭，两边夹立，如行刀背。又石片棱棱怒起，每过一脊，即一峭峰，皆从刀剑隙中攀援而上。如是者三，但见境不容足，安能容湖？既而高峰尽处，一石如劈，向惧石锋撩人，至是且无锋置足矣！踯躅崖上，不敢复向故道。

俯瞰南面石壁下有一级，遂脱奴足布四条①，悬崖垂空，先下一奴，余次从之，意可得攀援之路。及下，仅容足，无余地。望岩下斗深百丈②，欲谋复上，而上岩亦嵌空三丈余，不能飞陟。持布上试，布为突石所勒，忽中断。复续悬之，竭力腾挽，得复登上岩。出险，还云静庵，日已渐西。主仆衣履俱敝，寻湖之兴衰矣。遂别而下，复至龙湫，则积雨之后，怒涛倾注，变幻极势，轰雷喷雪，大倍于昨。坐至暝始出，南行四里，宿能仁寺。

【注释】

①足布：裹脚布。

②斗：通"陡"。下同。

【译文】

当向导的和尚告退时，指点说雁湖在西面中部的一山峰上，还需要翻越三道尖山。我听从向导的话，等到翻越过一座尖山，路已绝断；再越过一座尖山，一看所要登临的山顶，已经在天的中间。自己想，《大明一统志》说："雁荡在山顶，龙湫瀑布的流水，就是从雁荡而来。"现在山的地势逐渐下降，而上龙湫的山涧，却是从东面的高峰发脉，距离这里已隔开两道山谷。于是改变行走路线向东走，望着东面诸峰中的高峻山峰趋赴。莲舟和尚感到疲劳，不能跟上我。由原路向下走，我与两个奴仆向东越过两座山岭，人迹完全消失了。接着，前面的山越来越高，山脊越来越狭窄，两边相夹的岩壁直立，使人感到像在刀背上行走。

而且石片的棱角、锋芒非常突出，每越过一道山脊，即遇到一座陡峭的山峰，都是从如刀剑般锋利的石片的缝隙中攀援而上。就像这样攀越了多次，但见所经境地难以容足，又怎么能容纳下一个湖泊呢？接着就是高峰的尽头处，一座石壁如刀劈一般陡峭，我一向惧怕石片锋利逼人，而到这里已经是没有锋利的石片可以放置脚了！在山崖上踌躇再三，不敢再由原来的小道返回。俯瞰南面的岩壁上有一石级，于是叫奴仆们脱下四条裹脚布接成布绳，从悬崖上悬空垂下，先让一奴仆顺布绳下去，我第二个跟从他绳下，想着可以找到攀援的路。等下到石级处，仅仅能容纳脚，再没有多余的地方。遥望岩壁下面，非常陡峭，深有百丈，想要设法再攀援上去，而上面的岩石嵌在空中三丈多高的地方，不能飞越登高上去。手拉布绳试着往上攀登，布绳被凸突的锋利石头所紧勒，忽然中断。重新把布绳续接好使它悬空，竭尽全力挽布绳腾空跳跃，得以再次攀登到上面的岩石上。脱离险境，回到云静庵时，太阳已渐渐西坠。主人及奴仆们的衣服和鞋子全都弄得破敝不堪，寻觅雁湖的兴致大为减退。于是，告别清隐师徒下山，再次到龙湫瀑布。而溪水积攒了雨水后，怒涛奔腾，倾泻而下，态势变幻极大，瀑布如喷雪，声大如雷轰鸣，水势比昨天增大一倍。一直坐到天黑才出山门，南行四里路，宿歇于能仁寺。

十五日　寺后觅方竹数握，细如枝；林中新条，大可径寸，柔不中杖①，老柯斩伐殆尽矣！遂从岐度四十九盘，一路遵海而南，逾窑岙岭，往乐清②。

【注释】

①中（zhòng）：合，符合要求。

②乐清：明为县，隶温州府，即今浙江乐清市。

【译文】

十五日　在能仁寺后寻觅到方竹好几把，竹细如树枝；竹林中新长的竹条，大的径围可达一寸，比较柔软，不适合做手杖，而老的竹条已经砍伐殆尽了！于是，从岔道度过四十九盘，一路顺着东海边向南行，翻越窑岙岭，往乐清县而去。

游黄山日记_{徽州府}

黄山原名"黟山"，唐天宝后改今名。相传黄帝与容成子、浮丘公同在此炼丹，故名"黄山"，亦称"黄岳"。位于安徽黄山市北部，面积约154平方公里。黄山烟云翻飞浩瀚，如浪卷重山，絮掩深谷，因称"黄海"。以中部的平天矼光明顶为界，其北称"后海"，其南称"前海"。今又以东为东海，以西为西海，光明顶周围为天海。黄山风景以奇松、怪石、云海、温泉最著名。近年加修了公路，又修通了从芜湖经过黄山边的铁路，交通颇便。

《游黄山日记》是徐霞客第一次登黄山的游记。万历四十四年（1616），徐霞客游白岳山后，于二月初三日到汤口。在黄山九天，浴汤池后从南往北登山，历祥符寺、慈光寺、天门，登平天矼、狮子峰，游狮子林、接引崖，直到松谷庵。由原路下山，十一日出汤口。

徐霞客游黄山时，大雪已封山三月，游兴不为所阻。"梯磴插天，足趾及腮，而磴石倾侧崅岈，兀兀欲动。""余独前，持杖凿冰，得一孔，置前趾，再凿一孔，以移后趾。从行者俱循此法得度。"沿途他详记气象变化；应用比较方法抓住每个山川景物的特点；留心观察黄山奇松，正确阐明了植物与环境的关系；最后详析了黄山周围各水的源流。

初二日　自白岳下山，十里，循麓而西，抵南溪桥。渡大溪，循别溪，依山北行。十里，两山峭逼如门，溪为之束。越而下，平畴颇广。二十里，为猪坑。由小路登虎岭，路甚峻。十里，至岭。五里，越其麓。北望黄山诸峰，片片可掇①。又三里，为古楼坳。溪甚阔，水涨无梁，木片弥布一溪②，涉之甚难。二里，宿高桥。

【译文】

初二日　从白岳山下山，走十里路，顺着山麓向西，抵达南溪桥。渡过大溪，顺着别溪水，沿着山麓向北走。走十里路，就见两座山陡削而逼近像两扇门，溪水被它所约束。越过两山向下走，眼前平坦的田畴很宽广。走二十里路，就是猪坑。从小路攀登虎岭，路很险峻。又走了十里路，到达虎岭。走完五里路，越过虎岭山麓。向北看，黄山的各座山峰，小如片片山石，似乎可以拾取。又走了三里路，就是古楼坳。溪水很宽阔，溪水暴涨而又没有桥梁，木片遍布一条溪水，赤足涉过溪水很艰难。走了二里后，在高桥歇宿。

初三日　随樵者行，久之，越岭二重。下而复上，又越一重。两岭俱峻，曰双岭。共十五里，过江村①。二十里，抵汤口②，香溪、温泉诸水所由出者。折而入山，沿溪渐上，雪且没趾。五里，抵祥符寺③。汤泉在隔溪④，遂俱解衣赴汤池。池前临溪，后倚壁，三面石礓，上环石如桥。汤深三尺，时凝寒未解，而汤气郁然⑤，水泡池底汨汨起，气本香洌⑥。黄贞父谓其不及盘山⑦，以汤口、焦村孔道⑧，浴者太杂遝也⑨。浴毕，返寺。僧挥印引登莲花庵，蹑雪循涧以上。涧水三转，下注而深泓者，曰白龙潭；再上而停涵石间者，曰丹井。井旁有石突起，曰药臼，曰药铫。宛转随溪，群峰环耸，木石掩映。如此一里，得一庵，僧印我他出，不能登其堂。堂中香炉及钟鼓架，俱天然古木根所为。遂返寺宿。

【注释】

①江村：今作"岗村"，在黄山以南，沅溪右侧。

②汤口：今名同，在黄山南缘的公路边，是进入黄山的门户。

③祥符寺：后文又称"汤寺"。建于宋大中祥符六年（1013），遗址在今黄山管理处的礼堂附近。

④汤泉：即黄山温泉，又称"硃砂泉"。海拔630米，以含重碳酸为主，水温42℃，每小时出水量48吨，设有温泉浴室和游泳池。这里是黄山旅游的起点，各种服务设施齐备。汤，热水。

⑤郁然：水汽旺盛的样子。

⑥冽（liè）：清。

⑦盘山：在今天津蓟县西北12公里处，主峰挂月峰海拔864米。有上、中、下三盘，下盘以水胜，中盘以石胜，上盘以松胜。上有五峰，又称"东五台"。曾被誉为"京东第一名胜"。后来，徐霞客亦曾亲至盘山。陈仁锡跋黄道周《七言古一首赠徐霞客》诗说："霞客游甚奇，无如盘山一游。予归自宣锦，憩山海……有盘山焉，竟数日不能去……归示霞客，霞客踵及燕山，剑及云中，无何而勇至。"徐霞客游盘山的时间，丁文江《徐霞客先生年谱》考证为崇祯二年（1629）。

⑧焦村：今名同，在黄山西侧。从汤口越黄山到焦村，是过去徽州到池州的要道。

⑨杂遝（tà）：众多而杂乱。

【译文】

初三日　随着樵夫一同走，走了很久，翻越过两座山岭。下山后再重新爬上另一山，又翻越过一座山岭。两座山岭都很险峻，叫双岭。总共走了十五里，经过江村。走二十里路后，到达汤口，是香溪、温泉各条溪水所流出的地方。踅转方向而进入山里，沿着溪水逐渐上山，雪埋没了脚趾。走五里路，抵达祥符寺。温泉就在隔溪可见处，于是大家都解衣脱鞋到温泉池里洗澡。温泉池前临溪水，后倚岩壁，三面都用石头镶砌，上面环架着石条就像桥一样。温泉水深三尺，当时冬寒还没有解除，而温水气很旺盛，水泡从池子底部汩汩冒起来，气味原本就很清香。黄贞父说黄山的温泉不及盘山好，是因为汤口、焦村是交通孔道，来洗浴的人太多太杂。洗浴完毕，返回祥符寺。挥印和尚引导我们登山去莲花庵，踏着积雪、顺着山涧上山。涧水三次转弯，往下流注入深深的一潭水中，那潭就叫白龙潭；再上的一处，山涧水在石头间的涵洞停歇，那涵洞叫丹井。丹井旁有石头突起，叫药臼、叫药铫。随着溪水宛转前行，四周有耸立的群峰环绕，树林与山石相互掩映。在这样的景致里走了一里路，找到一座寺庵，印我和尚因他事外出，我们不能进入庵堂歇憩。只见庵堂中的香炉及钟、鼓架，都是用天然的古树根雕凿而成。于是返回祥符寺住宿。

初四日　兀坐听雪溜竟日①。

【注释】

①兀（wù）坐：枯坐。

【译文】

初四日　整天枯坐着听雪滑动的声音。

初五日　云气甚恶，余强卧至午起。挥印言慈光寺颇近，令其徒引。过汤池，仰见一崖，中悬鸟道，两旁泉泻如练。余即从此攀跻上，泉光云气，撩绕衣裾。已转而右，则茅庵上下，磬韵香烟，穿石而出，即慈光寺也①。寺旧名硃砂庵。比丘为余言②："山顶诸静室，径为雪封者两月。今早遣人送粮，山半雪没腰而返。"余兴大阻，由大路二里下山，遂引被卧。

【注释】

①慈光寺：旧名"硃砂庵"，万历时敕封护国慈光寺，极盛一时。新中国成立后建为宾馆，称"慈光阁"。

②比丘：系梵文音译，意为乞士，因初期在形式上以乞食为生而得名，指已受具足戒的男性，俗称"和尚"。

【译文】

初五日　阴云、寒气很险恶，我强制自己睡在床上，到中午才起床。挥印和尚说慈光寺很近，叫他的徒弟引导我们去游览。经过温泉池，仰见一山崖，其间悬着艰险的小道，小道两旁倾泻而下的泉水就像雪白的绢匹。我就从这里攀登上去，水光与云气，在衣服前后缭绕。后来转向右走，就见草庵上下，磬钹的声音与袅袅而起的香烟，穿越石头散发出来，这就是慈光寺。慈光寺旧名硃砂庵。和尚对我说："山顶上的各处静室，其道路被积雪封闭已两个月时间。今早派遣人送去粮食，因山半腰积雪厚达人腰，无法通过而返回。"我的兴致受到极大阻碍，就从大道走了二里路下山，回到住所，拉过棉被睡觉。

初六日　天色甚朗。觅导者各携筇上山，过慈光寺。从左上，石峰环夹，其中石级为积雪所平，一望如玉。疏木茸茸中，仰见群峰盘结①，天都独巍然上挺。数里，级愈峻，雪愈深，其阴处冻雪成冰，坚滑不容着趾。余独前，持杖凿冰，得一孔置前趾，再凿一孔，以移后趾。从行者俱循此法得度。上至平冈，则莲花、云门诸峰，争奇竞秀，若为天都拥卫者。由此而入，绝巘危崖②，尽皆怪松悬结。高者不盈丈，低仅数寸，平顶短鬣③，盘根虬干④，愈短愈老，愈小愈奇，不意奇山中又有此奇品也！松石交映间，冉冉僧一群从天而下⑤，俱合掌言："阻雪山中已三月，今以觅粮勉到此。公等何由得上也？"且言："我等前海诸庵，俱已下山，后海山路尚未通，惟莲花洞可行耳。"已而从天都峰侧攀而上，透峰罅而下，东转即莲花洞路也。余急于光明顶、石笋矼之胜⑥，遂循莲花峰而北。上下数次，至天门。两壁夹立，中阔摩肩，高数十丈，仰面而度，阴森悚骨。其内积雪更深，凿冰上跻，过此得平顶，即所谓前海也。由此更上一峰，至平天矼。矼之兀突独耸者，为光明顶。由矼而下，即所谓后海也。盖平天矼阳为前海，阴为后海，乃极高处，四面皆峻坞，此独若平地。前海之前，天都、莲花二峰最峻，其阳属徽之歙⑦，其阴属宁之太平⑧。

【注释】

①群峰盘结：黄山有36大峰，即炼丹峰、天都峰、青鸾峰、钵盂峰、紫石峰、紫云峰、清潭峰、桃花

峰、云门峰、浮丘峰、云际峰、圣泉峰、硃砂峰、莲花峰、容成峰、石人峰、石柱峰、松林峰、石床峰、云外峰、丹霞峰、石门峰、棋石峰、狮子峰、仙人峰、上升峰、仙都峰、轩辕峰、望仙峰、布水峰、叠障峰、翠微峰、九龙峰、芙蓉峰、飞龙峰、采石峰。另有36小峰，不具列。

②嶮（yǎn）：大小成两截的山。

③鬣（liè）：松针。

④虬（qiú）：为传说中的一种龙，常用来比喻树木枝干盘曲的怪状。

⑤冉冉：慢慢地。

⑥光明顶：在黄山中部，海拔1840米。顶上今有黄山气象站。矼（gāng）：又作"杠"，即石桥。

⑦徽：即徽州府，治歙县，即今安徽歙县。徽，《游记》中又称"徽郡"。

⑧宁：即宁国府，治宣城，即今安徽宣城市。太平：明为县，隶宁国府，治今安徽黄山市北境黄山区、麻川河西岸的仙源镇。

【译文】

初六日 天色很晴朗。寻觅到一位向导，各自拿着筇竹杖上山，经过慈光寺。从左面往上攀登，石峰环绕相夹，其中的石级被积雪覆盖得平平坦坦，一眼望去就像白玉一般。稀疏的树木披满茸茸的雪花，在其中仰视黄山群峰盘根错节，唯独天都峰巍然挺立于群峰之上。往上走数里路，石级越来越险峻，积雪越来越深，那些背阴的地方雪已冻结成冰，坚硬而溜滑，不容脚踩稳。我独自一人前进，拿着竹杖凿冰，挖出一个孔放置前脚，再凿一个孔，以移动后脚。跟从我的人都沿用这一方法得以通过。往上走到平冈，看见莲花峰、云门峰等各座山峰争奇竞秀，就像是替天都峰做护卫。从这里进去，无论是极陡峭的山，或是高峻的石崖上，全都是怪异的松树悬空盘结。高的不超过一丈，矮的仅有几寸，平顶上的松树松针很短，盘根错节而枝干弯曲如虬，越是短粗的越是老松，越是矮小的越是怪异，想不到这奇山中又有此种奇异的品种呵！在奇松怪石交相辉映之间，一群和尚仿佛是从天而降，向我们慢慢走来，都合起掌说："被雪阻隔在山中已三个月，现在因为寻觅粮食勉强走到这里。诸公为什么得以上山来？"又说："我们前海各庵的僧人，都已下山；后海的山路尚未通行，只有莲花洞的路可以走了。"后来，就从天都峰侧面攀援而上，穿过山峰缝隙下山，向东转就是去莲花洞的路了。我急切地想游览光明顶、石笋矼的胜景，于是顺着莲花峰向北走，上上下下好几次，到达天门。天门两边有刀削般陡直的石壁相夹，中间宽仅能摩肩而行，高则数十丈，仰面向上度量，阴森得令人毛骨悚然。天门里积雪更深，凿出冰洞而向上攀登，走过这里就到平顶，就是人们所说的前海了。从这里再登上一峰，到达平天矼。平天矼上独耸而突兀的地方，是光明顶。从平天矼向下走，就是所谓的后海了。大约平天矼的南面是前海，北面是后海，就是最高的地方，四面都是险峻的凹地，唯独这里有如平地。前海的前面，天都、莲花两座山峰最高峻，它的南面属于徽州府的歙县，它的北面属于宁国府的太平县。

　　余至平天矼，欲望光明顶而上。路已三十里，腹甚枵①，遂入矼后一庵。庵僧俱踞石向阳。主僧曰智空，见客色饥，先以粥饷。且曰："新日太皎，恐非老晴。"因指一僧谓余曰："公有余力，可先登光明顶而后中食，则今日犹可抵石笋矼，宿是师处矣。"余如言登顶，则天都、莲花并肩其前，翠微、三海门环绕于后，下瞰绝壁峭岫，罗列坞中，即丞相原也。顶前一石，伏而复起，势若中断，独悬坞中，上有怪松盘盖。余侧身攀踞其上，而浔阳踞大顶相对，各夸胜绝。

【注释】
①腹甚枵（xiāo）：肚子很饥饿。枵，空虚。

【译文】
　　我到平天矼时，很想朝光明顶攀登而上。山路已走了三十里，肚子感到很饥饿，于是走进平天矼后面的一座庵里。庵里的和尚都坐在石头上面朝南方。主持和尚名叫智空，看见客人饥饿的神色，先用稀饭款待。并且说："刚出来的太阳太明亮，恐怕以后不是长久的晴天气候。"于是指着一位和尚对我说："徐公如果有余力，可以先登览光明顶而后再吃中饭，那今天还可以抵达石笋矼，晚上在这位禅师处歇宿。"我照他所说的登上光明顶，只见天都、莲花两峰在前方并肩而立，翠微、三海门在后面环绕，向下鸟瞰，极陡峭的山崖和峻峭的山岭，罗列于大山坞中，那就是丞相原了。光明顶前的一巨石，低伏一段后又重新峙立，其势就如中断一样，孤独地悬空于山坞中，石上有怪异的松树盘根错节地覆盖着。我侧身攀登到巨石上坐着，浔阳叔翁则坐在光明大顶上与我相对，各自夸耀景致的极为优美。

下入庵，黄粱已熟。饭后，北向过一岭，踯躅菁莽中，入一庵，曰狮子林①，即智空所指宿处。主僧霞光，已待我庵前矣。遂指庵北二峰曰："公可先了此胜。"从之。俯窥其阴，则乱峰列岫，争奇并起。循之西，崖忽中断，架木连之，上有松一株，可攀引而度，所谓接引崖也②。度崖，穿石罅而上，乱石危缀间，构木为室，其中亦可置足，然不如踞石下窥更雄胜耳。下崖，循而东，里许，为石笋矼。矼脊斜亘，两夹悬坞中，乱峰森罗，其西一面即接引崖所窥者。矼侧一峰突起，多奇石怪松。登之，俯瞰壑中③，正与接引崖对瞰，峰回岫转，顿改前观。

【注释】

①狮子林：黄山北部有狮子峰，形如卧地的雄狮，狮首有丹霞峰，腰有清凉台，尾有曙光亭。狮子张口处有寺庙称"狮子林"，后毁，原址在今北海宾馆处。
②接引崖：应即今始信峰。
③壑（hè）：山沟。

走下光明顶进入庵里，黄粱米饭已做熟了。饭后，向北走，经过一座山岭，在草木茂盛的林莽中徘徊，走进一座庵中，庵名叫狮子林，就是智空所指点的歇宿之处。狮子林的主持和尚霞光，已在庵前等待我了。他指着庵北面的两座山峰说：“徐公可以先行了结这处胜景的游览。”我听从他的话。俯身窥视两山峰的北面，只见峰峦众多、山岭并列，一起耸立着争相显示奇异。顺着两峰往西走，山崖忽然中断，架设木桥将两边连通，上面有一棵松树，可以攀引着越过木桥，即是所谓的接引崖了。过了接引崖，穿过石岩缝隙向上攀登，乱石间连缀的地方很危险，用木头搭的棚，也可落脚，然而不如坐在岩石上往下窥探，景致更壮丽。走下接引崖，顺小路往东行一里多路，就是石笋矼。石笋矼山脊倾斜连绵，两夹崖壁悬于山坞中，乱峰森罗万象，它西边的一面就是在接引崖上所窥视的地方。石笋矼侧面一山峰突起，上面很多奇石怪松。登上山峰顶，俯瞰山谷中，正好与接引崖对视，峰回山转，顿改前观。

下峰，则落照拥树，谓明晴可卜，踊跃归庵。霞光设茶，引登前楼。西望碧痕一缕，余疑山影。僧谓：“山影夜望甚近，此当是云气。”余默然，知为雨兆也。

【译文】

走下山峰，只见夕阳拥围着松树，以为明天的晴朗是可以预卜了，不由得跳跃欢呼着赶回狮子林庵。霞光主持准备好茶水，引导我登上前楼。向西眺望，天边有一缕碧绿色的痕迹，我怀疑是山峰的阴影。霞光和尚说："山影夜晚看起来很近，这应当是云气。"我一下子沉默无语，知道这是要下雨的预兆了。

初七日　四山雾合。少顷，庵之东北已开，西南腻甚①，若以庵为界者，即狮子峰亦在时出时没间。晨餐后，由接引崖践雪下。坞半一峰突起，上有一松裂石而出，巨干高不及二尺，而斜拖曲结，蟠翠三丈余，其根穿石上下，几与峰等，所谓"扰龙松"是也。

【注释】

①腻（nì）：凝滞。

【译文】

初七日　四周的山都被雾掩合成一体了。一会儿，庵东北面的雾已经散开，而西南方的雾还很浓腻，如果以庵为分界处，就是很近的狮子峰也在雾中时现时没。早餐后，由接引崖踏着积雪下山。山坞半腰上一座山峰突起，峰上有棵松树挣裂开石头而出，粗大的树干却高不到二尺，向斜面延伸，弯曲盘结，翠绿的枝叶曲折环绕有三丈多长，树根上上下下穿过石岩，其长度几乎与山峰之高相等。这就是所谓的"扰龙松"了。

攀玩移时，望狮子峰已出，遂杖而西。是峰在庵西南，为案山。二里，蹑其巅，则三面拔立坞中，其下森峰列岫，自石笋、接引两坞迤逦至此^①，环结又成一胜。登眺间，沉雾渐爽^②，急由石笋矼北转而下，正昨日峰头所望森阴径也。群峰或上或下，或巨或纤，或直或欹，与身穿绕而过。俯窥辗顾，步步生奇，但壑深雪厚，一步一悚^③。

【注释】

①迤逦（yǐlǐ）：曲折连绵。逦，又作"逦"。

②爽：开朗。

③悚（sǒng）：恐惧。

【译文】

攀登游玩了一段时间，看看已走出狮子峰，于是拄着手杖往西走。这座山峰在狮子林庵的西南方，叫案山。走二里路后，登上案山之巅，三面拔地而起峙立山坞中，山下面是森罗万象的峰峦和众多的山岭，从石笋矼、接引崖两处山坞曲折连绵到这里，环绕盘结又形成一处胜景。登高远眺之间，浓雾渐渐清爽开朗，急忙从石笋矼北面趄转而下，正是昨天在峰顶所看见的阴森道路了。群峰有的很高有的很低，有的巨大有的纤小，有的峭直有的倾斜，行进其中往往擦身穿绕而过。俯仰窥视，辗转回顾，每走一步都产生新奇的感觉；但是山谷深、积雪厚，每走一步都生有一种恐惧。

行五里，左峰腋一窦透明①，曰天窗。又前，峰旁一石突起，作面壁状，则"僧坐石"也。下五里，径稍夷②，循涧而行。忽前涧乱石纵横，路为之塞。越石久之，一阙新崩③，片片欲堕，始得路。仰视峰顶，黄痕一方，中间绿字宛然可辨，是谓"天牌"，亦谓"仙人榜"。又前，鲤鱼石；又前，白龙池。共十五里，一茅出涧边，为松谷庵旧基。再五里，循溪东西行，又过五水，则松谷庵矣。再循溪下，溪边香气袭人，则一梅亭亭正发，山寒稽雪④，至是始芳。抵青龙潭，一泓深碧，更会两溪，比白龙潭势既雄壮，而大石磊落，奔流乱注，远近群峰环拱，亦佳境也⑤。还餐松谷，往宿旧庵。余初至松谷，疑已平地，及是询之，须下岭二重，二十里方得平地，至太平县共三十五里云。

【注释】

①窦（dòu）：孔穴。

②夷（yí）：平坦。

③阙（quē）：指缺口。

④稽（jī）：留止。

⑤"抵青龙潭"八句：黄山北部松谷溪中有五个龙潭，即青龙、乌龙、黄龙、白龙、油龙。五潭颜色各异，深浅不同。松谷庵就在附近。

【译文】

走了五里路，见左边山峰腋部有一孔穴透出光亮，称作天窗。又前行，山峰旁一石突起，作面壁的形状，则是"僧坐石"了。往下走五里路，道路稍稍平坦，顺着山涧水前行。忽然前面山涧中乱石纵横，路为之阻塞。越过乱石走了很久，见到新崩开的一个缺口，片片石壁似乎就要堕落，才重新找到行路。仰视峰顶，有黄色的一方痕迹，中间绿色的字可宛然辨认，这就叫"天牌"，也叫作"仙人榜"。又前行，到鲤鱼石；再往前行，是白龙池。总计走了十五里路，一座茅庐出现在涧水边，这是松谷庵的旧址。再走五里路，顺着溪水边向东西方向走，又渡过五条溪水，就到达松谷庵了。再顺着溪水往下走，溪边阵阵香气袭人，是一棵亭亭玉立的梅树正在开花，山谷严寒到处积雪，到这里才开始有花香芬芳。抵达青龙潭，这是一泓深得碧绿的水，又汇合了两条溪水，比之白龙潭，气势既雄壮，又有突兀的大石，奔流的溪水向潭中乱注，远处近处的群峰环卫着，也是一处优美的景观。回到松谷庵吃晚饭，在松谷庵旧址的茅庐里住宿。我初到松谷庵时，猜测已经是平地，等到这里询问人，说是还必须走下二重山岭，二十里山路后方能够找到平地，到太平县共有三十五里路。

初八日　拟寻石笋奥境，竟为天夺。浓雾迷漫，抵狮子林，风愈大，雾亦愈厚。余急欲趋炼丹台，遂转西南。三里，为雾所迷，偶得一庵，入焉。雨大至，遂宿此。

【译文】

初八日　准备去寻觅石笋矼的奥秘之境，不料竟然被上天所剥夺。浓雾迷漫山野，抵达狮子林时，风更大，雾也愈加浓厚。我急切想要疾趋炼丹台，于是转向西南方向。走三里路，被浓雾迷失了道路，偶然得见一庵，就进入庵里。大雨下起来，于是只好在此住宿。

初九日　逾午少雾。庵僧慈明，甚夸西南一带峰岫不减石笋矼，有"秃颅朝天"、"达摩面壁"诸名①。余拉浔阳蹈乱流至壑中，北向即翠微诸峦，南向即丹台诸坞，大抵可与狮峰竞驾，未得比肩石笋也。雨踵至，急返庵。

【注释】

①秃颅：无发为秃，秃颅即和尚。

【译文】

初九日　过了中午，天气稍稍晴朗。庵里的和尚慈明，很夸奖庵西南一带的山峰岩洞，认为不减石笋矼的险奇，有"秃颅朝天"、"达摩面壁"诸名胜可供游览。我拉着浔阳叔翁踏过乱流来到山谷之中，向北走就是翠微峰等各峰峦，向南走就是炼丹台等各山坞，景致大体上可与狮子峰并驾齐驱，而不能与石笋矼比肩一致了。雨接踵而至，我们急忙返回庵中。

初十日　晨雨如注，午少停。策杖二里，过飞来峰，此平天矼之西北岭也。其阳坞中，峰壁森峭，正与丹台环绕①。二里，抵台。一峰西垂，顶颇平伏。三面壁翠合沓②，前一小峰起坞中，其外则翠微峰、三海门蹄股拱峙。登眺久之。东南一里，绕出平天矼下。雨复大至，急下天门。两崖隘肩，崖额飞泉，俱从人顶泼下。出天门，危崖悬叠，路缘崖半，比后海一带森峰峭壁，又转一境。"海螺石"即在崖旁，宛转酷肖，来时忽不及察，今行雨中，颇稔其异③，询之始知。已趋大悲庵，由其旁复趋一庵，宿悟空上人处。

【注释】

①丹台：即炼丹台，在黄山中部炼丹峰下。峰上有石室，室内有炼丹灶，峰前即炼丹台，颇宽平，台下有炼丹源，隔谷有晒药岩。

②合沓（tà）：重叠。

③稔（rěn）：熟悉。

【译文】

初十日　早晨，大雨如注，中午时稍为停了一会儿。拄手杖走二里路，经过飞来峰，这是平天矼西北面的山岭。飞来峰南面的山坞中，山峰壁立陡峭，正好与炼丹台相互环绕。二里路后，抵达炼丹台。向西垂的一座山峰，峰顶很平坦。三面有青翠绿树覆盖的岩壁重重叠叠，前面一座小峰峦突起于山坞中，山坞外则是翠微峰、三海门像脚与腿一般地环卫峙立着。登上峰顶四处眺望了很久。向东南方走一里路，从平天矼下绕出来。大雨重又下起来，急忙走下天门。两旁狭隘得仅有肩宽，崖顶上的飞泉，都是从人头上泼下来。走出天门，高耸的山崖悬空重叠，道路沿着山崖半腰延伸，比之后海一带森严的山峰、陡峭的岩壁，又转变为另一种境地。"海螺石"就在岩崖旁边，宛转的形态非常像只海螺，来的时候忽略了，来不及仔细观察，现在在雨中行走，倒很熟悉它奇异之处，这是询问别人后才知道的。后来去大悲庵，从大悲庵旁又再去另一庵，在悟空上人处宿歇。

十一日　上百步云梯。梯磴插天，足趾及腮，而磴石倾侧嵁岈①，兀兀欲动②，前下时以雪掩其险，至此骨意俱悚。上云梯，即登莲花峰道。又下转，由峰侧而入，即文殊院、莲花洞道也。以雨不止，乃下山，入汤院，复浴。由汤口出，二十里抵芳村，十五里抵东潭，溪涨不能渡而止。黄山之流，如松谷、焦村，俱北出太平；即南流如汤口，亦北转太平入江；惟汤口西有流，至芳村而巨，南趋岩镇，至府西北与绩溪会③。

【注释】

①嵁岈（hánxiā）：中间空而深阔。

②兀兀（wù）：高耸特出。

③"黄山之流"九句：松谷之水源自黄山往北流，即今凄溪河。焦村之水源自黄山往西流，再折北，即

今秧溪河。汤口之流亦往北，即今麻河。汤口西之流明称"新安江"，今又称"西溪"。绩溪从绩溪县来，明代称为"扬之水"，即今练江。岩镇应即今岩寺，在歙县西境。

【译文】

十一日　登上百步云梯。百步云梯的石磴很陡，似乎一直插入了蓝天，爬石磴时脚趾几乎触到脸腮，而且石磴的石条倾斜、中间空隙很大，高凸突兀，似乎在动，先前下山时因积雪掩盖了它的险要，到现在看清了不觉毛骨和心里都一齐恐惧起来。上完百步云梯，随即登上去莲花峰的路。又向下转，由莲花峰侧面前进，就是通向文殊院、莲花洞的路了。因为雨一直下个不停，于是下山，进温泉院里，再次沐浴。由汤口出来，行二十里路抵达芳村，走十五里路抵达东潭，溪水暴涨不能渡过而停下来。黄山的溪流，如松谷溪、焦村溪，都是向北流出太平县；即便向南流的汤口溪，也向北转，流到太平县后再流向长江；唯独汤口西边有条溪流，到芳村而成巨流，向南流去岩镇，到徽州府西北面与绩溪汇合。

游武彝山日记 福建建宁府崇安县

武彝山亦作"武夷山",为我国著名风景区。在福建武夷山市,为海拔600米左右的一片低山,方圆60公里,有36峰布列在武彝溪两岸。红色砂岩构成奇特的丹霞地貌。碧水丹山,交相辉映,溪水清碧,湾环九曲,两岸峰岩位移形换。乘竹筏游武彝溪,可兼山水之胜。武彝山也是我国重点自然保护区。

《游武彝山日记》是万历四十四年(1616)徐霞客游武彝山的游记。徐霞客游白岳山、黄山后,于二月二十一日至二十三日游武彝山。先溯九曲溪舟行,抵六曲,登陆上大隐屏、天游峰,往西游小桃源、鼓子岩、灵峰,至狮子岩复乘舟由九曲顺流下,至四曲再登陆,觅大藏、小藏诸峰及一线天、会真观、换骨岩、水帘洞、杜辖岩等,至赤石街下舟返崇安。此行以舟行为主,舟上观,陆上探,巧妙安排,水陆兼顾,尽兴游赏。徐霞客此行不但寻幽揽胜,而且记录了船棺葬、张仙遗蜕、徐仙遗蜕、紫阳书院、御茶园等武彝山区的文物古迹。

二月二十一日^①　出崇安南门^②，觅舟。西北一溪自分水关，东北一溪自温岭关，合注于县南，通郡、省而入海。顺流三十里，见溪边一峰横欹，一峰独耸。余咤而瞩目，则欹者幔亭峰，耸者大王峰也^③。峰南一溪，东向而入大溪者^④，即武彝溪也^⑤。冲祐宫傍峰临溪。余欲先抵九曲，然后顺流探历，遂舍宫不登，逆流而进。流甚驶^⑥，舟子跣行溪间以挽舟^⑦。第一曲，右为幔亭峰、大王峰，左为狮子峰、观音岩。而溪右之濒水者曰水光石，上题刻殆遍。二曲之右为铁板嶂、翰墨岩，左为兜鍪峰、玉女峰。而板嶂之旁，崖壁峭立，间有三孔作"品"字状。三曲右为会仙岩，左为小藏峰、大藏峰。大藏壁立千仞，崖端穴数孔，乱插木板如机杼^⑧。一小舟斜架穴口木末，号曰"架壑舟"^⑨。四曲右为钓鱼台、希真岩，左为鸡栖岩、晏仙岩。鸡栖岩半有洞，外隘中宏，横插木板，宛然坿橼^⑩。下一潭深碧，为卧龙潭。其右大隐屏、接笋峰，左更衣台、天柱峰者，五曲也。文公书院正在大隐屏下。抵六曲，右为仙掌岩、天游峰，左为晚对峰、响声岩。回望隐屏、天游之间，危梯飞阁悬其上，不胜神往。而舟亦以溜急不得进^⑪，还泊曹家石。

【注释】

①二月二十一日：此次入闽路线，《江右游日记》曾说"两过广信"，于铅山县又追叙："此余昔年假道分水

关趋幔亭处。"徐霞客游黄山后，即经江西东部，取道广信、铅山，过分水关入福建崇安。游武彝山的时间在万历四十四年，即1616年。

②崇安：隶建宁府，即今福建武夷山市。

③大王峰：又名"天柱峰"，雄踞在武彝溪口，是进入武彝山的第一峰，有木梯和岩壁踏脚石孔可攀到峰顶。

④大溪：明代又称"崇溪"，即今崇阳溪。

⑤武彝溪：明代又称"九曲溪"、"清溪"，发源于三保山，经星村入武彝山，盘折九曲，约7.5公里，到武彝宫前汇入崇溪。

⑥驶：马快跑。

⑦舟子：船夫。跣（xiǎn）：光着脚。

⑧机杼（zhù）：织布机。

⑨架壑舟：又称"架壑船"、"船棺"、"仙船"、"仙脱"、"仙函"等，为古代当地的一种葬具，俗称"船棺葬"、"崖墓"。葬具似船，用整木凿成，存放于悬崖隙洞人迹难到的地方。1978年福建省博物馆在北山白岩距谷底51米的洞内取下船棺一具，经C14测定，距今已三千四百余年。

⑩埘（shí）：墙壁上挖洞做成的鸡巢。榤（jié）：鸡栖的小木桩。

⑪溜（liù）：急流。

【译文】

二月二十一日　走出崇安县南城门，寻觅乘坐的船。

西北面一条溪水从分水关流来，东北面一条溪水从温岭关流来，汇合后流注于县南，通过郡、省而流入大海。船顺流而下三十里，见溪边一座山峰横斜，一座山峰独立高耸。我感到惊诧而很注意，那横斜的就是幔亭峰，高耸的就是大王峰了。山峰南面有一条溪流，向东而流入大溪的，就是武彝溪了。冲祐宫背面依傍山峰，前临溪水。我想先抵达九曲，然后顺溪流探胜历奇，于是舍弃冲祐宫而不登其门，逆流而进。流水很急，纤夫们赤脚行走于溪流之间以挽船前进。第一曲，右边是幔亭峰、大王峰，左边是狮子峰、观音岩。而溪流右边濒临溪水的叫水光石的，上面几乎遍满题诗、刻字。二曲的右边是铁板嶂、翰墨岩，左边是兜鍪峰、玉女峰。而铁板嶂的旁边，崖壁陡峭笔立，其间有三个孔穴，作"品"字形状。三曲的右边是会仙岩，左边是小藏峰、大藏峰。大藏峰壁立千仞，崖顶端有数处孔穴，其中像织布机一样乱插着许多木板。一只小船斜架在孔穴口木板的末端，名号叫"架壑舟"。四曲的右边是钓鱼台、希真岩，左边是鸡栖岩、晏仙岩。鸡栖岩半腰处有石洞，外面狭隘而其中宽宏，横插着的木板，仿佛是鸡巢中鸡栖息的木桩。岩下有一潭水，水深而碧蓝，是卧龙潭。它的右边有大隐屏、接笋峰，左边有更衣台、天柱峰的，就是五曲了。文公书院正好在大隐屏峰下面。抵达六曲时，见右边有仙掌岩、天游峰，左边是晚对峰、响声岩。回头眺望人隐屏、天游峰之间，只见高峻的石梯、飞檐斗阁悬挂山峰之上，不由得非常神往。而我所乘游的船也因为急流汹涌而不能驶进去，只好返还曹家石停泊。

登陆入云窝①，排云穿石，俱从乱崖中宛转得路。窝后即接笋峰。峰骈附于大隐屏，其腰横两截痕，故曰"接笋"。循其侧石隙，跻磴数层，四山环翠，中留隙地如掌者，为茶洞。洞口由西入，口南为接笋峰，口北为仙掌岩。仙掌之东为天游，天游之南为大隐屏。诸峰上皆峭绝，而下复攒凑②，外无磴道，独西通一罅，比天台之明岩更为奇矫也。从其中攀跻登隐屏，至绝壁处，悬大木为梯，贴壁直竖云间。梯凡三接，级共八十一。级尽，有铁索横系山腰，下凿坎受足。攀索转峰而西，夹壁中有冈介其间③，若垂尾，凿磴以登，即隐屏顶也。有亭有竹，四面悬崖，凭空下眺，真仙凡夐隔④。仍悬梯下，至茶洞。仰视所登之处，崭然在云汉⑤。

【注释】

①云窝：在五曲接笋峰和六曲仙掌峰间，新建有八亭散布冈头或溪边，还有盘山石径往来诸胜。

②攒（cuán）凑：凑集。

③冈：山脊。

④夐（xiòng）：远。

⑤崭（zhǎn）然：高峻。《游记》中有的地方作"崭崭"。

【译文】

登上陆地进入云窝，排开云彩穿过石岩，都是从散乱的岩崖中间辗转寻觅才找到路。云窝的后面就是接笋峰。

接笋峰并列并依附于大隐屏，它的峰腰横向显出分为两截的痕迹，所以叫"接笋峰"。顺着它侧面的石岩隙口，攀登上好几级石磴，远远看见的四面被翠绿的山峦环绕，中间留有空隙地有如手掌一样的地方，就是茶洞。茶洞口从西面进入，洞口南面是接笋峰，北面是仙掌岩。仙掌岩的东面是天游峰，天游峰的南面是大隐屏。各座山峰的上部都极其陡峭，而下部又很凑集，外面没有石磴路，唯独西部有一道缝隙相通，比之天台山的明岩更为奇特雄伟。从山峰中间攀登，登上大隐屏，到极陡峭的山崖处，悬架大木做梯子，紧贴着岩壁直竖云彩之间。木梯用三根大木相接起来，共有八十一级。梯级穷尽，有铁链索横系于山腰处，下面凿有石坎供脚踩踏。攀援着铁链索向西面顺着山峰转，两边岩壁之中有山脊介于其间，好像下垂的尾巴，凿有石磴用以登高，就是大隐屏的峰顶了。峰顶有亭子，有翠竹，四面都是悬崖峭壁，凭空向下眺望，真正是仙境和凡界相隔遥远。仍旧从悬架的木梯下来，到达茶洞。仰望所攀登上去的地方，高峻得似乎在天河之中。

　　隙口北崖即仙掌岩。岩壁屹立雄展，中有斑痕如人掌，长盈丈者数十行。循崖北上，至岭，落照侵松，山光水曲，交加入览。南转，行夹谷中。谷尽，忽透出峰头，三面壁立，有亭踞其首，即天游峰矣[①]。是峰处九曲之中，不临溪，而九曲之溪三面环之。东望为大王峰，而一曲至三曲之溪环之。南望为更衣台，南之近者，则大隐屏诸峰也，四曲至六曲之溪环之。西望为三教峰，西之近者，则天壶诸峰也，七曲至九曲之溪环之。惟北向无溪，而山从水帘诸山层叠而来，至此中悬。其前之俯而瞰者，即茶洞也。自茶洞仰眺，但见绝壁干霄，泉从侧间泻下，初不知其上有峰可憩。其不临溪而能尽九溪之胜，此峰固应第一也。立台上，望落日半规②，远近峰峦，青紫万状。台后为天游观。亟辞去，抵舟已入暝矣。

【注释】

①天游峰：在五曲隐屏峰后，绝顶有览亭可供凭眺。分上天游和下天游，天游观在下天游。

②规：圆形。

【译文】

隘口北面的石崖就是仙掌岩。岩壁屹立溪边，雄伟而阔展，岩壁中间有斑痕像人的手掌，长度超过一丈的有数十行。顺着山崖从北面攀登而上，到达岭上，夕阳浸染着松林，山光秀丽，溪水曲折，交相辉映，非常中看。向南转，在狭窄的山谷中行走。山谷穷尽，忽然透现出一座山峰头顶，三面都是陡壁峭立，峰顶上建有亭子，那就是天游峰了。这天游峰处于九曲溪的中央，但不濒临溪水，而九曲的溪流从三面环绕着它。向东眺望是大王峰，有一曲至三曲的溪流环绕它。向南眺望是更衣台，南边最接近的，就是大隐屏等各座山峰，四曲至六曲的溪流环绕着它们。向西眺望是三教峰，西边最接近的，则是天壶峰等各座山峰，七曲至九曲的溪流环绕着它们。仅有北面没有溪流，而山峦从水帘峰等各座山岭层层叠叠延伸而来，到这里中悬起来。此前我所俯身鸟瞰的地方，就是茶洞了。从茶洞仰身远眺，但见陡峭的岩壁直插云霄，泉水从侧面岩石间倾泻而下，开始时不知道它上面还有山峰可以游览歇憩。如果想不亲临九曲溪而能够尽览九曲溪的优美胜景，这山峰当然应该是第一峰了。站立峰台上，远望那半圆形的正在西沉的落日，远处近处的无数峰峦，显出青色、紫色万千景象。峰台后面是天游观。我急忙辞别而去，回到游船时已经是黄昏了。

二十二日　登涯①，辞仙掌而西。余所循者，乃溪之右涯，其隔溪则左涯也。第七曲右为三仰峰、天壶峰，左为城高岩。三仰之下为小桃源，崩崖堆错，外成石门。由门伛偻而入，有地一区，四山环绕，中有平畴曲涧，围以苍松翠竹，鸡声人语，俱在翠微中。出门而西，即为北廊岩，岩顶即为天壶峰。其对岸之城高岩矗然独上，四旁峭削如城。岩顶有庵，亦悬梯可登，以隔溪不及也。第八曲右为鼓楼岩、鼓子岩，左为大廪石、海蚱石。余过鼓楼岩之西，折而北行坞中，攀援上峰顶，两石兀立如鼓，鼓子岩也。岩高亘亦如城，岩下深坳一带如廊，架屋横栏其内，曰鼓子庵。仰望岩上，乱穴中多木板横插。转岩之后，壁间一洞更深敞，曰吴公洞。洞下梯已毁，不能登。望三教峰而趋，缘山越磴，深木蓊苁其上。抵峰，有亭缀其旁，可东眺鼓楼、鼓子诸胜。山头三峰，石骨挺然并矗。从石罅间蹑磴而升，傍崖得一亭。穿亭入石门，两崖夹峙，壁立参天，中通一线，上下尺余，人行其间，毛骨阴悚。盖三峰攒立，此其两峰之罅；其侧尚有两罅，无此整削。

【注释】

①涯：水边。

【译文】

二十二日　登上水边，辞别仙掌岩向西走。我所顺着走的，乃是溪流的右岸，隔溪则是左岩。第七曲的右边是三仰峰、天壶峰，左边是城高岩。三仰峰下是小桃源，崩裂的山崖、错落的岩堆，在外边形成一道石门。由石门弯曲着腰背进入，有一片地，四周山峦环绕，中间有平坦的田畦和弯曲的涧水，苍松翠竹围护着庭院，鸡鸣声、人语声，都在青山中回荡。走出石门向西行，就是北廊岩，北廊岩顶即是天壶峰。它对岸的城高岩高高地耸立着独立天上，四旁峭壁有如刀削，就像是城墙。城高岩顶上有座庵，也是悬架木梯可以攀登的，因为隔着溪水而没有去。第八曲的右边是鼓楼岩、鼓子岩，左边是大廪石、海蚱石。我经过鼓楼岩的西面，踅转而向北，行走于山坞之中，攀援而登上峰顶，有两块岩子直立着，很像鼓，这就是鼓子岩了。鼓子岩的高度和横宽也像城高岩一般，岩下的深山坞就像一条长廊，建盖有房屋横栏在山坞里，叫作鼓子庵。

仰望岩上面，在散乱的洞穴中有许多木板横插着。转到岩子后面，岩壁间有一洞穴更是深而宽敞，叫作吴公洞。吴公洞下面的木梯已经毁坏，不能登上去。望着三教峰而奔去，沿着山翻越石磴，山野上深深的树林生长很茂盛。抵达三教峰，在山峰旁建有亭子点缀景色，向东可以眺望鼓楼峰、鼓子岩各处胜景。山顶有三座山峰，石岩骨架高挺，并排耸立。从石岩的缝隙间踏石磴而登高，石崖旁有一座亭子。穿过亭子进入石门，两崖壁对峙，中间很狭窄，崖壁高耸参天，中间仅有一线通道，上下仅一尺多宽，人在其间行走，不由感到阴森、毛骨悚然。大概三座山峰簇攒而立，这是其中两座山峰间的缝隙；其侧边还有两道缝隙，但没有这样整齐壁削。

已下山，转至山后，一峰与猫儿石相对峙，盘亘亦如鼓子，为灵峰之白云洞。至峰头，从石罅中累级而上，两壁夹立，颇似黄山之天门。级穷，逶迤至岩下，因岩架屋，亦如鼓子。登楼南望，九曲上游，一洲中峙，溪自西来，分而环之，至曲复合为一。洲外两山渐开，九曲已尽。是岩在九曲尽处，重岩回叠，地甚幽爽。岩北尽处，更有一岩尤奇：上下皆绝壁，壁间横坳仅一线，须伏身蛇行，盘壁而度，乃可入。余即从壁坳行；已而坳渐低，壁渐危，则就而伛偻；愈低愈狭，则膝行蛇伏，至坳转处，上下仅悬七寸，阔止尺五。坳外壁深万仞。余匍匐以进，胸背相摩，盘旋久之，得度其险。岩果轩敞层叠，有斧凿置于中，欲开道而未就也。半晌，返前岩。更至后岩，方构新室，亦幽敞可爱。出向九曲溪，则狮子岩在焉。

【译文】

随后下山，转到山后面，看见一座山峰与猫儿石相对峙，盘旋而绵延也像鼓子岩一样，这是灵峰的白云洞。到达峰顶，从石岩缝隙中连续地沿石级往上登，两边峙立的崖壁相夹很狭窄，与黄山的天门很相似。走完石级，顺着曲折连绵的山道到达石岩下面，利用岩石架设房屋，情况也像鼓子岩一样。登上高楼向南眺望，九曲上游，有片小洲屹立于溪水中，溪水从西方流来，至此分流而将小洲四面环绕，到九曲处重新合流为一股溪水。小洲外有两座山逐渐开阔，至此九曲已经到尽头。这岩就在九曲的尽头处，岩壁重叠回环，地方很是幽静清爽。岩北面的尽头处，更有一岩尤其奇异：上下都是很陡削的石壁，石壁间横凹的地方仅一线宽，必须低伏身体像蛇一样爬行，盘绕着石壁而越过去，才可以进入。我就从壁凹处爬行，不久凹处渐渐低矮，石壁渐渐险要，于是就势而弯腰曲背；岩壁凹处愈低矮愈狭窄，于是像蛇一样伏贴着用膝盖爬行，到壁坳转弯的地方，上下悬隔仅有七寸，宽只有一尺五。壁凹外面，岩壁深达万仞。我匍匐前进，胸部背部与岩石相摩擦，盘旋了很长时间，才得以越过那险要之处。石岩果然高大宽敞，层层叠叠，其间有斧凿的痕迹，是想要开凿道路而没有完成。过了半晌，返回到前岩。又重新回到后岩，刚刚构筑好的新房屋，也很幽静、宽敞而令人喜爱。出来走向九曲溪，就见狮子岩在那里。

循溪而返，隔溪观八曲之"人面石"、七曲之城高岩，蔚然奇丽，种种神飞。复泊舟，由云窝入茶洞，穹窿窈窕①，再至矣，再不能去！已由云窝左转，入伏羲洞，洞颇阴森。左出大隐屏之阳，即紫阳书院②，谒先生庙像。顺流鼓棹，两崖苍翠纷飞，翻恨舟行之速。已过天柱峰、更衣台，泊舟四曲之南涯。自御茶园登岸③，欲绕出金鸡岩之上，迷荆丛棘，不得路。乃从岩后大道东行，冀有旁路可登大藏、小藏诸峰，复不得。透出溪旁，已在玉女峰下。欲从此寻一线天，徬徨无可问，而舟泊金鸡洞下，迥不相闻。乃沿溪觅路，迤逦大藏、小藏之麓。一带峭壁高骞④，砂碛崩壅，土人多植茶其上。从茗柯中行⑤，下瞰深溪，上仰危崖，所谓"仙学堂"、"藏仙窟"，俱不暇辨。

【注释】

① 穹窿（qiónglóng）：长曲。窈窕（yǎotiǎo）：深远。

② 紫阳书院：紫阳，山名，在安徽歙县南，宋代朱松读书其上。其子朱熹长期在崇安读书讲学的地方，因称"紫阳书屋"，后人建紫阳书院，即前述"文公书院"。朱熹死后谥"文"，人称"朱文公"。

③ 御茶园：在武彝山四曲溪南，为元代官府督制贡

茶处，大德六年（1302）创建，明嘉靖三十六年（1557）罢废。武彝山向以产茶著称，乌龙茶亦产于此，宋蔡君谟评论此茶味超过北苑龙团。今盛产岩茶，尤以"大红袍"最名贵。

④高骞（qiān）：高昂着头。

⑤茗（míng）：茶的通称。柯：树枝。

【译文】

顺着溪流返回，隔溪观赏八曲的"人面石"、七曲的城高岩，种种美景令人心旷神怡。再次停泊游船，从云窝进入茶洞，深远而幽长曲折，第二次到了这里，令人再也不能离去！随即又由云窝向左转，进入伏羲洞，洞里很阴森。从左边出来，到达大隐屏峰的南面，进入紫阳书院，拜谒朱熹先生的塑像。顺溪流飞快划船，溪两岸苍翠的山崖纷纷如飞船掠过，反过来倒怨恨船行走得太迅速。随后过天柱峰、更衣岩，在四曲南岸水边停泊好游船。从御茶园上岸，想绕道出去，登金鸡岩顶，丛生的荆棘漫山遍野，使人迷惑，找不到路。于是从金鸡岩后面的大道向东行走，希望有岔路可以攀登大藏、小藏各座山峰，又没有找到路。穿过山岩来到溪边时，已置身于玉女峰之下了。想从这里寻找一线天，彷徨再三而无人可以问路，而游船又停泊在金鸡洞下面，相距太远而互不相闻。于是沿着溪岸寻觅道路，在大藏峰、小藏峰麓迤逦而行。这一带峭壁高耸，沙石有的壅塞，有的崩塌，当地人在上面种植了许多茶树。从茶树枝叶中前行，从岩壁上俯瞰深溪水，往上仰视陡峭的高崖，所说的"仙学堂"、"藏仙窟"等景致，都没有闲暇来加以辨别观赏。

　　已至架壑舟，仰见虚舟宛然，较前溪中所见更悉。大藏之西，其路渐穷。向荆棘中扪壁而上①，还瞰大藏西岩，亦架一舟，但两崖对峙，不能至其地也。忽一舟自二曲逆流而至，急下山招之。其人以舟来受，亦游客初至者，约余返更衣台，同览一线天、虎啸岩诸胜。过余泊舟处，并棹顺流而下，欲上幔亭，问大王峰。抵一曲之水光石，约舟待溪口，余复登涯，少入，至止止庵。望庵后有路可上，遂趋之，得一岩，僧诵经其中，乃禅岩也。登峰之路，尚在止止庵西。仍下庵前西转，登山二里许，抵峰下，从乱箐中寻登仙石。石旁峰突起，作仰企状，鹤模石在峰壁罅间，霜翎朱顶，裂纹如绘。旁路穷，有梯悬绝壁间，蹑而上，摇摇欲堕。梯穷得一岩，则张仙遗蜕也②。岩在峰半，觅徐仙岩，皆石壁不可通；下梯寻别道，又不可得；蹑石则峭壁无阶，投莽则深密莫辨。佣夫在前，得断磴，大呼得路。余裂衣不顾，趋就之，复不能前。日已西薄，遂以手悬棘，乱坠而下，得道已在万年宫右③。趋入宫，宫甚森敞。羽士迎言："大王峰顶久不能到，惟张岩梯在。峰顶六梯及徐岩梯俱已朽坏。徐仙蜕已移入会真庙矣。"出宫右转，过会真庙。庙前大枫扶疏④，荫数亩，围数十抱。别羽士，归舟。

【注释】

①扪（mén）：执持，抚摸。

②遗蜕（tuì）：道家称"尸解"为"蜕质"，后因以"蜕"为"死"的讳称。"遗蜕"即尸体。蜕，虫类脱下来的皮。

③万年宫：前称"冲祐宫"，此称"万年宫"，俗称"武夷宫"，在武彝山武彝溪口，大王峰麓，为著名的道教活动中心。现存道院一座。

④扶疏：枝叶繁茂分披貌。

【译文】

随后走到有架壑舟的地方，仰望半悬于虚空的架壑舟，非常逼真，较以前乘游船漂流于溪水中所看见的更为完全。大藏峰西边的路，渐渐穷尽了。走向荆棘丛中，扳附着岩壁朝上攀登，回头俯瞰大藏峰西边岩壁上，亦有一架壑舟，但是两崖壁相对屹立，不能够到达那里。急然见一条游船从二曲逆流到达，急忙下山招呼船过来。那乘舟人把船划靠岸接我上船，他也是刚来此地的游客，邀约我返回更衣岩，一同游览一线天、虎啸岩各处胜景。经过我停泊游船的地方，两只船一同顺溪流而下，计划攀登幔亭峰，探寻大王峰。抵达一曲的水光石，约定游船在溪口等待，我再登上岸边，稍向前行，到了止止庵。看见庵后有路，于是快步上路而去，到一石岩，其中有僧人在念诵佛经，这就是禅岩了。登大王峰的路，还在止止庵的西面。仍然下来到止止庵前，向西方转，登上山走二里多路，抵达大王峰下，从乱箐沟中寻觅登仙石。登仙石旁山峰突兀而起，现出仰首企盼的形状；鹤模石在山峰岩壁的缝隙之间，霜一样的白色翎羽，红色的头，裂开的自然纹路有如绘的画。旁边的路已经穷尽，有木梯悬架在陡峭的崖壁之间，踩着梯子向上登，梯子摇摇欲坠。爬完梯子后登上一座山岩，乃是张仙遗体存放处。山岩在山峰的半腰上，寻觅徐仙岩，四面都是石壁，不可以通过；走下梯子重新寻找其他道路，又没有找到；要攀涉石岩则都是峭壁，没有石阶；投身荆棘，草莽又深又密，不能辨别方向。雇来的挑夫走在前面，找到中断的石磴，就大叫说找到了路。我不顾衣服被荆棘、乱石撕裂，疾跑过去，靠拢他，结果又不能往前走。太阳已经西沉，于是用手攀悬着荆棘，胡乱悬空坠落下来，找到道路时已在万年宫右边了。快步走入万年宫里，万年宫很森严、宽敞。道士迎着我说："大王峰顶很久以前就不能上去了，只有上张仙岩的梯子还在。上峰顶的六级梯子及上徐仙岩的梯子，都已腐朽破坏。徐仙的遗体已经移入到会真庙里了。"走出万年宫向右转，经过会真庙。庙前的大枫树生长十分繁茂，浓荫有数亩地宽，树围有数十抱粗。告别道士，回到游船中。

二十三日　登陆，觅换骨岩、水帘洞诸胜。命移舟十里，候于赤石街，余乃入会真观，谒武彝君及徐仙遗蜕①。出庙，循幔亭东麓北行二里，见幔亭峰后三峰骈立，异而问之，三姑峰也。换骨岩即在其旁，望之趋。登山里许，飞流汩然下泻。俯瞰其下，亦有危壁，泉从壁半突出，疏竹掩映，殊有佳致。然业已上登，不及返顾，遂从三姑又上半里，抵换骨岩，岩即幔亭峰后崖也。岩前有庵。从岩后悬梯两层，更登一岩。岩不甚深，而环绕山巅如叠嶂。土人新以木板循岩为室，曲直高下，随岩宛转。循岩隙攀跻而上，几至幔亭之顶，以路塞而止。返至三姑峰麓，绕出其后，复从旧路下，至前所瞰突泉处。从此越岭，即水帘洞路；从此而下，即突泉壁也。余前从上瞰，未尽其妙，至是复造其下。仰望突泉又在半壁之上，旁引水为碓，有梯架之，凿壁为沟以引泉。余循梯攀壁，至突泉下。其坳仅二丈，上下俱危壁，泉从上壁堕坳中，复从坳中溢而下堕。坳之上下四旁，无处非水，而中有一石突起可坐。坐久之，下壁循竹间路，越岭三重，从山腰约行七里，乃下坞。穿石门而上，半里，即水帘洞。危崖千仞，上突下嵌，泉从岩顶堕下。岩既雄扩，泉亦高散，千条万缕，悬空倾泻，亦大观也！其岩高矗上突，故岩下构室数重，而飞泉犹落槛外。

【注释】

①武彝君：武彝山因有神人武彝君所居而得名。武彝，名著于汉代，相传武彝君于八月十五日上山，置幔亭，化虹桥，大会乡人宴饮。

【译文】

二十三日　登上陆岸，寻觅换骨岩、水帘洞各处胜景。

命令游船移动十里路，在赤石街等候，我于是进入会真观，拜谒武彝君神像及徐仙遗体。走出会真庙，顺着幔亭峰东麓向北走二里路，看见幔亭峰后有三座山峰并排屹立，因其奇异而询问于人，原来是三姑峰。换骨岩就在三姑峰旁边，我望着换骨岩而疾走。登上山有一里多路，就见飞流汩汩地往下倾泻。俯身鸟瞰下面，也有高耸的岩壁，清泉水从岩壁的半腰处奔突流出，附近有稀疏的竹林相映，令人有非常好的兴致。然而业已登上三姑峰，来不及返回光顾，于是从三姑峰又再上行半里路，抵达换骨岩，换骨岩就是幔亭峰的后崖。换骨岩前面有座庵。从换骨岩后面架设的两层悬梯，又登上另外一悬岩。悬岩不很深邃，环绕着山巅有如叠嶂。当地人用木板沿岩壁修筑房屋，有的弯曲，有的笔直，有的高，有的低矮，都是顺着宛转的岩壁修筑。沿着岩壁缝隙攀登而上，几乎要到幔亭峰的顶了，因为道路被阻塞而停止。返回到三姑峰麓，从峰后绕出来，再从旧路下山，到达先前俯瞰奔突的流泉的地方。从这里越过山岭，就是通向水帘洞的路；从这里下去，就是奔突的泉水流出来的岩壁。我先前从上鸟瞰，未能观赏尽它的妙处，到现在再来到它下面。仰望奔突的流泉，又在半壁之上，旁边有农夫引泉水冲动石碓，有梯子架设岩壁上，凿开岩壁成为一条沟，用来引导泉水。我顺着梯子攀登上岩壁，来到奔突的泉水的下面。那坳凹仅有二丈宽，上下都是高耸的岩壁，泉水从上面的岩壁坠落坳凹中，满溢后再从坳凹向下坠落。坳凹的上下及四方，无处不是水，而中央有一块石头突起来，人可以坐在上面。在石头上坐了很久，才爬下岩壁，顺着竹林间的小路，翻越过三重山岭，从山腰处大约走了七里路，才下来到山坞中。穿过石门而上，半里路后，就到了水帘洞。千仞山崖高耸，上部外突，下部凹嵌，泉水从山崖顶上落下来。山岩既雄伟宽阔，泉水也是从很高的地方散漫地倾落，形成千条万缕的细小水柱，悬空向下倾泻，也是一大观呵！那山岩高高耸立而上部外突，所以山岩下构筑有房屋数重，而飞流直下的泉水，还落在房屋栏杆之外。

先在途闻瞍阁寨颇奇，道流指余仍旧路，越山可至。余出石门，爱坞溪之胜，误走赤石街道。途人指从此度小桥而南，亦可往。从之，登山入一隘，两山夹之，内有岩有室，题额乃"杜辖岩"，土人讹为瞍阁耳。再入，又得一岩，有曲槛悬楼，望赤石街甚近。遂从旧道，三里，渡一溪，又一里，则赤石街大溪也①。下舟，挂帆二十里，返崇安。

【注释】

①赤石街：今仍作"赤石"，在武夷山市南境，崇溪与武彝溪的汇口处。

【译文】

先前在路途上所说瞍阁寨很奇险，道士指点我仍然从旧路走，越过山岭就可以到达。我走出石门，很喜爱山坞、溪流的优美胜景，因而误走了去赤石街的路。路人指点说，从这里跨过小桥向南走，也可以到达。我听从他的话，登上山进入一山隘，旁边有两山相夹，山隘里有山岩又有房屋，题额是"杜辖岩"，当地人讹称为睹阁寨了。再深入，又遇到一山岩，有曲槛和高悬的楼房，望见赤石街很近。于是从旧路走三里路，渡过一溪，再走一里路，就是赤石街大溪了。下游船，挂帆行船二十里路，返回崇安。

游庐山日记 江西九江府　山之阴为九江府　山之阳为南康府

　　庐山位于江西省北部，长约 25 公里，宽约 10 公里，略呈椭圆形。高踞长江南岸，可东瞰鄱阳湖，为我国著名风景胜地。山上多巉崖峭壁，奇花异树，云雾变幻不定，气候凉爽宜人。尤以水胜，多飞瀑、溪涧，亦有深潭、平湖。山上建有植物园、动物园、博物馆、文化宫、疗养院等，并有环山公路联系各风景点，交通颇便。万历四十六年（1618）徐霞客溯长江水行，在九江登陆，游今江西、安徽境内的庐山、白岳山、黄山、九华山。《游庐山日记》是他这次游庐山留下来的游记。

　　徐霞客于八月十八日到九江，次日从北麓登山，同游者有族兄雷门、白夫。二十三日从南麓的开先寺别庐山。在山上五日，游遍各主要胜景。他为历险探奇，舍大道不走，取道石门涧，攀百丈梯到天池，"上攀下蹑，磴穷则挽藤，藤绝置木梯以上"；为登庐山绝顶汉阳峰，"攀茅拉棘"；为考察三叠泉，"从涧中乱石行，圆者滑足，尖者刺履，如是三里"。他两游石门，绕路遍历五老峰，对很多胜景，往往从不同角度反复观赏，务求"全收其胜"。徐霞客旅游探险的精神和精细考察的方法，令人叹为观止！

戊午①，余同兄雷门、白夫②，以八月十八日至九江③。易小舟，沿江南入龙开河，二十里，泊李裁缝堰。登陆，五里，过西林寺，至东林寺④。寺当庐山之阴，南面庐山，北倚东林山。山不甚高，为庐之外廓。中有大溪，自东而西，驿路界其间，为九江之建昌孔道⑤。寺前临溪，入门为虎溪桥，规模甚大，正殿夷毁，右为三笑堂。

【注释】

①戊午：指万历四十六年，即 1618 年。

②雷门：名应震，徐霞客族兄，与徐霞客同岁，曾任兵马司指挥，能诗善游。

③九江：明为九江府，治德化，即今江西九江市。位于长江南岸，南至庐山仅 36 公里，有登山公路可直达山上旅游中心牯岭镇。

④东林寺：在庐山西北麓，东晋高僧慧远创建，为佛教净土宗发祥地。唐代高僧鉴真曾到过东林寺。现虎溪桥、三笑堂等皆能看到。上文"西林寺"，距东林寺不远，尚存一座唐代六面七层古塔。

⑤建昌：明为县，隶南康府，治今江西永修县西北的艾城。

【译文】

万历四十六年八月十八日，我同族兄雷门、白夫到九江。换乘小船，沿长江向南航行，进入龙开河，行驶二十里水路，在李裁缝堰停泊。登上陆地，走五里路，经过西林寺，到达东林寺。东林寺正对庐山的北面，南方面对庐山，北边倚靠着东林山。东林山不很高，是庐山的外廓。山中有条大溪，从东向西流，中间有驿路作为分界，是九江到建昌的要道。东林寺前门临溪水，进门是虎溪桥，规模很大，正殿已经毁坏，夷为平地，右边是三笑堂。

十九日　出寺，循山麓西南行。五里，越广济桥，始舍官道，沿溪东向行。又二里，溪回山合，雾色霏霏如雨。一人立溪口，问之，由此东上为天池大道，南转登石门，为天池寺之侧径。余稔知石门之奇，路险莫能上，遂请其人为导，约二兄径至天池相待。遂南渡小溪二重，过报国寺，从碧条香蔼中攀陟五里①，仰见浓雾中双石屼立②，即石门也。一路由石隙而入，复有二石峰对峙。路宛转峰罅，下瞰绝涧诸峰，在铁船峰旁，俱从涧底矗耸直上，离立咫尺③，争雄竞秀，而层烟叠翠，澄映四外。其下喷雪奔雷，腾空震荡，耳目为之狂喜。门内对峰倚壁，都结层楼危阙。徽人邹昌明、毕贯之新建精庐④，僧容成焚修其间。从庵后小径，复出石门一重，俱从石崖上，上攀下蹂，磴穷则挽藤，藤绝置木梯以上。如是二里，至狮子岩。岩下有静室。越岭，路颇平。再上里许，得大道，即自郡城南来者。历级而登，殿已当前，以雾故犹不辨。逼之，而朱楹彩栋，则天池寺也⑤，盖毁而新建者。由右庑侧登聚仙亭⑥，亭前一崖突出，下临无地，曰文殊台。出寺，由大道左登披霞亭。亭侧岐路东上山脊，行三里。由此再东二里，为大林寺；由此北折而西，曰白鹿升仙台⑦；北折而东，曰佛手岩⑧。升仙台三面壁立，四旁多乔松，高帝御制《周颠仙庙碑》在其顶，石亭覆之，制甚古。佛手岩穹然轩峙，深可五六丈，岩端石歧横出，故称"佛手"。循岩侧庵右行，崖石两层，突出深坞，上平下仄，访仙台遗址也。台后石上书"竹林寺"三字⑨。竹林为匡庐幻境⑩，可望不可即；台前风雨中，时时闻钟梵声⑪，故以此当之。时方云雾迷漫，即坞中景亦如海上三山⑫，何论竹林？还出佛手岩，由大路东抵大林寺。寺四面峰环，前抱一溪。溪上树大三人围⑬，非桧非杉，枝头着子累累，传为宝树，来自西域，向有二株，为风雨拔去其一矣。

【注释】

①陟（zhì）：登高。

②屼（wù）立：高耸秃立。

③咫（zhǐ）尺：距离很近。咫，古代称八寸为"咫"。

④精庐：旧时书斋、学舍、集生徒讲学的地方皆称"精庐"或"精舍"。后亦用以称僧道居住或讲道说法的地方，成为寺院的异名。

⑤天池寺：明代又改名"护国寺"，覆以铁瓦，受到特别尊崇，日军占领时被毁。即今庐山大天池。山上有一方池，池水终年不涸。池旁长亭即为天池寺原

址，附近还有天池塔、天心台等遗迹，寺西平台即文殊台。

⑥庑（wǔ）：堂下周围的廊屋。

⑦白鹿升仙台：今名"御碑亭"，在仙人洞西北锦绣峰上，洪武二十六年（1393）朱元璋《御制周颠仙人传》石碑今存，高约4米，覆以石亭。

⑧佛手岩：岩石参差，像人手伸出，因名。中有"一滴泉"，终年滴水不断。清代为道士主持，改祀吕洞宾，因改称"仙人洞"。至今仍称"仙人洞"。

⑨竹林寺：仅有竹林小径称"仙路"，石上刻"竹林寺"三字，但四周无寺，此即传说中的"竹林隐寺"。

⑩匡庐：即庐山。相传周时有匡俗兄弟七人在山上隐居，周威烈王派使者来访，匡氏兄弟早已离去，仅存所住草庐，故名"匡庐"。又称"庐山"为"匡山"。

⑪钟梵声：佛寺敲钟敬佛诵经的声音。

⑫海上三山：传说中的蓬莱、方丈、瀛洲三神山，在渤海中，以黄金、白银为宫阙，亦称"三岛"。因山形似壶，故又名"三壶"，即方壶、蓬壶、瀛壶。此处泛指虚幻飘渺的仙景。

⑬"溪上树大"句：古树今存，俗称"三宝树"。孔雀杉二株，笔立于众树之上，高约40米；银杏一株，枝桠伸得低而宽。旁边石上有刻记："晋僧昙诜手植婆罗宝树。"

【译文】

十九日　走出东林寺，顺山麓向西南方行走。走五里路，跨越广济桥，开始舍弃官道，沿溪岸向东走。又走二里路，溪流迂回，山峦四合，雾色浓厚有如霏霏小雨。有一人站立溪口边，问他路，得知由这里向东上山为天池大路，向南转登上石门，是天池寺侧面的小路。我熟知石门风景的奇异，路很险要没法攀爬上去，于是请那人做我的向导，相约二位兄长自己到天池寺等待。于是向南渡过两条小溪，经过报国寺，从青绿色的石条阶上，在芬芳的云气中攀登了五里路，仰望浓雾中有一对石峰高耸兀立，那就是石门了。一路上由石岩缝隙中进入，又有两座石峰相对着屹立。路在石峰缝隙中宛转曲折，往下俯瞰陡峻的山涧旁的那些山峰，在铁船峰旁的，都从山涧底高耸屹立，直上云天，并立的山峰距离不过咫尺，争雄竞秀，而层层云烟在重叠的翠峰间缭绕，澄映于四面山峦之外。山峰下汹涌的涧水，浪如喷雪，声如奔雷，腾空起伏，震荡山谷，人的耳、目因为这些景色而狂喜过望。石门内对立的双峰倚靠着岩壁，都构筑有层楼高屋。徽州人邹昌明、毕贯之新修建了精庐，僧人容成在其中焚香修行。从庵后的小路，又走过一道石门，都是在石崖上上下攀踏，石磴穷尽则手挽藤条攀援，完全没有藤条的地方则安置木梯登上去。这样走了二里路，到达狮子岩。狮子岩下修建有静室。翻越山岭，路很平坦。再往上走一里多路，找到了大道，就是从郡城南面来的那条。经过石阶向上走，一座大殿已在眼前，因为雾浓的缘故，从远处辨认不清。逼近它看，只见红的柱子、彩漆的栋梁，这就是天池寺了，大概是毁坏后新建盖起来的。从右边的廊房侧面登上聚仙亭，亭前面有一山崖向外突出来，向下看，见不到地，叫作文殊台。走出天池寺，从大路左面登上披霞亭。由披霞亭侧面的岔路向东爬上山脊，行走三里路，由这里向东再走二里路，就是大林寺；由这里折向北面往西，叫作白鹿升仙台；折向北面再往东，叫作佛手岩。白鹿升仙台三面岩壁直立，四旁有很多高大的松树，高皇帝御制的《周颠仙庙碑》在山岩顶上，有石亭覆盖它，形制很古朴。佛手岩穹隆而高高地屹立着，深有五六丈，岩前端的岩石横岔向前伸出，所以称之为"佛手岩"。顺着佛手岩侧面的庵向右走，山崖的岩石有两层从深坞中突出来，上层平坦，下层逼仄，是访仙台遗址。台后面的岩石上写着"竹林寺"三个字，竹林寺是庐山中的梦幻境地，可望而不可即；台前面，每当风雨之中，时时会听见佛寺的敲钟声、敬佛诵经声，所以因此而当作竹林寺。当时刚好云雾迷漫，即使是山坞中的景色，也像海上蓬莱、方丈、瀛洲三座神山一样，又何必再论说竹林寺呢？返回来走出佛手岩，从大路往东走，抵达大林寺。大林寺四面山峰环卫，寺前面有一条溪水环抱。溪岸上有棵大树，树粗有三人围，不像是桧树也不像是杉树，枝头结满了累累果实。传说这是宝树，来自西域，原来有两棵，其中一棵已被暴风雨拔倒毁去了。

二十日　晨雾尽收。出天池，趋文殊台。四壁万仞，俯视铁船峰，正可飞舄[①]。山北诸山，伏如聚蚁。匡湖洋洋山麓，长江带之，远及天际。因再为石门游，三里，度昨所过险处，至则容成方持贝叶出迎②，喜甚，导余历览诸峰。上至神龙宫右，折而下，入神龙宫。奔涧鸣雷，松竹荫映，山峡中奥寂境也。循旧路抵天池下，从歧径东南行十里，升降于层峰幽涧；无径不竹，无阴不松，则金竹坪也。诸峰隐护，幽倍天池，旷则逊之。复南三里，登莲花峰侧，雾复大作。是峰为天池案山，在金竹坪则左翼也。峰顶丛石嶙峋，雾隙中时作窥人态，以雾不及登。

【注释】

①飞舄（xì）：指神仙来去。舄，古代一种复底鞋。
②贝叶：即贝多树叶。形如棕榈，产于印度，云南西双版纳也有。其叶可当纸，佛教徒常用以写经，故亦称佛经为"贝叶"。

【译文】

二十日　清晨，雾气完全收敛起来。走出天池寺，奔向文殊台。四面的岩壁高达万仞，从上俯看铁船峰，好像一只飞舄，正好可供神仙来去乘坐。山北面的各座山峦，低矮得就像聚集一处的蚂蚁。鄱阳湖边洋洋数十里山麓，长江像一条带子，而江水却远流到天际。因此第二次作石门之游，走三里路，越过昨天所经过的险要地方，到的时候僧人容成正拿着佛经出来迎接，很高兴，引导我一一游览各山峰。上行到神龙宫右边，转身向下走，进入神龙宫。奔流的山涧水声有如雷鸣，松树竹林相互荫映，这是山峡之中奥秘而寂静的境域。沿着旧路抵达天池寺下，从岔路向东南方行走十里路，在层叠的山峰、幽深的山涧之间登上爬下；没有哪条路上没有竹林，没有哪处北坡没有松树，这就是金竹坪了。各山峰隐隐相护，幽深比天池寺多一倍，而宽旷却稍逊于天池寺。又向南走三里路，登上莲花峰侧面，雾气再次大作。莲花峰是天池寺的案山，对金竹坪说则是左翼了。峰顶上嶙峋的岩石丛，在雾气的空隙中不时地作出窥视人的神态，因雾迷漫，不能登上峰顶。

越岭东向二里，至仰天坪，因谋尽汉阳之胜。汉阳为庐山最高顶，此坪则为僧庐之最高者。坪之阴，水俱北流从九江；其阳①，水俱南下属南康②。余疑坪去汉阳当不远，僧言中隔桃花峰，尚有十里遥。出寺，雾渐解。从山坞西南行，循桃花峰东转，过晒谷石，越岭南下，复上则汉阳峰也。先是遇一僧，谓峰顶无可托宿，宜投慧灯僧舍，因指以路。未至峰顶二里，落照盈山，遂如僧言，东向越岭，转而西南，即汉阳峰之阳也。一径循山，重嶂幽寂，非复人世。里许，蓊然竹丛中得一龛③，有僧短发覆额，破衲赤足者④，即慧灯也，方挑水磨腐。竹内僧三四人，衣履揖客，皆慕灯远来者。复有赤脚短发僧从崖间下，问之，乃云南鸡足山僧。灯有徒，结茅于内，其僧历悬崖访之，方返耳。余即拉一僧为导，攀援半里，至其所。石壁峭削，悬梯以度，一茅如慧灯龛。僧本山下民家，亦以慕灯居此。至是而上仰汉阳，下俯绝壁，与世复隔矣。

暝色已合，归宿灯龛。灯煮腐相饷，前指路僧亦至。灯半月一腐，必自己出，必遍及其徒。徒亦自至，来僧其一也。

【注释】

①阴、阳：古人习惯称山的北面为"阴"，南面为"阳"。相反，水的南面称"阴"，北面称"阳"。

②南康：明为府，治星子，即今江西星子县。

③龛（kān）：供有佛像的小屋。

④衲（nà）：原意为缝补。但僧徒的衣服常用许多碎布补缀而成，因以"衲"为僧衣的代称。

【译文】

越过山岭向东走二里路，到达仰天坪，因而计划游览尽汉阳峰的所有风景名胜。汉阳峰是庐山的最高顶，这仰天坪则是僧人庐舍的最高之处。仰天坪的北面，溪水都向北流，从属于九江府；仰天坪的南面，溪水都向南方下淌，归属于南康府。我怀疑仰天坪离汉阳峰应当不会很远，僧人说中间隔着桃花峰，尚有十里路之遥。走出寺门，雾渐渐散开。从山坞的西南面走，顺着桃花峰向东转，经过晒谷石，越过山岭向南下去，再往上走就是汉阳峰了。先是遇到一位僧人，说是汉阳峰顶没有可以托宿之处，最宜投宿慧灯和尚的僧舍，并因此指点道路。未到峰顶二里路时，落日光辉映照满山，于是照僧人所说的，向东越过山岭，转而向西南，就是汉阳峰的南面了。一条小径顺山延伸，层峦叠嶂，幽深寂静，仿佛不再是人世间。走一里多路，在茂盛的竹丛中找到一间供有佛像的小屋，有位和尚短头发覆盖前额，穿着破烂僧衣，打赤脚，这就是慧灯和尚，正在挑水磨豆腐。竹丛中还有和尚三四人，身着整洁的衣鞋揖让待客，他们都是慕名慧灯从远处来的。又有赤脚、短发和尚从山崖间走下来，问他，原来是云南鸡足山的和尚。慧灯有徒弟，构筑茅屋在山里，那位和尚走过悬崖去拜访他，方才返回来。我就拉着一位和尚作为向导，攀援半里路，到慧灯徒弟的住所。石壁陡峭笔削，架悬梯度过去，一间就像慧灯和尚小屋的茅屋出现眼前。这和尚本来是山下的百姓人家，也是因为仰慕慧灯而居住这里的。到了这里，向上仰望汉阳峰，往下俯瞰悬崖绝壁，真是与人世远远隔离了。夜色已经合拢，返归慧灯的小屋歇宿。慧灯和尚煮好豆腐相款待，先前指点道路的和尚也到了。慧灯和尚半个月磨一次豆腐，必定由自己亲自做出来，必定款待遍他所有的徒弟。他的徒弟也自己来吃，来的和尚即为其中的一位。

二十一日　别灯，从龛后小径直跻汉阳峰①。攀茅拉棘，二里，至峰顶。南瞰鄱湖，水天浩荡。东瞻湖口②，西盼建昌，诸山历历，无不俯首失恃。惟北面之桃花峰，铮铮比肩，然昂霄逼汉，此其最矣。下山二里，循旧路，向五老峰。汉阳、五老，俱匡庐南面之山，如两角相向，而犁头尖界于中，退于后，故两峰相望甚近。而路必仍至金竹坪，绕犁头尖后，出其左胁，北转始达五老峰，自汉阳计之，且三十里。余始至岭角，望峰顶坦夷，莫详五老面目。及至峰顶，风高水绝，寂无居者。因遍历五老峰，始知是山之阴，一冈连属；阳则山从绝顶平剖，列为五枝，凭空下坠者万仞，外无重冈叠嶂之蔽，际目甚宽③。然彼此相望，则五峰排列自掩，一览不能兼收；惟登一峰，则两旁无底。峰峰各奇不少让，真雄旷之极观也！

【注释】

①汉阳峰：为区别于附近的小汉阳峰，通称"大汉阳峰"，为庐山最高峰，海拔1474米。峰顶有石砌的汉阳台。

②湖口：明为县，隶九江府，即今江西湖口县。

③际目：视野。

【译文】

二十一日　告别慧灯和尚，从小屋后的小路直接攀登汉阳峰。攀援茅草、手拉荆棘地向上攀登二里路，到达汉阳峰顶。从南鸟瞰鄱阳湖，浩荡的湖水仿佛与天相连。东面远望湖口县，西面遥看建昌，各座山历历在目，没有哪一座不像失去了倚仗一样低头服输。只有北面的桃花峰，是诸山中铮铮可与汉阳峰并肩者，然而它昂首耸立逼近霄汉，这是它最美的地方了。下山走了二里路，沿着旧路，向五老峰前进。汉阳峰、五老峰，都是庐山南面的山，有如两支角相对，而犁头尖则介于两者中间，退到后面，所以两座山峰相望很近。路都必须仍要到金竹坪，绕过犁头尖后面，从它的左侧出来，向北转，才能到达五老峰，从汉阳开始计算路程，已有三十里。我刚到岭角，遥望峰顶很平坦，不详悉五老峰的面目。等到达了峰顶，只见风很猛烈，没有流水，空寂而无人居住。因游历遍五老峰，才知道这山的北面，一冈相互连属；山的南面，则是从山绝顶平剖，分成五支，从空中下坠万仞，非常高险，其外没有重冈叠嶂的遮蔽，视野非常宽广。然而五座山峰排列一线，自己互相遮掩，一望不能兼收五峰；只能登上一峰，而峰两旁似乎无底！座座山峰各有奇险景观，相互不稍逊色，真是雄伟宽广的最高景观！

仍下二里，至岭角。北行山坞中，里许，入方广寺，为五老新刹①。僧知觉甚称三叠之胜②，言道路极艰，促余速行。北行一里，路穷，渡涧。随涧东西行，鸣流下注乱石，两山夹之，丛竹修枝，郁葱上下，时时仰见飞石，突缀其间，转入转佳。既而涧旁路亦穷，从涧中乱石行，圆者滑足，尖者刺履。如是三里，得绿水潭。一泓深碧，怒流倾泻于上，流者喷雪，停者毓黛③。又里许，为大绿水潭。水势至此将堕，大倍之，怒亦益甚。潭前峭壁乱耸，回互逼立，下瞰无底，但闻轰雷倒峡之声，心怖目眩，泉不知从何坠去也。于是涧中路亦穷，乃西向登峰。峰前石台鹊起，四瞰层壁，阴森逼侧。泉为所蔽，不得见，必至对面峭壁间，方能全收其胜。乃循山冈，从北东转。二里，出对崖，下瞰，则一级、二级、三级之泉，始依次悉见。其坞中一壁，有洞如门者二，僧辄指为竹林寺门云。顷之，北风自湖口吹上，寒生粟起，急返旧路，至绿水潭。详观之，上有洞翕然下坠④。僧引入其中，曰："此亦竹林寺三门之一。"然洞本石罅夹起，内横通如"十"字，南北通明，西入似无底止。出，溯溪而行，抵方广，已昏黑。

【译文】

仍然下山，二里路后到达岭角。向北走，在山坞中行进，约一里路后，进入方广寺，是五老峰新建的佛寺。知觉和尚非常熟悉三叠泉瀑布胜景，说是道路极其艰难，催促我快走。向北行走一里路，道路已穷尽，渡过涧水。随涧岸向东西方向走，哗哗流淌的涧水下注于乱石之中，两边有山夹峙，丛竹及长树枝，上上下下葱葱郁郁；时时仰望见露出的岩石如在绿色中飞动，点缀在山间；越进入，胜景越美好。接着，涧岸旁的路也穷尽了，只好从涧中的乱石中往前行走，圆的石头滑脚，尖的石头刺破鞋子。就这样往前走了三里，找到绿水潭。一泓很深的碧水，其上有汹涌澎湃的洞流倾泻而下，奔流的水有如喷雪，溅起阵阵雪白的水花；停留于潭中的水，是深青色的。又走过一里多路，就是大绿水潭。流水的态势，至此将要下坠，流量比前大一倍，汹涌澎湃也益加厉害。潭前的峭壁无规则地耸立，回环着相互逼近峙立。往下鸟瞰，似乎无底，只听到轰雷般似乎要震倒峡谷的响声，心里恐惧，眼光昏花，不知道泉水从什么地方坠去。到这里，洞中的路也穷尽了，于是向西面攀登山峰。峰前石台依势崛起，俯看四周层层崖壁，显得阴森而狭窄。泉水为崖石所掩蔽，无法看见，一定要到对面的峭壁之间，方能够全部看清其胜景。于是沿着山冈，从北向东转。二里路后，走到对面峭壁上，往下俯视，则第一级、第二级、第三级的流泉情景，才依次全部看清楚。那山坞中一崖壁上，有像门大小的洞两个，知觉和尚指着它说是竹林寺的大门。过了一会儿，北风从湖口吹上来，寒冷使皮肤上起了小疙瘩，急忙返归旧路，到达绿水潭。详细地观察绿水潭，看见上面有洞敛缩着往下坠。知觉和尚引导我进入其中，说："这也是竹林寺三门之一。"然而洞本来是石缝隙相夹而起，其内横通有如"十"字，南北通明透亮，往西进入好像没有底似的。出洞，沿溪岸而行，抵达方广寺时，天已昏黑。

二十二日　出寺，南渡溪，抵犁头尖之阳。东转下山，十里，至楞伽院侧。遥望山左胁，一瀑从空飞坠，环映青紫，夭矫溟漾①，亦一雄观。五里，过栖贤寺，山势至此始就平。以急于三峡涧，未之入。里许，至三峡涧。涧石夹立成峡，怒流冲激而来，为峡所束，回奔倒涌，轰振山谷。桥悬两崖石上，俯瞰深峡中，迸珠戛玉②。过桥，从歧路东向，越岭趋白鹿洞。路皆出五老峰之阳，山田高下，点错民居。横历坡陀③，仰望排嶂者三里，直入峰下，为白鹤观。又东北行三里，抵白鹿洞④，亦五老峰前一山坞也。环山带溪，乔松错落。出洞，由大道行，为开先道。盖庐山形势，犁头尖居中而少逊，栖贤寺实中处焉；五老左突，下即白鹿洞；右崎者，则鹤鸣峰也，开先寺当其前。于是西向循山，横过白鹿、栖贤之大道，十五里，经万松寺，陟一岭而下，山寺巍然南向者，则开先寺也⑤。从殿后登楼眺瀑，一缕垂垂，尚在五里外，半为山树所翳⑥，倾泻之势，不及楞伽道中所见。惟双剑崭崭众峰间，有芙蓉插天之态；香炉一峰，直山头圆阜耳。从楼侧西下壑，涧流铿然泻出峡石，即瀑布下流也。瀑布至此，反隐不复见，而峡水汇为龙潭，澄映心目。坐石久之，四山暝色，返宿于殿西之鹤峰堂。

【注释】

①夭矫：屈曲而有气势的样子。

②迸珠戛（jiá）玉：形如珠溅射，声如击玉响。迸，溅射。戛，敲击。

③坡陀（tuó）：不平坦。坡，一作"陂"，山旁称"坡"。陀，岩际称"陀"。

④白鹿洞：唐代江州刺史李渤曾在这里读书，并随身养一白鹿，因此得名"白鹿洞"。宋代设书院，与睢阳、嵩阳、岳麓并名，为当时著名的书院。朱熹知南康军，也在这里聚徒讲学。历代屡有修建。

⑤开先寺：在庐山南麓鹤鸣峰下，创建于南唐。1707年康熙敕书"秀峰寺"，因改名。近年重建了漱玉亭、碑亭等。历代名人碑刻甚多。

⑥翳（yì）：遮蔽。

【译文】

二十二日　走出方广寺，从南面渡过溪水，抵达犁头尖的南面。向东转下山，走十里路，到达楞伽院侧面。遥望山左侧半腰，一瀑布从空中飞坠而下，环映出四周的青青紫紫，滉漾中显出一种屈曲的气势，也是一雄丽景观。走五里路，经过栖贤寺，山势至此开始趋向平缓，因为急于三峡涧的游览，未进入栖贤寺。一里路多，到达三峡涧。涧由石壁夹立形成峡口，汹涌的水流冲激而来，为峡口所约束，奔腾回旋，汹涌激荡，轰鸣声震荡山谷。一桥悬架两边的岩石上，在桥上俯视深峡中，激荡的流水有如珍珠溅射，声音有如敲击玉响。过桥后，从岔路向东，翻越山岭奔向白鹿洞。道路都出现在五老峰的南面，山田高下不一，民居错落散布。横行经过的路很不平坦，仰望层峦叠嶂的地方还有三里，直接进入山峰之下，是白鹤观。又向东北方向行走三里，抵达白鹿洞，这里也是五老峰前的一处山坞。环山的溪流有如带子，高大的松树错落山间。走出白鹿洞，由大道上走，这是通往开先寺的道路。大概庐山的形势，犁头尖处于中间而稍稍偏一些，栖贤寺实际上正处于中间地区；五老峰向左突出，其下即是白鹿洞；右边峙立的，则是鹤鸣峰了，开先寺正当其前。于是向西面，沿着山，横穿过通往白鹿洞、栖贤寺的大道，走十五里，经过万松寺，登上一岭而后下山，巍然南向的那座山寺，就是开先寺了。从大殿后面登楼远眺瀑布，一缕垂垂向下的水帘，还在五里路之外，一半为山树所遮蔽，倾泻而下的态势，不及楞伽道中所看见的壮丽。只有双剑峰在众峰中间显得特别高峻，有芙蓉插天的态势；香炉峰那一座山峰，挺直而山头形成圆形的土山丘。从楼侧向西面走下山沟，涧溪流水铿然地泻出峡石口，此即是瀑布的下流。到这里，瀑布反而隐蔽不复能看见，而峡石口的流水汇聚为龙潭，澄澈得能映出人的心境和眼睛。坐在石头上很长时间，四山都已沉入夜色，才返回到殿西的鹤峰堂歇宿。

二十三日　由寺后侧径登山。越涧盘岭，宛转山半。隔峰复见一瀑，并挂瀑布之东，即马尾泉也。五里，攀一尖峰，绝顶为文殊台。孤峰拔起，四望无倚，顶有文殊塔。对崖削立万仞，瀑布轰轰下坠，与台仅隔一涧，自巅至底，一目殆无不尽。不登此台，不悉此瀑之胜。下台，循山冈西北溯溪，即瀑布上流也。一径忽入，山回谷抱，则黄岩寺据双剑峰下。越涧再上，得黄石岩。岩石飞突，平覆如砥。岩侧茅阁方丈，幽雅出尘。阁外修竹数竿，拂群峰而上，与山花霜叶，映配峰际。鄱湖一点①，正当窗牖。纵步溪石间，观断崖夹壁之胜。仍饭开先，遂别去。

【注释】

①鄱湖：为鄱阳湖的省称。鄱阳湖现有面积 3976 平方公里，湖面海拔 21 米，为我国最大的淡水湖。

【译文】

二十三日　由开先寺后的侧边小路登山。越过溪涧，盘旋于山岭，在山半宛转前行。隔着山峰又看见另一瀑布，并挂在瀑布东面的，就是马尾泉了。走过五里路，攀登上一座尖山峰，其绝顶为文殊台。一座孤峰拔地而起，四面没有倚靠，峰顶有文殊塔。对面的崖岩削立，高达万仞，瀑布发出轰轰的响声向下坠落，与文殊台仅仅相隔一涧，从崖巅到崖底，一眼几乎没有看不到的。不登临这文殊台，就不尽知这瀑布的胜景之妙。走下文殊台，沿着山冈的西北面追溯溪流，即是瀑布的上流。一条小路忽然伸入，山回谷抱，黄岩寺正高踞在双剑峰下。越过溪涧再向上攀登，得以到达黄石岩。岩石有的奇异突兀，有的平覆如磨刀石。岩侧的茅草阁方丈，幽雅脱离尘世。阁外面有修竹数竿，在群峰之上轻轻摆动，与山花、霜叶，辉映相配于山峰之间。远眺鄱阳湖一片，正对着窗户。在溪涧、岩石间放开步伐游览，观赏断崖、夹壁的种种景致。仍然在开先寺用饭，饭后告别而去。

游黄山日记 后

　　此篇是万历四十六年（1618）徐霞客重游黄山的游记。

　　这年徐霞客游庐山和白岳山后，于九月初四日由汤口上山，仍从南往北经硃砂庵、石门、文殊院、平天矼、石笋矼，至狮子林，折往东南观牌楼石，登仙灯洞，过丞相原、九龙潭，初六日经苦竹滩向太平县。后来往北就近游九华山，惜未见游记。

　　徐霞客此行勇敢地登上了天都峰和莲花峰，详记了他历险登顶的经过。天都、莲花两峰的高低，旧时向无定论，诸书多谓天都高于莲花。徐霞客通过自己的考察，明确指出莲花峰是黄山的最高峰，与今天测量的结果完全一致。

戊午九月初三日^①　出白岳榔梅庵，至桃源桥。从小桥右下，陡甚，即旧向黄山路也。七十里，宿江村。

【注释】

①戊午：指万历四十六年，即 1618 年。

【译文】

戊午年九月初三日　从白岳山榔梅庵出来，到桃源桥。顺小桥右侧下山，很陡，就是原来去黄山所走的路。行程七十里，在江村住宿。

初四日　十五里，至汤口。五里，至汤寺，浴于汤池。扶杖望硃砂庵而登。十里，上黄泥冈。向时云里诸峰，渐渐透出，亦渐渐落吾杖底。转入石门^①，越天都之胁而下，则天都、莲花二顶，俱秀出天半。路旁一岐东上，乃昔所未至者，遂前趋直上，几达天都侧。复北上，行石罅中。石峰片片夹起，路宛转石间，塞者凿之，陡者级之，断者架木通之，悬者植梯接之。下瞰峭壑阴森，枫松相间，五色纷披，灿若图绣。因念黄山当生平奇览，而有奇若此，前未一探，兹游快且愧矣！

【注释】

①石门：应指今云巢洞。清人王灼《黄山纪游》载："有巨石当路，而中空如门，累石为磴，其间可数十

级，题之曰云巢。"

【译文】

初四日　行十五里，到汤口。又走五里，到达汤寺，在汤池沐浴。手挂拐杖、遥望着硃砂庵攀登。十里，登上黄泥冈。刚才云雾笼罩的群峰渐渐地显露出来，也渐渐地落在我的拐杖下。转进石门，从天都峰侧面穿越而下，于是天都、莲花两座峰顶，都秀丽地突出在天空中。路边有一条岔路往东上，是我从前没走过的，于是往前顺岔路直上，几乎上到天都峰侧面。又往北上，在石缝中穿行。一片片石峰夹着路耸起，路在石峰之间弯来转去，阻塞的地方被凿开，陡峭的地方修出阶梯，断裂的地方搭木通过，悬空处安置梯子连接。往下俯瞰，壑谷峻峭、阴森，枫树和松树相互夹杂，五彩缤纷，像图画、锦绣一样灿烂。于是想到游黄山应是有生以来的奇览，有如此的奇异景致前次却没有探寻过，这一次重游真是既痛快又惭愧啊！

时夫仆俱阻险行后，余亦停弗上；乃一路奇景，不觉引余独往。既登峰头，一庵翼然，为文殊院①，亦余昔年欲登未登者。左天都，右莲花，背倚玉屏风，两峰秀色，俱可手擎②。四顾奇峰错列，众壑纵横，真黄山绝胜处！非再至，焉知其奇若此？遇游僧澄源至，兴甚涌。时已过午，奴辈适至。立庵前，指点两峰。庵僧谓："天都虽近而无路③，莲花可登而路遥。只宜近盼天都，明日登莲顶。"余不从，决意游天都，挟澄源、奴子仍下峡路。至天都侧，从流石蛇行而上。攀草牵棘，石块丛起则历块，石崖侧削则援崖。每至手足无可着处，澄源必先登垂接。每念上既如此，下何以堪？终亦不顾。历险数次，遂达峰顶。惟一石顶壁起犹数十丈，澄源寻视其侧，得级，挟予以登。万峰无不下伏，独莲花与抗耳。时浓雾半作半止，每一阵至，则对面不见。眺莲花诸峰，多在雾中。独上天都，予至其前，则雾徙于后；予越其右，则雾出于左。其松犹有曲挺纵横者；柏虽大干如臂，无不平贴石上，如苔藓然。山高风巨，雾气去来无定。下盼诸峰，时出为碧峤④，时没为银海；再眺山下，则日光晶晶，别一区宇也。日渐暮，遂前其足，手向后据地，坐而下脱。至险绝处，澄源并肩手相接。度险，下至山坳，暝色已合。复从峡度栈以上⑤，止文殊院。

【注释】

①文殊院：在天都、莲花两峰间，左有狮石，右有象石，后毁于火。今在原址建宾馆，名"玉屏楼"。

②擥（lǎn）：同"揽"，持，握。

③天都：天都峰，海拔1810米。峰顶有一巨石耸立，高数十丈，有石级可登。顶部略呈长方形，长约十步，宽约五步，刻有"登峰造极"四字。

④峤（jiào）：尖而高的山。

⑤栈（zhàn）：即栈道。在峭岩陡壁上，傍山凿孔、

架木连阁修成的道路，又称"阁道"。

【译文】

这时仆人都因山路险阻而落在后面，我也停下来不朝上走；而一路的奇景，不知不觉地吸引我独自前往。登上峰头后，一座庙如鸟翅张开，名文殊院，也是我前年想登而没有登的地方。左边是天都峰，右边是莲花峰，背靠玉屏峰，莲花、天都两峰的秀美山色，近得似乎可以伸手揽住。环顾四周，奇峰高下错落排列，壑谷众多纵横交叉，真是黄山上最绝妙的胜景！如果不是第二次到黄山，哪里会知道黄山竟有如此奇妙的景色呢？巧遇云游僧人澄源也登上此峰，于是游兴更为高涨。过了中午，仆人们才赶上来。站在文殊院前，指着天都、莲花两峰点评。庵中的僧人说："天都峰虽然离得近，却没有路上去；莲花峰有路上去，路程却很远。只宜从近处观赏天都峰，明天攀登莲花峰顶。"我不听，决心游览天都峰。和澄源、仆人一齐从原路下到峡谷。到达天都峰侧，顺着流石像蛇一样地爬行而上。抓扯草木荆棘攀援，石块丛密而起就从中穿越，石崖陡斜则扒崖而行。每当遇到手脚无着落之处，必然是澄源先爬上去再伸手接我。一想到上去已经如此艰难，就想到又怎么下来呢？最终什么也不顾了。经历了数次危险，终于登上了天都峰顶。峰顶上只有一块耸起数十丈高的岩石，澄源在岩石旁边寻找、观察，发现石阶，便扶持着我攀登。万座山峰无一不低伏在脚下，唯独莲花峰能与之抗衡。此时浓雾忽起忽止，每当一阵浓雾飘来，就是对面都看不见。眺望莲花诸峰，大多笼罩在云雾之中。只有在天都峰上，我走到前面，云雾则落在身后；我越到右侧，云雾便从左侧升起。顶上还有横枝弯曲、主干挺拔的松树；柏树的枝干虽然有手臂粗，却全都平贴在岩石上，像苔藓一样。山高风大，雾气来去不定。往下看群峰，有时露出碧绿色的尖顶，有时又淹没为银色的云海；再眺望山下，则是阳光明亮，是另外一个世界。夜色渐渐临近，于是把脚朝前伸出去，用手在后面据地，坐着往下滑行。滑到最险要的地方，澄源便肩、手并用地接住我。穿过惊险地段，下到山坳时，暮色已经降临。又顺着峡谷越过栈道而上，到文殊院住宿。

初五日　平明，从天都峰坳中北下二里，石壁岈然①。其下莲花洞正与前坑石笋对峙，一坞幽然。别澄源，下山至前歧路侧，向莲花峰而趋。一路沿危壁西行，凡再降升，将下百步云梯，有路可直跻莲花峰②。既陟而磴绝，疑而复下。隔峰一僧高呼曰："此正莲花道也！"乃从石坡侧度石隙。径小而峻，峰顶皆巨石鼎峙，中空如室。从其中叠级直上，级穷洞转，屈曲奇诡，如下上楼阁中，忘其峻出天表也。一里，得茅庐，倚石罅中。方徘徊欲升，则前呼道之僧至矣。僧号凌虚，结茅于此者，遂与把臂陟顶。顶上一石，悬隔二丈，僧取梯以度。其巅廓然，四望空碧，即天都亦俯首矣。盖是峰居黄山之中，独出诸峰上，四面岩壁环耸，遇朝阳雾色，鲜映层发，令人狂叫欲舞。

【注释】

①岈（xiā）然：深貌。

②莲花峰：为黄山最高峰，海拔 1860 米。莲花峰、天都峰、光明顶为黄山三大主峰。

【译文】

初五日　天一亮，从天都峰山坳中往北下二里路，石壁森严。壁下的莲花洞正和洞前的石笋对峙，整个小山坞十分幽静。和澄源告别后下山，来到昨天有岔道的路边，向莲花峰奔去。一路上沿陡壁往西行，一共两上两下，快要下到百步云梯时，有路可以直登莲花峰。向上攀登后，石阶却断了，怀疑有误而又往下走。隔壁峰上一位僧人高呼道："这正是上莲花峰的路！"于是从石坡旁边穿越石缝。山路狭窄而陡峻，峰顶上全是巨石鼎立，巨石之中中空如室。从其中层叠的石阶直上，石阶尽头处山洞转向，弯弯曲曲，奇异非常，如同在楼阁中上上下下，忘却了这里的地势高出天外。走了一里，见一茅屋傍靠在石缝间。正犹疑着想再往上登，先前高呼的僧人来到了。僧人法号凌虚，是盖此茅屋的人，于是和凌虚手挽手、共同攀登顶峰。顶上的一块巨石，隔开二丈宽，僧人取来梯子才度过去。莲花峰顶十分开阔，环顾四周澄碧的天空，即使天都峰也俯首屈居了。大体上莲花峰位于黄山正中，独自高出众峰之上，四面岩壁环抱耸立，遇上云雾散尽、朝阳当空的晴朗天气，层层山峦映照、焕发着清新的色彩，景致美得令人狂叫起舞。

久之，返茅庵。凌虚出粥相饷，啜一盂，乃下。至岐路侧，过大悲顶，上天门。三里，至炼丹台。循台嘴而下，观玉屏风、三海门诸峰[①]，悉从深坞中壁立起。其丹台一冈中垂，颇无奇峻，惟瞰翠微之背，坞中峰峦错耸，上下周映，非此不尽瞻眺之奇耳。还过平天矼，下后海，入智空庵，别焉。三里，下狮子林，趋石笋矼，至向年所登尖峰上。倚松而坐，瞰坞中峰石回攒，藻缋满眼[②]，始觉匡庐、石门，或具一体，或缺一面，不若此之闳博富丽也！久之，上接引崖，下眺坞中，阴阴觉有异。复至冈上尖峰侧，践流石，援棘草，随坑而下，愈下愈深，诸峰自相掩蔽，不能一目尽也。日暮，返狮子林。

【注释】

①玉屏风：应即玉屏峰，为黄山三十六小峰之一。

②藻：文采。缋（huì）：彩画。

【译文】

过了很久，返回茅屋。凌虚端出粥款待，喝了一碗，然后下山。走到岔路边，经过大悲顶，登上天门。走三里，到炼丹台。沿着台嘴而下，看到玉屏峰、三海门等众山峰，全都从深谷中壁立而起。炼丹台山冈居中低垂，并不十分奇异险峻，只是俯视青山之背，山谷中峰峦交错耸立，上下四周相互映衬，不在冈上就不能尽情眺望这些奇景。返回的路上经过平天矼，下到后海，进智空僧人的庵中，和智空告别。行三里，到狮子林，朝石笋矼奔去，来到前年所登过的尖峰上。傍靠松树坐下，俯瞰山谷中峰石环绕簇拥，彩画般的景色尽收眼底，才觉得庐山、石门有的只具备一种景致，有的欠缺某一方面，不如这里宏大、广博、丰富和壮丽！坐了一阵儿，登上接引崖，往下朝坞中眺望，山坞阴森，让人觉得不同寻常。又来到冈上尖峰侧边，踩着流石，拉着荆棘杂草，顺坑而下，愈下愈深，群峰互相掩蔽，不能一目了然。太阳落山时，返回狮子林。

初六日　别霞光，从山坑向丞相原。下七里，至白沙岭①，霞光复至。因余欲观牌楼石，恐白沙庵无指者②，追来为导。遂同上岭，指岭右隔坡，有石丛立，下分上并，即牌楼石也。余欲逾坑溯涧，直造其下。僧谓："棘迷路绝，必不能行。若从坑直下丞相原，不必复上此岭；若欲从仙灯而往，不若即由此岭东向。"余从之，循岭脊行。岭横亘天都、莲花之北，狭甚，旁不容足，南北皆崇峰夹映。岭尽北下，仰瞻右峰罗汉石，圆头秃顶，俨然二僧也。下至坑中，逾涧以上，共四里，登仙灯洞。洞南向，正对天都之阴。僧架阁连板于外，而内犹穹然，天趣未尽刊也③。复南下三里，过丞相原④，山间一夹地耳。其庵颇整，四顾无奇，竟不入。复南向循山腰行，五里，渐下。涧中泉声沸然，从石间九级下泻，每级一下有潭渊碧，所谓九龙潭也⑤。黄山无悬流飞瀑，惟此耳。又下五里，过苦竹滩^⑥，转循太平县路，向东北行。

【注释】

①白沙岭：在云谷寺西北，云谷寺通往皮蓬的途中。

②白沙庵：在白沙岭畔的岔路口，附近有入胜亭。

③刊：削除。

④丞相原：在钵盂峰下，相传南宋右丞相程元凤曾在此读书，故名。明代改名"云谷寺"。为东路登山要道，南面入口石刻甚多。如今寺址已建为宾馆。

⑤九龙潭：黄山东隅罗汉峰与香炉峰之间，有飞流九折，称"九龙瀑"。一折一潭，亦有九潭，称"九龙潭"。

⑥苦竹滩：即今苦竹溪，在汤口东北的公路边。

【译文】

初六日　和僧人霞光告别，顺山坑去丞相原。往下走七里，到白沙岭，霞光僧人又来了。因为我想去观览牌楼石，霞光担心白沙庵没人指路，追来为我做向导。于是一同登白沙岭，霞光指着岭右边隔壁的山坡，坡上丛石耸立，丛石下部分离、上部并连，这就是牌楼石。我想越过坑谷、溯涧沟而上，直达牌楼石下。霞光说："荆棘遍布，根本没有路，肯定不能走。如果顺着坑谷直下丞相原，不必再登白沙岭；如果想从仙灯洞前往，不如就沿白沙岭往东走。"我听从他的话，沿着岭脊走。白沙岭横贯在天都峰、莲花峰的北面，十分狭窄，旁侧无法落脚，南北都有高大的山峰夹峙映衬。到岭尽头处往北下，抬头看右边的罗汉石峰，圆头秃顶，像两位僧人。下到坑谷中，越过沟涧而上，一共走四里，登上仙灯洞。洞口朝南，正对着天都峰的北面。僧人在洞外架起木板阁道和洞相连，而洞内仍然深穹，天然的情趣没有被完全破坏。又往南下三里，经过丞相原，丞相原是山中一块狭小的平地而已。这里的庵很工整，一看四周没有奇特之处，没进去。又往南沿山腰行，五里，慢慢下山。涧中泉声沸腾，泉水从岩石中分九级往下泻，每一级飞泉下面都有碧绿色的深潭，这就是所说的九龙潭。黄山中没有飞流的瀑布，唯一的一处便是这里。又下五里，经过苦竹滩，转向去太平县的路，往东北行。

游九鲤湖日记 福建兴化府仙游县

　　九鲤湖在福建仙游县东北约 13 公里处。相传汉武帝时，有何氏九仙在此骑鲤升天，故名。今仍为著名风景区。湖在万山之巅，瀑布分九漈：一为雷轰漈，二为瀑布漈，三为珠帘漈，四为玉柱漈（《游记》作"玉箸"），五为石门漈，六为五星漈，七为飞凤漈，八为棋盘漈，九为将军漈，以前四漈景色最佳。仙游县隶兴化府，即今福建仙游县。《游九鲤湖日记》是泰昌元年（1620）徐霞客游江郎山、九鲤湖、石竹山的游记。

　　徐霞客于这年五月初六日起程，同行者为族叔徐芳若，途经浙江、福建两省，共用了 63 天。五月二十三日过浙江江山县，从远到近，"移步换形"，详细欣赏了江郎山。六月初八、初九两天，游福建仙游县九鲤湖。六月十一日游福建福清县的石竹山。三处胜景各具特点，《游记》的描述亦各不相同。对江郎山的描写，重在形的变化；石竹山则写山上景物；对九鲤湖，则浓墨重彩，情景交融，详细描绘水瀑的变化。徐霞客赞美九鲤湖"微体皆具"，集中了各式瀑布的特点，《游九鲤湖日记》也成为描写瀑布的名篇。

浙、闽之游旧矣。余志在蜀之峨眉、粤之桂林，及太华、恒岳诸山；若罗浮、衡岳①，次也；至越之五泄、闽之九漈②，又次也。然蜀、广、关中，母老道远，未能卒游；衡湘可以假道，不必专游。计其近者，莫若由江郎、三石抵九漈。遂以庚申午节后一日③，期芳若叔父启行，正枫亭荔枝新熟时也④。

【注释】

①罗浮：又称"东樵山"，在广东博罗县境东江之滨。罗山在东，绝顶飞云顶海拔1282米。西有浮山，传为蓬莱一山，浮海而至，与罗山并体，故称"罗浮"。中有石梁相连，称"铁桥"。该山为道教名山，相传东晋葛洪在此炼丹。南汉时曾在山中建天华宫。山体灵秀，泉瀑甚多。至今仍有冲虚观、葛洪炼丹灶、洗药池等遗迹。

②越："浙江省"的简称。浙江为古越国地，因此得名。越国中心会稽，在今浙江绍兴市。五泄（xiè）：在今浙江诸暨市西北约30公里处。瀑布从山巅奔泻而下，凡五级，景色各异，汇为五泄溪，有五泄寺，为游览胜地。泄，瀑布。漈（jì）：福建、江西一带方言称瀑布为"漈"。

③庚申：指泰昌元年，即1620年。午节：即端午节，在每年农历五月初五日。

④枫亭：明代曾设枫亭市巡检司。今名同，在仙游县东南隅。

【译文】

去浙江、福建旅游已是过去的事了。我的愿望是游四川峨眉山和广西桂林，以及太华山、恒山等名山；至于出游罗浮山、衡山，则是下一步的计划；去浙江五泄、福建九漈，又是再下一步的计划。但是去四川、广西和陕西关中，因为母亲年迈、路程遥远，不能立即出游；衡山、湘江，可以在路过的时候游，不必专程旅游。考虑去近处，最好就是经过江郎山的三石，然后到九漈。于是在庚申年端午节的第二天，和叔父芳若按期启程出游，这时正是枫亭市巡检司一带荔枝刚刚成熟的季节。

二十三日　始过江山之青湖①。山渐合，东支多危峰峭嶂，西伏不起。悬望东支尽处，其南一峰特耸，摩云插天，势欲飞动。问之，即江郎山也②。望而趋，二十里，过石门街③。渐趋渐近，忽裂而为二，转而为三；已复半岐其首，根直剖下；迫之，则又上锐下敛，若断而复连者，移步换形，与云同幻矣！夫雁宕灵峰，黄山石笋，森立峭拔，已为瑰观；然俱在深谷中，诸峰互相掩映，反失其奇。即缙云鼎湖④，穹然独起，势更伟峻；但步虚山即峙于旁，各不相降，远望若与为一。不若此峰特出众山之上，自为变幻，而各尽其奇也。

【注释】

①江山：明为县，隶衢州府，即今浙江江山市。青湖：

在江山市南，今又作"清湖"。

②江郎山：又名"金纯山"、"须郎山"，在江山城东南25公里处，传有江氏兄弟三人登巅化石，故名。山高824米，三石峰直插天穹，俗呼为"三爿（pán）石"。山半有岩，山下有泉。

③石门街：今仍称"石门"，在江山市南境。

④缙云：明为县，隶处州府，即今浙江缙云县。缙云县城东8公里处的缙云山，亦称"仙都山"，为风景胜地，好溪两岸10公里范围内，胜景不绝，尤以鼎湖峰最著。鼎湖峰又名"玉笋峰"，东靠步虚山，西临好溪水，高168米。峰顶有湖，故称"鼎湖"。

【译文】

二十三日　开始经过江山县的青湖。山峦渐渐重合，东边大多是陡直的山峰，十分峻峭，犹如屏障；西边的山不高，缓缓地低伏着。远眺东边山峦尽头处，南部有一座高峰特别突出，直插云天，那气势似乎要振飞。一问，就是江郎山。盯着江郎山朝前赶，走了二十里，过石门街。越行离山越近，山忽然分为两座，再变成三座；不一会儿，山头又一分为二，直直地向下剖去；靠近山，则又是山头尖锐、下面收敛，像要断开、却又相连，人一移动脚步，山形便变换，是与云彩一起变化啊！雁宕山有灵峰，黄山有石笋，丛密、峻峭、挺立，已经是瑰丽的景观，但都位于深山峡谷，众多的山峰互相掩映，反而失掉了各自的"奇"。至于缙云县的鼎湖峰，独立高耸，气势更加伟峻；只是步虚山就峙立在旁边，两山不相上下，远望好像是一座山。比不上这江郎山突出于众峰之上，姿态万千，并尽显其奇。

六月初七日　抵兴化府①。

【注释】

①兴化府：治莆田，故又称"莆郡"，即今福建莆田市。

【译文】

六月初七日　到达兴化府。

初八日　出莆郡西门，西北行五里，登岭，四十里，至莒溪，降陟不啻数岭矣①。莒溪即九漈下流。过莒溪公馆，二里，由石步过溪。又二里，一侧径西向山坳，北复有一磴，可转上山。时山深日酷，路绝人行，迷不知所往。余意鲤湖之水，历九漈而下，上跻必有奇境，遂趋石磴道。芳叔与奴辈惮高陟，皆以为误。顷之，径渐塞，彼益以为误，而余行益励。既而愈上愈高，杳无所极，烈日铄铄②，余亦自苦倦矣。数里，跻岭头，以为绝顶也；转而西，山之上高峰复有倍此者。循山屈曲行，三里，平畴荡荡，正似武陵误入，不复知在万峰顶上也。中道有亭，西来为仙游道，东即余所行。南过通仙桥，越小岭而下，为公馆，为钟鼓楼之蓬莱石，则雷轰漈在焉。涧出蓬莱石旁，其底石平如砥，水漫流石面，匀如铺縠。少下，而平者多洼，其间圆穴，为灶，为臼，为樽，为井，皆以"丹"名，九仙之遗也③。平流至此，忽下堕湖中，如万马初发，诚有雷霆之势，则第一漈之奇也。九仙祠即峙其西，前临鲤湖。湖不甚浩荡，而澄碧一泓，于万山之上，围青漾翠，造物之酝灵亦异矣！祠右有石鼓、元珠、古梅洞诸胜。梅洞在祠侧，驾大石而成者，有罅成门。透而上，旧有九仙阁，祠前旧有水晶宫，今俱圮。当祠而隔湖下坠，则二漈至九漈之水也。余循湖右行，已至第三漈，急与芳叔返。曰："今夕当淡神休力，静晤九仙。劳心目以奇胜，且俟明日也。"返祠，往蓬莱石，跣足步涧中。石濑平旷④，清流轻浅，十洲三岛⑤，竟褰衣而涉也⑥。晚坐祠前，新月正悬峰顶，俯挹平湖，神情俱朗，静中汩汩⑦，时触雷漈声。是夜祈梦祠中。

【注释】

①不啻（chì）：不仅，不只。

②铄铄（shuò）：光芒闪动的样子。铄，通"烁"。

③九仙：《大清一统志》："何氏九仙，其世代莫可考。兄弟九人居仙游东北山中修道，因名其山曰九仙山。又居湖侧炼丹，丹成，各乘赤鲤仙去，名其湖曰九鲤湖。"《兴化府志》谓时在西汉元狩年间。

④濑（lài）：从沙石上流过的急水。

⑤十洲：指祖洲、瀛洲、玄洲、炎洲、长洲、元洲、流洲、生洲、凤麟洲、聚窟洲。三岛：指蓬丘岛、

方丈岛、昆仑岛。"十洲"、"三岛"皆古代传说中神仙居住的地方。此处比喻仙境一样的遍布水中的沙洲和小岛。

⑥褰（qiān）衣：撩起衣服。褰，用手提起。

⑦飒飒（féng）：水声。

【译文】

初八日　从兴化府城西门出发，往西北行五里，攀登山岭，行四十里到莒溪，一路上上下下了不止数座山岭。莒溪是九漈的下游。经过莒溪公馆，行二里，从石步渡过溪水。又走二里，一条小路往西伸向山坳，北边又有一条石阶道，可以绕上山。这时山岭深邃、太阳酷热，路上没有一个行人，不知道该往哪里走。我估计九鲤湖的水顺着九漈而下，往上攀登定有奇境，于是从石阶道走。芳叔和仆人害怕登高，都认为走错了。不久，四周渐渐狭窄，他们更以为走错了，我却越走越振奋。很快就愈上愈高，路深远得没有尽头，烈日炎炎，我自己也劳累疲倦了。数里，登上岭头，以为是最高顶峰；折转到西山上，还有高过此岭一倍的山峰。沿着山岭来回曲折行走，三里，平坦的田地空旷广远，正好像武陵人误入桃花源的故事一样，不再知道是在万座峰顶之上。途中有亭，从西边伸来的是去仙游县的路，东边就是我所走的路。往南经过通仙桥，翻越小岭向下走，是公馆，有钟鼓楼的蓬莱石，而雷轰漈也在这里。涧水从蓬莱石旁边流出，底下的石头像磨石一样平，水从石面上漫流而过，匀称得如同铺了一层绉纱。稍稍往下，平滑的底部出现许多洼坑，洼坑之中的圆孔，分别称为灶、臼、樽、井，都用"丹"字来命名，是九鲤仙的遗迹。洞水平缓地流到这里，突然往下堕落到湖中，犹如万马初发，确实有雷霆万钧之势，这就是九漈中第一级瀑布奇观。九仙祠就建立在瀑布西边，前对九鲤湖。湖水不甚浩荡，但在万山中显出一片清澈碧蓝，绿树围绕、清波荡漾，大自然造物的神化灵奇真是太奇异了！九仙祠右边有石鼓、元珠、古梅洞等胜境。古梅洞在祠旁边，大石架空而成，石上的缝隙形成门。穿石缝往上走，原来有九仙阁，九仙祠前原来有水晶宫，现在都毁坏了。正对九仙祠并隔着九鲤湖往下坠落的水，就是第二级到第九级的瀑布。我顺着九鲤湖右边走，已经到了第三级瀑布，急忙和芳叔一齐返回。我说："今晚应当清静心神，休息体力，静候九仙托梦。烦劳心力目力游览奇观胜景之事，暂且等到明天吧。"回到九仙祠，去蓬莱石，光着脚在涧中行走。涧底平旷，水清而浅，轻轻流淌，遍布水中的沙洲小岛如仙境一样，撩起衣襟就越过去了。晚上坐在祠前，初升的月亮正悬挂在峰顶上，低头俯视平静的湖水，眼前的景色和自己的心情都非常好，寂静中只有飒飒的水声，不时地还听到雷漈瀑布的声响。这一夜在祠中祈祷九仙托梦。

初九日　辞九仙，下穷九漈。九漈去鲤湖且数里，三漈而下，久已道绝。数月前，莆田祭酒尧俞[①]，令陆善开复鸟道，直通九漈，出莒溪。悔咋不由侧径溯漈而上，乃纤从大道，坐失此奇。遂束装改途，竟出九漈。瀑布为第二漈，在湖之南，正与九仙祠相对。湖穷而水由此飞堕深峡，峡石如劈，两崖壁立万仞。水初出湖，为石所扼，势不得出，怒从空坠，飞喷冲激，水石各极雄观。再下为第三漈之珠帘泉，景与瀑布同。右崖有亭，曰观澜。一石曰天然坐，亦有亭覆之。从此上下岭涧，盘折峡中。峡壁上覆下宽，珠帘之水，从正面坠下；玉箸之水，从旁霭沸溢。两泉并悬，峡壁下削，铁障四围，上与天并，玉龙双舞，下极潭际。潭水深泓澄碧，虽小于鲤湖，而峻壁环锁，瀑流交映，集奇撮胜，惟此为最！所谓第四漈也。

【注释】

①祭酒：古代飨宴时酹酒祭神的长者，后亦以泛称年长或位尊者。"祭酒"亦学官名，即国子监祭酒，为国子监的主管官。

【译文】

初九日　离开九仙祠，往下探游九漈的尽头。九漈距离九鲤湖大约数里，从第三级瀑布往下走，路已经断了很久。几个月前，国子监祭酒、莆田县人尧俞，命令陆善修复，开通这险峻的山路，直达九漈，从莒溪出去。后悔昨天没有从侧边的小路溯瀑布而上，而绕道顺大路走，失掉了观览这一奇景的机会。于是整理行装改道而行，直接从九漈出去。第二漈瀑布，在九鲤湖的南边，正好与九仙祠相对。湖尽头处水就向深谷飞坠下去，深谷如同被刀劈开，两边的山崖像墙壁一样陡立，高达万丈。水一从湖里流出，便被岩石阻拦，水势不能畅通，汹涌的水流从空中坠落，浪花飞溅、水珠喷洒，水和石都显得极其雄伟壮观。再下去是第三漈珠帘泉，景致和瀑布相同。右边的山崖上有亭子，叫观澜亭。一块名叫天然坐的石头，也有亭覆盖。从这里上岭下涧，在峡谷中曲折行走。峡谷两边的山壁上面倾覆、下面宽阔，珠帘瀑布泉从正面坠落下来，玉箸泉瀑布从旁边水雾腾腾地涌出。两股瀑布并列悬挂，峡谷两壁往下陡削，四周都是铁壁般的山崖，山高得齐天，两道瀑布像玉龙飞舞，往下倾入潭中。潭水极深，碧绿清澄，虽然比九鲤湖小，但四周峭壁环绕，瀑布交相辉映，奇景荟萃，只有这里风景最佳！是所说的第四漈。

　　初至涧底，芳叔急于出峡，坐待峡口，不复入。余独缘涧石而进，踞潭边石上，仰视双瀑从空夭矫，崖石上覆如瓮口。旭日正在崖端，与颓波突浪，掩晕流辉。俯仰应接，不能舍去。循涧复下，忽两峡削起，一水斜回，涧右之路已穷。左望，有木板飞架危矶断磴间①，乱流而渡，可以攀跻。遂涉涧从左，则五漈之石门矣。两崖至是，壁凑仅容一线，欲合不合，欲开不开，下涌奔泉，上碍云影。人缘陟其间，如猕猿然②，阴风吹之，凛凛欲堕。盖自四漈来，山深路绝，幽峭已极，惟闻泉声鸟语耳。

【注释】

①矶（jī）：水边突出的岩石。

②猕（mí）猿：猴的一种，亦称"恒河猴"，群居山林中，喧哗好闹，采食野果、野菜等。我国南方各省皆有。

【译文】

刚到涧底，芳叔忙着走出峡谷，在峡谷口坐着等我，没有再进来。我独自沿着涧底的石道前进，到潭边坐在石头上，抬头注视两道瀑布在空中矫健而有气势地飞流，崖石上部倾覆得如同瓮口。旭日正好升到崖石顶端，和坠落的水波、腾跃的浪珠，互相掩映，流光溢彩。我俯视仰视而应接不暇，舍不得离去。顺山涧再往下走，峡谷两边突然陡峭起来，一股溪水弯斜流淌，山涧右边的路已经断了。向左边看去，只见木板架在陡岩上的残阶之间，横渡溪流，就可以攀越。于是涉过涧从左边走，是第五漈——石门。两边的山崖在这里向中间紧靠，只能容下一线天，要合不合，要开不开，下面山泉汹涌奔腾，上面云遮雾盖。人在中间攀援，如同猕猴一般，寒风吹来，人阴冷得几乎要掉下去。大致从第四漈以来，山谷深邃，道路断绝，幽深陡峭到了极点，只听得到泉水声和鸟鸣声。

出五漈，山势渐开。涧右危嶂屏列，左则飞凤峰回翔对之，乱流绕其下，或为澄潭，或为倒峡。若六漈之五星，七漈之飞凤，八漈之棋盘石，九漈之将军岩，皆次第得名矣。然一带云蒸霞蔚，得趣故在山水中，岂必刻迹而求乎？盖水乘峡展，既得自恣，其旁崩崖颓石，斜插为岩，横架为室，层叠成楼，屈曲成洞；悬则瀑，环则流，潴则泉；皆可坐可卧，可倚可濯，荫竹木而弄云烟。数里之间，目不能移，足不能前者竟日。每下一处，见有别穴，必穿岩通隙而入，曲达旁疏，不可一境穷也！若水之或悬或渟^①，或翼飞叠注，即匡庐三叠、雁宕龙湫，各以一长擅胜，未若此山微体皆具也。

【注释】

① 渟（tíng）：水积聚而不流通。

【译文】

　　走出第五漈，山势渐渐开阔。山涧右边的陡崖如同屏障排列，左边的飞凤峰盘旋飞翔而对，水流纵横交错地环绕在下面，有的是清澈的水潭，有的倒映出峡谷。至于第六漈五星，第七漈飞凤，第八漈棋盘石，第九漈将军岩，都是按顺序得名。既然这一带云蒸霞蔚，所以情趣在山水之中得到，哪里还有必要刻意追求一景一物的形迹呢？大致水凭借峡谷的形势伸展，洒脱自得，毫无约束，水流两旁崩塌的山崖巨石，斜插的是岩岸，横架的为石室，层叠的像石楼，曲折弯转的成石洞；飞悬空中的则为瀑布，绕石环流的则为小溪，积聚起来的则为清泉；山石都可以坐卧休息，泉流都能靠近洗涤，竹木成荫而云霞烟雾拨弄。数里之间的美景，让人一整天都目不斜视，流连忘返。每下到一处，看见有另外的洞穴，我一定穿过岩缝进去，洞穴曲折旁达，不能一下子穷尽其中的妙境！至于水流，有的悬挂山崖，有的汇聚一起，有的如鸟翅腾飞，叠水喷注，即使是庐山三叠泉瀑布、雁宕山龙湫瀑布，只能各凭一个特点取胜，不像这座山，局部和整体的风光都完美无缺。

出九漈，沿涧依山转，东向五里，始有耕云樵石之家，然见人至，未有不惊讶者。又五里，至莒溪之石步，出向道。

【译文】

从九漈出来，顺山涧靠着山转，往东走五里，才有人家在白云飘荡的山上耕种、打柴，而他们看到有人来到，都感十分惊讶。又走五里，到达莒溪的石步，从来时的路出去。

初十日　过蒜岭驿，至榆溪①。闻横路驿西十里，有石竹山，岩石最胜，亦为九仙祈梦所。闽有"春游石竹，秋游鲤湖"语，虽未合其时，然不可失之交臂也。乘兴遂行。以横路去此尚十五里，乃宿榆溪。

【注释】

①榆溪：今作"渔溪"，在福建福清市南境的公路边。

【译文】

初十日　经过蒜岭驿，到达榆溪。听说横路驿西边十里处，有石竹山，山上的岩石最为有名，也是九仙祈祷、做梦的地方。福建流传着"春天游石竹山，秋天游九鲤湖"

的话，现在游石竹山虽然与最佳节令不相合，但是不能当面错过游这一胜境的机会。于是乘兴出游。因为横路驿距离榆溪还有十五里，于是就在榆溪住宿。

十一日　至波黎铺，即从小路为石竹游①。西向山五里，越一小岭。又五里，渡溪，即石竹南麓。循麓西转，仰见峰顶丛崖，如攒如劈。西北行久之，有楼傍山西向，乃登山道也。石磴颇峻，遂短衣历级而上。磴路曲折，木石阴翳，虬枝老藤，盘结危石，欹崖之上，啼猿上下，应答不绝。忽有亭突踞危石，拔迥凌虚②，无与为对。亭当山之半。再折，石级巍然直上，级穷，则飞岩檐覆垂半空。再上两折，入石洞侧门，出即九仙阁，轩敞雅洁。左为僧庐，俱倚山凌空，可徙倚凭眺。阁后五六峭峰离立，高皆数十丈，每峰各去二三尺。峰罅石壁如削成，路屈曲罅中，可透漏各峰之顶。松偃藤延，纵目成胜。僧供茗芳逸，山所产也。侧径下，至垂岩，路左更有一径。余曰："此必有异。"从之，果一石洞嵌空立。穿洞而下，即至半山亭。下山，出横路而返③。

【注释】

①石竹：石竹山，在福清市横路驿西。传为林玄光炼丹、骑虎、升天之地。无患溪蛇行山麓，中一小山酷似一鱼称"仙鲤山"，上有九仙阁、紫云洞等胜景。

②拔迥（jiǒng）：挺拔高远。

③横路：《读史方舆纪要》作"宏路驿"，即今宏路，在福清市稍西的交通要道上。

【译文】

十一日 到波黎铺后，就从小路去游石竹山。往西朝着山走五里，越过一座小岭。又走五里，横渡溪水，就到石竹山南麓。沿着山麓往西转，抬头看见峰顶上崖石丛丛，如攒聚、如刀劈。往西北走了很久，有座楼背靠山、面朝西，这就是登山道。石阶很陡，于是身着短衣沿石阶而上。石阶弯转曲折，树荫遮蔽，弯曲如龙的树干老藤盘绕在陡峭倾斜的岩石上，猿猴上下跳跃，啼叫声不断。忽见峭石上有座亭子，挺拔高远，凌空而立，没有什么和它相对。亭位于山腰。再转石阶陡上，石阶尽头处，飞起的岩石像屋檐一样覆盖在半空中。又往上转两道弯，从石洞侧门进去，一出洞就是九仙阁，阁高大宽敞、雅致整洁。左边为僧人住房，都是靠山凌空而建，可以徘徊远望。阁后有五六座峻峭的山峰各自耸立，都高达数十丈，每座峰之间相距二三尺，间隙如同用刀劈出来的一样，道路曲折地从缝隙间穿过，可以穿行到各座山峰顶上。松树卧伏，老藤蔓延，目光所到之处都是胜景。僧人送来香味四溢的茶，是山中出产的。从旁边的小路下山，到陡岩，路左边另有一条小路。我说："从这里去肯定有奇异的景致。"于是顺小路走，果然有一个石洞镶嵌在山腰。从洞中穿下去，就到了半山亭。下山，到横路驿后返回家乡。

是游也，为日六十有三，历省二，经县十九，府十一，游名山者三。

【译文】

　　这次出游，一共是六十三天，跨越两个省，经过十九个县、十一个府，游历了三座名山。

游嵩山日记 河南河南府登封县

  嵩山又称"嵩岳"、"中岳",为五岳之首。分太室山和少室山两大部分,以少林河为界,太室山如大屏风横亘在登封市北,少室山如一朵巨莲,耸峙在登封市西。古时称石洞为"石室",该山有石洞,故称为"室"。嵩山被誉为"文物之乡",东汉三阙(太室阙、少室阙、启母阙),北魏时建的嵩岳寺塔,皆为全国重点文物保护单位,历代庙宇、碑刻、古树荟萃。河南府治洛阳,即今河南洛阳市。

  天启三年(1623)徐霞客北游嵩山、华山、太和山。《游嵩山日记》是徐霞客在河南嵩山一带旅行的游记。

  徐霞客于二月初一日离家,行经徐州、开封等地。十九日至郑州黄宗店,参观圣僧池,后过密县游天仙院。当日进入登封县境,二十四日离开少林寺,在嵩山历时五天。二十五日至伊阙,参观龙门石窟。徐霞客以浓厚的兴趣参观了岳庙、嵩阳宫、崇福宫、启母石、少林寺、初祖洞等,《游嵩山日记》是徐霞客名山游记中记录文物古迹最多的篇章。北方缺水,徐霞客对沿途的环境状况尤为关注,对石淙、卢岩瀑布、龙潭沟等倍加称赞。他登太室绝顶后,选择了最险的路线,"吾目不使旁瞬,吾足不容求息",滑溜下山。他勇攀少室绝顶,遇"斩绝不可度"的地方,则"解衣从之"。他是一位不畏艰险的旅游探险家。

余髫年蓄五岳志①，而玄岳出五岳上，慕尤切。久拟历襄、郧，扪太华，由剑阁连云栈②，为峨眉先导③；而母老志移，不得不先事太和，犹属有方之游。第沿江溯流，旷日持久，不若陆行舟返，为时较速。乃陆行汝、邓间④，路与陕、汴略相当⑤，可以兼尽嵩、华，朝宗太岳⑥。遂以癸亥仲春朔⑦，决策从嵩岳道始。凡十九日，抵河南郑州之黄宗店⑧。由店右登石坡，看圣僧池。清泉一涵⑨，澄碧山半。山下深涧交叠，涸无滴水。下坡行涧底，随香炉山曲折南行。山形三尖攒立如覆鼎，众山环之，秀色娟娟媚人。涧底乱石一壑，作紫玉色。两崖石壁宛转，色较缜润⑩；想清流汪注时，喷珠泄黛，当更何如也！十里，登石佛岭。又五里，入密县界，望嵩山尚在六十里外。从岐路东南二十五里，过密县⑪，抵天仙院。院祀天仙，云黄帝之三女也。白松在祠后中庭，相传三女蜕骨其下。松大四人抱，一本三干，鼎耸霄汉，肤如凝脂，洁逾傅粉，蟠枝虬曲，绿鬣舞风，昂然玉立半空，洵奇观也⑫！周以石栏。一轩临北⑬，轩中题咏绝盛。徘徊久之，下观滴水。涧至此忽下跌，一崖上覆，水滴历其下⑭。还密，仍抵西门。三十五里，入登封界，曰耿店⑮。南向为石淙道，遂税驾焉⑯。

【注释】

①髫（tiáo）年：幼年。髫，小孩子头上下垂的短发。

五岳：我国五大名山的总称。传说这些山为群神所居，历代帝王对它们进行封禅、祭祀。五岳制度始于汉武帝，但所指五岳，历代曾有变化。明代五岳为中岳嵩山，东岳泰山，南岳衡山，西岳华山，北岳恒山。

②剑阁：今四川省北部有剑门山，横亘一百余公里，有72峰绵延起伏，形若利剑，主峰大剑山在剑阁县北。峭壁中断处，两崖相峙如门，飞阁通衢，谓之"剑阁"，为中原入川必经的险道。

③峨眉：即峨眉山，在四川峨眉山市西南。俗称"峨眉天下秀"，山峰如蝤首蛾眉，故名。有大峨、中峨、小峨，一般游览范围为大峨。主峰万佛顶，海拔3099米。从山脚到山顶有山道五十余公里，从报国寺入山，沿途有伏虎寺、清音阁、万年寺、洪椿坪、仙峰寺、洗象池等胜景。最高处为金顶，可观云海、日出、"佛光"。该山传为普贤菩萨道场，为我国佛教四大名山之一。山中动植物种类丰富，至今还有群猴戏人。

④汝：即汝州，治今河南临汝县。邓：即邓州，隶南阳府，即今河南邓州市。

⑤陕：即陕州，隶河南府，治所在今河南三门峡市稍西。汴：唐置汴州，五代梁、晋、汉、周及北宋定都于此，称"汴京"。明代置开封府，为河南布政司治所，但仍以"汴"为其别称。即今河南开封市。

⑥朝宗：古代诸侯朝见天子，春见称"朝"，夏见称

"宗"。此处比喻对名山的尊崇，为朝谒的意思。

⑦癸亥：指天启三年，即1623年。

⑧郑州：隶开封府，即今河南郑州市。

⑨涵：包含。此处作名词，一涵即一潭。

⑩缜（zhěn）润：细致而润泽。

⑪密县：隶开封府禹州，即今河南新密市。

⑫洵：实在，真正。

⑬轩：有窗槛的长廊或小室。

⑭滴历：同"滴沥"，水稀疏下滴。

⑮耿店：应为今登封市东隅、新密至登封大道上的景点。

⑯税（tuō）驾：停宿，休息。税，通"脱"。

【译文】

我幼年时便怀有登览中岳嵩山、东岳泰山、南岳衡山、西岳华山、北岳恒山的志愿，玄岳的名气在五岳之上，仰慕之心更切。很久以来就打算经过襄阳府、郧阳府，亲临华山，再过剑阁和连云栈，以此为攀登峨眉山的前站；但因为母亲年纪大而改变计划，不得不先游武当山，还是属于不失孝道的出游。只是沿长江溯流而上，多费时日、时间拖得久，不如从陆路去、水路返回，所需时间较短。从汝州、邓州之间的陆路走，路程与走陕州、开封府相同，却可以将嵩山、华山两处都游完，然后朝拜太和山。于是决定在癸亥年二月初一动身，首先去嵩山。走了十九天，抵达河南开封府郑州的黄宗店。沿黄宗店右边登石坡，观看圣僧池。一潭清澈的泉水，汇聚在半山腰，如碧玉一般。山下深涧纵横交错、高低重叠，涧中干涸，没有一滴水。

下坡后从涧底走，顺着香炉山曲折地往南行。香炉山的三座尖峰挨得很近，形状如同倒置的鼎，众多的峰峦环绕，景色秀丽迷人。涧底散乱的石头布满沟壑，显现出紫玉色。两岸的崖壁宛转，崖石质地细密、色感润泽；想像清澄的流水从涧中倾泻而过时，水珠喷溅、绿波翻涌，又该是何等的景致啊！走十里，登上石佛岭。又走五里，进入密县境，遥望嵩山，还在六十里以外。从岔路往东南走二十五里，过密县县治，到达天仙院。天仙院祭祀黄帝的三女儿天仙。白松矗立在祠堂后面的庭院中，相传三女儿是在白松下蜕变成仙的。松树有四人围抱粗，一棵树根分出三棵枝干，三干鼎立，高耸入云，树皮柔滑得好似凝固的脂肪，比涂过粉还要洁净，松枝弯弯曲曲，如同虬龙，绿色的松针迎风飞舞，昂首挺胸，亭亭玉立在半空中，真是奇观啊！松树周围有石栏。一道长廊正对北方，廊中题有很多诗词楹联。我在长廊中逗留了很长时间，才下去观看滴水。山涧到这里突然下陷，一块崖石从上面覆盖，水从崖石上往下滴。返回密县，仍然到城西门。行三十五里，进入登封县境的耿店。往南是去石淙的路，于是在耿店停宿。

二十日　从小径南行二十五里，皆土冈乱垄。久之，得一溪。渡溪，南行冈脊中，下瞰则石淙在望矣。余入自大梁①，平衍广漠，古称"陆海"，地以得泉为难，泉以得石尤难。近嵩始睹蜿蜒众峰，于是北流有景、须诸溪，南流有颍水，然皆盘伏土碛中。独登封东南三十里为石淙，乃嵩山东谷之流，将下入于颍。一路陂陀屈曲，水皆行地中，至此忽逢怒石。石立崇冈山峡间，有当关扼险之势。水沁入胁下，从此水石融和，绮变万端。绕水之两崖，则为鹄立，为雁行；踞中央者，则为饮兕[2]，为卧虎。低则屿，高则台，愈高，则石之去水也愈远，乃又空其中而为窟，为洞。揆崖之隔[3]，以寻尺计[4]，竟水之过，以数丈计。水行其中，石峙于上，为态为色，为肤为骨，备极妍丽。不意黄茅白苇中，顿令人一洗尘目也[5]！

【注释】

①大梁：战国时魏国的都城，在今开封市，后世相沿即称开封为"大梁"。

②兕（sì）：古代对雌性犀牛的称呼。

③揆（kuí）：估计。

④寻（xún）：古代的长度单位，八尺为寻。

⑤"竟水"九句：此即嵩山八景之一的"石淙会饮"，在告成东门外沿石淙河前行3公里处。石淙河从北往南汇入颍河，在此汇积成潭，河边怪石嶙峋，摩崖题刻甚多，被赞为"千仞壑"、"石淙涧"、"水营山阵"、"小桂林"，为河南省重点文物保护单位。

【译文】

二十日　从小路往南走二十五里，沿途都是土冈和不规则的高地。走了很久，才看到一条溪水。渡过溪水，往南从冈梁上行走，往下俯瞰就看到了石淙。我自从进入开封府，地势平坦舒展、宽阔无边，古人称之为"陆海"，平地上难以有泉水，有了泉水又难以有岩石。走近嵩山开始看到蜿蜒起伏的众多山峰，北边有景溪、须溪等河流，南边有颖水，但这些河流都盘绕隐伏在土堆沙滩中。只有登封县东南三十里处的石淙河，才是嵩山东面山谷中的流水，往下流入颖水。一路上地形高低不平、弯转曲折，水都在地下流，流到这里忽然遇到形状峥嵘的巨石。巨石突立在高高的山冈和峡谷之间，有一夫当关、扼险制要的气势。水浸泡到巨石胁下，从此水石交融，形态峭丽，变化万端。流水环绕的两岸崖石，像天鹅延颈而立，又像大雁成行而飞；矗立在水中的岩石，则犹如犀牛饮水、猛虎卧伏。低矮的形成小岛，高大的形成平台，岩石越高大，则距离水面越远，却又中空而形成石窟和石洞。估计每块岩石的间隔，要以八尺计算，水流最大时的水面，要以数丈计算。水在山崖中间流淌，岩石峙立水上，石态水色，如肤如骨，景致极其妍丽。想不到茅草芦苇之中，竟令人顿时眼目一新。

登陇^①，西行十里，为告成镇^②，古告成县地。测景台在其北。西北行二十五里，为岳庙^③。入东华门时，日已下春^④，余心艳卢岩，即从庙东北循山行。越陂陀数重，十里，转而入山，得卢岩寺。寺外数武^⑤，即有流铿然下坠石峡中。两旁峡色，氤氲成霞^⑥。溯流造寺后，峡底矗崖，环如半规，上覆下削。飞泉堕空而下，舞绡曳练^⑦，霏微散满一谷，可当武彝之水帘。盖此中以得水为奇，而水复得石，石复能助水不尼水⑧，又能令水飞行，则比武彝为尤胜也⑨。徘徊其下，僧梵音以茶点饷。急返岳庙，已昏黑。

【注释】

①陇（lǒng）：通"垄"，田中高地。

②告成镇：从战国至唐初皆称"阳城"，武则天时将封嵩山，改"阳城"为"告成"。唐以后废，故称"古告成县地"。今又作"邙城"，属登封市。相传周代就在此建立了测景台，至今仍有周公庙，庙内有"圭"、"表"，原为土圭，唐代南宫说仿周公旧制，换为石座石表，俗称"周公测景台"。其北是元代郭守敬建的观星台，高9.64米，上为长方形，下为正方形。台面东西长13.7米，南北宽9.9米，为砖石结构。台上四周有栏墙，有南向小室，台北有两个对称的踏道口可以上下。北壁中间砌成垂直凹槽，凹槽下方为南北向水轨，由三十六方青石连成，长31.196米，中间刻有两条平行水槽，俗称"量天尺"。这是我国现存最早的天文台，也是世界上重要的古代天文学遗迹之一，为全国重点文物保护单位。

③岳庙：即中岳庙，在今登封市东4公里的公路边。面积十余万平方米，共十一进，长达1.3里，现有明清建筑四百余间，是五岳中规模较大的一座。东

华门现称"中华门",原系木牌坊,现为砖瓦结构的歇山式牌坊。中华门前有汉代石刻翁仲一对,正南 500 米处即为汉代太室阙。庙后倚黄盖峰,峰顶有两层八角琉璃亭。每年农历三月和十月均有庙会,进行贸易的帐篷密布庙前广场及田中,附近省县来者云集。

④下舂:日落时。

⑤武:步。

⑥氤氲(yīnyūn):水汽弥漫的样子。

⑦绡(xiāo):生丝织物。练:煮熟的白绢。

⑧尼(nì):阻止。

⑨"又能"二句:卢崖瀑布今存,为三叠,上折常隐在云雾里,下折掩在深壑中,通常所见者为中折。瀑如白练悬空,该峰亦因此称"悬练峰"。

【译文】

登上田中高地,往西走十里,是告成镇,古代告成县所在地。测景台在镇北。往西北走二十五里,到中岳庙。进入东华门时,太阳已经落山了,我心中想往着去卢岩,就从中岳庙东北沿山行。越过数道高低不平的坡地,走十里,转进山,到达卢岩寺。寺外几步远之处,就有铿然作响的流水坠入石峡中。峡谷两边的山色,雾气弥漫,蕴为云霞。溯流上到寺后,峡谷底部陡崖矗立,如半圆环绕,上部倾覆,下部凹削。飞流的泉水从空中直泻而下,仿佛丝绸凌空飘舞,细雨般的水珠洒满山谷,和武彝山的水帘洞不相上下。因此山以有水为奇,而水又得岩石映衬,岩石又能助水而不是阻水，从而使得泉水飞流，于是大大胜过武彝山了。在瀑布下徘徊，僧人梵音用茶点款待我们。急忙返回中岳庙，天已经昏黑。

二十一日　晨，谒岳帝。出殿，东向太室绝顶。按嵩当天地之中，祀秩为五岳首，故称嵩高。与少室并峙，下多洞窟，故又名太室。两室相望如双眉，然少室嶙峋，而太室雄厉称尊，俨若负扆①。自翠微以上，连崖横亘，列者如屏，展者如旗，故更觉岩岩。崇封始自上古，汉武以嵩呼之异，特加祀邑。宋时逼近京畿②，典礼大备。至今绝顶犹传铁梁桥、避暑寨之名，当时之盛，固可想见矣。

【注释】

①扆（yǐ）：画斧的屏风。天子见诸侯时，背依画斧的屏风南向而立，因称"负扆"。

②京畿（jī）：国都及其附近的地方。

【译文】

二十一日　早晨，祭拜嵩山之神岳帝。走出大殿，向东攀登太室山绝顶。据考证，嵩山位于天地正中，祭祀的顺序为五岳之首，所以称为嵩高。嵩山和少室山并排峙立，山下洞窟很多，所以又名太室山。太室山、少室山远看犹如双眉并列，但少室山嶙峋，而太室山雄厉、独居尊位，俨然像背靠屏风的帝王。从翠色弥漫的山脚而上，连绵的山崖横亘不断，好似排列的屏风、伸展的旗帜，因此更觉得高峻威严。尊崇、祭祀嵩山从远古就开始了，汉武帝因为嵩山山呼"万岁"的奇异，特别增加了奉祀岳神的嵩高邑。宋朝因嵩山靠近京城附近，祭山的典礼十分完备。至今绝顶上还留有铁梁桥、避暑寨的名称，当时的盛况，完全可以想见。

太室东南一支，曰黄盖峰。峰下即岳庙，规制宏壮。庭中碑石矗立，皆宋、辽以来者。登岳正道，乃在万岁峰下，当太室正南。余昨趋卢岩时，先过东峰，道中见峰峦秀出，中裂如门，或指为金峰玉女沟，从此亦有路登顶，乃觅樵预期为导，今遂从此上。近秀出处，路渐折避之，险绝不能径越也。北就土山，一缕仅容攀跻，约二十里，遂越东峰，已转出裂门之上。西度狭脊，望绝顶行。是日浓云如泼墨，余不为止。至是岚气愈沉，稍开则下瞰绝壁重崖，如列绡削玉，合则如行大海中。五里，抵天门。上下皆石崖重叠，路多积雪。导者指峻绝处为大铁梁桥。折而西，又三里，绕峰南下，得登高岩。凡岩幽者多不畅，畅者又少回藏映带之致。此岩上倚层崖，下临绝壑，洞门重峦拥护，左右环倚台嶂。初入，有洞岈然，洞壁斜透；穿行数武，崖忽中断五尺，莫可着趾。导者故老樵，狙捷如猿猴[①]，侧身跃过对崖，取木二枝，横架为阁道。既度，则岩穿然上覆，中有乳泉、丹灶、石榻诸胜。从岩侧跻而上，更得一台，三面悬绝壑中。导者曰:"下可瞰登封,远及箕、颖②。"时浓雾四塞,都无所见。出岩,转北二里,得白鹤观址。址在山坪,去险就夷,孤松挺立有旷致。又北上三里,始跻绝顶③,有真武庙三楹。侧一井,甚莹,曰御井,宋真宗避暑所浚也④。

【注释】

①狷(juàn)捷:敏捷。

②远及箕、颖:"箕"指箕山,"颖"指颖水,皆在登封市东南。颖水今称"颖河",往东南注入淮河。

③"又北上"二句:太室山有三十六峰。即太白、望都、观香、积翠、立隼、独秀、玉女、玉人、虎头、玉镜、子晋、会仙、河带、玉柱、卧龙、胜观、万岁、老翁、元龟、华盖、石幔、凤凰、桂轮、三鹤、起云、金壶、松涛、狮子、遇圣、浮丘、周道、黄盖、悬练、鸡鸣、青童、春震。绝顶峻极峰海拔 1440 米。

④宋真宗:北宋皇帝,名赵恒,共在位 25 年(998—1022)。

【译文】

　　太室山东南的一支山脉,名黄盖峰。峰脚就是中岳庙,庙的规模宏伟壮观。庭院中碑刻林立,都是宋、辽以来的题刻。登嵩山的正道是在万岁峰下,位于太室山正南方。我昨天奔向卢岩寺时,首先经过东峰,途中看见峰峦秀丽突出,中部裂开如同门扇,有人指着说是金峰玉女沟,顺沟也有路登上绝顶，于是寻找打柴的人，约好做向导，今天就从这里上绝顶。走近秀峰突出处，山路渐渐断开，险要到了极点，不可能直接越过去。往北靠土山走，路窄得好像一根线，只容向上攀爬，大约二十里路，才越过东峰，不久转到裂门上面。往西翻越狭窄的山脊，看着绝顶往前走。这一天，浓黑的云如同用墨染过，我没有因此停步。此时雾气越来越阴沉，稍稍放晴时就可以朝下俯视到绝壁重崖，似丝织品罗列、玉石剖开；云雾聚合时，则如同在大海中前进。五里，到达天门。上下都是重叠的石崖，路上积雪很多。向导指着最陡峻的地方，称为大铁梁桥。转向西走，又三里，绕着山峰往南下，到登高岩。大凡幽深处山岩多数不畅通，畅通处岩石又缺少曲折、隐蔽以及互相映衬的景致。此岩上靠层层山崖，下临陡峭的深壑，洞门重山簇拥，左右环靠平台及屏障般的山峰。一上登高岩，就有又深又大的洞穴，洞壁斜穿；在洞中穿行数步，山崖忽然从中断开五尺，没有可以落脚的地方。向导是当地的老樵夫，敏捷得好似猿猴，侧身跳到断崖对面，取来两枝树干，横架在断崖上形成阁道。过了断崖，拱形的岩石高高覆盖在上方，当中有乳泉、丹灶、石榻等名胜。从岩边攀登而上，另外又有一平台，三面悬空在极深的沟壑中。向导说："往下可以俯视登封县，远处看得到箕山、颍水。"当时四周浓雾迷漫，什么都看不见。走出登高岩，转北行二里，到白鹤观遗址。遗址在山间平地上，远离险峻而靠近平坦的地方，独自挺立着一棵松树，有一种旷达的情趣。又往北上三里，才登上绝顶，顶上有真武庙，分为三列。

旁边有一口井，井水十分清莹，名御井，是宋真宗到顶上避暑时开掘的。

饭真武庙中。问下山道，导者曰："正道从万岁峰抵麓二十里。若从西沟悬溜而下，可省其半，然路极险峻。"余色喜，谓嵩无奇，以无险耳。亟从之，遂策杖前。始犹依岩凌石，披丛条以降。既而从两石峡溜中直下，仰望夹崖逼天。先是峰顶雾滴如雨，至此渐开，景亦渐奇。然皆垂沟脱磴，无论不能行，且不能止。愈下，崖势愈壮，一峡穷，复转一峡。吾目不使旁瞬，吾足不容求息也。如是十里，始出峡，抵平地，得正道。过无极洞①，西越岭，趋草莽中，五里，得法皇寺②。寺有金莲花，为特产，他处所无。山雨忽来，遂借榻僧寮③。其东石峰夹峙，每月初生，正从峡中出，所称"嵩门待月"也。计余所下之峡，即在其上，今坐对之，只觉云气出没，安知身自此中来也。

【注释】

①无极洞：即今老君洞，有道院一所。原奉太极、皇
　极，因称"无极洞"。

②法皇寺：应作"法王寺"。创建于东汉明帝永平
　十四年（71），仅比洛阳白马寺晚三年。是嵩山最
　古的寺院。寺后有塔数座，高者达四十余米，为方
　形密檐式砖塔，唐代建筑。"嵩门待月"亦嵩山八景

之一。

③僧寮(liáo)：和尚住的小屋。

【译文】

在真武庙中吃饭。询问下山的路，向导说："正道顺万岁峰下到山脚，有二十里。如果顺西沟悬空滑行而下，可以省掉一半的路程，但是道路极其险峻。"我面露喜色，原来认为嵩山不奇，因为没有险峻之处。赶忙跟随向导，挂着手杖往前走。开始还傍靠着岩石穿越，拨开丛密的草木往下走。接着就从两石峡中滑行直下，仰望夹在两旁的崖壁几乎逼近天际。在这之前，峰顶上的雾气像雨一样往下滴，下到这里雾气渐渐散开，景色也渐渐奇异。但一直是垂直的沟谷，没有石阶，不要说不能行走，而且无法停留下来。越往下滑，崖壁的气势愈壮观，下完一道峡谷，又转入另一道峡谷。我的眼睛不敢斜视，我的脚不能止住。就这样下了十里，才走出峡谷，到达平地，上了正道。经过无极洞，往西翻越山岭，在草丛中急行，五里，到法皇寺。寺里有金莲花，是本地特产，其他地方没有。山雨忽然降临，于是在僧人的小屋留宿。寺东石峰对峙，每当月亮初升时，正好照在峡谷中间，是所谓的"嵩门待月"。想来我先前所下的峡谷，就在这道峡谷上面，现在面对面地坐下来，只觉得上面云气出没，哪里知道自己是从中下来的呢。

二十二日 出山，东行五里，抵嵩阳宫废址①。惟三将军柏郁然如山，汉所封也；大者围七人，中者五，小者三。柏之北，有室三楹，祠二程先生[②]。柏之西，有旧殿石柱一，大半没于土，上多宋人题名，可辨者为范阳祖无择、上谷寇武仲及苏才翁数人而已[③]。柏之西南，雄碑杰然，四面刻蛟螭甚精[④]。右则为唐碑，裴迥撰文，徐浩八分书也[⑤]。又东二里，过崇福宫故址[⑥]，又名万寿宫，为宋宰相提点处。又东为启母石[⑦]，大如数间屋，侧有一平石如砥。又东八里，还饭岳庙，看宋、元碑。

【注释】

①嵩阳宫废址：在登封城北2.5公里处。北魏时为嵩阳寺，隋代为嵩阳观，唐高宗曾以此为行宫。宋至道三年（997）赐名"太室书院"，景祐二年（1035）重修，赐额更名为"嵩阳书院"。为宋代四大书院之一。现为登封师范学校。三将军柏今存二株，皆不甚高，大将军柏躯干斜倚，腰围约6米，二将军柏腰围近15米，中空，散为若干枝，系西汉元封元年（前110）汉武帝游嵩山时所封，为我国现存最古最大的柏树。唐碑即指《大唐嵩阳观纪圣德感应之颂》碑，李林甫撰文，徐浩书，天宝三年（744）刻立，高8米多，现用三棵大木柱支撑着，为嵩山最大的石碑。

②二程：指北宋理学家程颐、程颢，曾在此讲过学。

③范阳：历史上曾数次以范阳为名设置郡县。治所也有变迁。唐天宝年间设范阳郡，唐代后期有范阳节

度使，皆在今北京城西南。唐初置范阳县，治今河北涿州市，历为涿州治所，至明初废入涿州。上谷：战国、秦、汉有上谷郡，治今河北怀来县东南。隋、唐亦置上谷郡，治今河北易县。

④螭（chī）：传说中一种没有角的龙，色黄，古代建筑常用它的形状作装饰。

⑤八分书：书法体的一种。李斯作小篆，程邈作隶书，王次仲割程邈字八分，取二分，割李斯字二分，取八分，别成一格，故称"八分书"。

⑥崇福宫：在万岁峰南麓，汉代建万岁观。宋时改名"崇福宫"，相传司马光曾在此写过《资治通鉴》。现为养鸡场，古碑仆卧地上，大石柱础犹存，当年著名的太乙泉水，现用水管引入围墙内饮用。

⑦启母石：今存。从轮廓看，平石系从主石上崩下来的，上平滑。两石间有碑一块，为隆庆三年（1569）监察御史蒋机立。其南稍远处有东汉延光二年（123）立启母阙，用长方形石条砌成，分东西两半。有石雕屋顶，现存篆书铭文及雕刻的画像六十余幅。

【译文】

二十二日　出了山，往东行五里，到达荒废的嵩阳宫遗址。遗址上只有郁郁葱葱、岿然如山的三棵将军柏，这是汉朝封的名称；大的一棵有七人围抱粗，中等的要五人围抱，小的三人围抱。柏树北边，有三排房屋，祭祀程颐、程颢两位先生。柏树西边，有一根旧殿石柱，大半截埋在土中，上面有很多宋代人的题名，可以分辨出来的有范阳人祖无择、上谷人寇武仲和苏才翁等数人。柏树西南，是石碑雄伟巨大，四面雕刻的龙形装饰图非常精致。右边是块唐代的石碑，碑文为裴迥撰写，徐浩用八分书书写。又往东走二里，经过崇福宫旧址，崇福宫又叫万寿宫，是宋朝宰相提点官处。再东边是启母石，有几间屋那么大，旁边有一块像磨刀石一样的平石。又往东走八里，回到中岳庙吃饭，观看宋代、元代的碑刻。

西八里，入登封县①。西五里，从小径西北行。又五里，入会善寺②，"茶榜"在其西小轩内，元刻也。后有一石碑仆墙下，为唐贞元《戒坛记》③，汝州刺史陆长源撰文，河南陆郢书。又西为戒坛废址，石上刻镂极精工，俱断委草砾。西南行五里，出大路，又十里，至郭店④。折而西南，为少林道。五里，入寺，宿瑞光上人房。

【注释】

①登封县：隶河南府，即今河南登封市。旧城在今市区西南部，主要街道作"十"字，部分城墙遗迹尚存。

②会善寺：今存，大殿为元代建筑。该寺为唐代著名天文学家一行出家的地方，寺西山坡上即为一行创建的戒坛遗址，今残存刻有金刚像的石柱一根。寺东山坡上有塔三座，其中一座为六角锥体五级彩色琉璃塔。

③贞元：唐德宗年号，共二十年（785—804）。

④郭店：今名同，在登封市西北，登封到偃师的公路旁。

【译文】

往西走八里，进入登封县。再往西走五里，顺小路往西北行。又五里，到会善寺，"茶榜"碑刻在寺中西边小屋里，是元代刻的。背后有一块石碑倒在墙脚，是唐朝贞元年间刻的《戒坛记》，碑文为汝州刺史陆长源撰写，河南人陆郢书写。再西边是荒废的戒坛遗址，石上的雕刻极其精致工整，但都残缺不齐地扔在荒草碎石之中。往西南行五里，出到大路上，又走十里，到达郭店。转向西南走，是去少林寺的路。五里，进入少林寺，在僧人瑞光房中住宿。

二十三日　云气俱尽。入正殿，礼佛毕，登南寨。南寨者，少室绝顶，高与太室等，而峰峦峭拔，负"九鼎莲花"之名。俯环其后者为九乳峰，蜿蜒东接太室，其阴则少林寺在焉①。寺甚整丽，庭中新旧碑森列成行，俱完善。夹墀二松②，高伟而整，如有尺度。少室横峙于前，仰不能见顶，游者如面墙而立，辄谓少室以远胜。余昨暮入寺，即问少室道，俱谓雪深道绝，必无往。凡登山以晴朗为佳。余登太室，云气弥漫，或以为仙灵见拒，不知此山魁梧，正须止露半面。若少室工于掩映，虽微云岂宜点涴？今则霁甚，适逢其会，乌可阻也！乃从寺南渡涧登山，六七里，得二祖庵③。山至此忽截然土尽而石，石崖下坠成坑。坑半有泉，突石飞下，亦以"珠帘"名之。余策杖独前，愈下愈不得路，久之乃达。其岩雄拓不如卢岩，而深峭过之。岩下深潭泓碧，僵雪四积。再上，至炼丹台。三面孤悬，斜倚翠壁，有亭曰小有天，探幽之屐，从未有抵此者。过此皆从石脊仰攀直跻，两旁危崖万仞，石脊悬其间，殆无寸土，手与足代匮而后得升④。凡七里，始跻大峰。峰势宽衍，向之危石，又截然忽尽为土。从草棘中莽莽南上，约五里，遂凌南寨顶，屏翳之土始尽。南寨实少室北顶，自少林言之，为南寨云。盖其顶中裂，横界南北，北顶若展屏，南顶列戟峙，其前相去仅寻丈，中为深崖，直下如剖。两崖夹中，坑底特起一峰，高出诸峰上，所谓摘星台也，为少室中央⑤。绝顶与北崖离倚，彼此斩绝不可度。俯瞩其下，一丝相属。余解衣从之，登其上，则南顶之九峰森立于前，北顶之半壁横障于后，东西皆深坑，俯不见底，罡风乍至⑥，几假翰飞去⑦。

【注释】

①少林寺：在少室山北面，背倚五乳峰，少林河从寺前流过，距登封城 13 公里，有公路相通。该寺始建于北魏，孝昌三年（527）印度僧人菩提达摩在此首传禅宗，少林寺成为中国佛教禅宗的祖庭，且以传授少林派拳术著称。常住院面积三万多平方米，1928 年军阀石友三放火烧寺，保存至今者主要有方丈、达摩亭，千佛殿的五百罗汉朝毗卢，白衣

殿的少林拳谱，十三和尚救唐王、紧那罗御红巾等壁画，还有三百余品碑刻和金属铸器。寺西有墓塔二百二十多座，层级、大小不同，形态万千，为我国现存最大的塔林。

②墀（chí）：台阶上面的空地。

③二祖庵：二祖即慧可，二祖庵在少林寺西南4公里的钵盂峰上。有古井四眼，俗称"卓锡泉"。南上里许即炼魔台，又称"觅心台"，为远眺风景的好地方。

④手与足代匮（kuì）：脚不够用而以手帮助。代匮，备缺乏以为代。

⑤少室：少室山，有三十六峰。南寨即今御寨山，为少室山绝顶，海拔1405米。

⑥罡（gāng）风：亦作"刚风"，即高空的强风。

⑦翰：天鸡红色的羽毛。

【译文】

二十三日　云雾完全散去。进正殿，拜完佛后攀登南寨。南寨是少室山绝顶，高度与太室山相等，但峰峦陡峭挺拔，享有"九鼎莲花"的盛名。低环在少室山后的是九乳峰，峰峦向东蜿蜒伸去，和太室山相连，少室山北面就是少林寺。少林寺十分庄严华丽，庭院中新旧碑刻森林般地排列成行，都很完好。台阶两侧的两棵松树，高大雄壮而且整齐，如同用尺量裁过一样。少室山横障在寺前，抬头看不到山顶，游人像面对墙壁而立，于是就认为少室山的景致，以远看为好。我昨天傍晚进寺时，就打听登少室山的路，都说雪深路断，肯定去不了。一般情况，在晴朗的天气登山最好。我登太室山时，云烟雾气弥漫，有人认为是山神拒绝游客，却不知道太室山雄伟高大，恰好只需露出半面。如果少室山的优美之处在于山石云雾互相掩映，那么，虽然是薄薄的云彩，山色又怎能被遮蔽呢？今天则十分晴朗，巧遇这样的机会，有什么能够阻止我登山呢！于是从寺南渡过山涧登山，走六七里，到达二祖庵。到这里山忽然明显没有土而全是石头，石崖往下坠落，形成深坑。坑的半中腰有泉，泉水越过岩石，飞速下泻，也用"珠帘"命名。我挂着拐杖独自往前走，愈下去愈没有路，很久才到崖底。其岩比不上卢岩雄伟开阔，但幽深峻峭则超过卢岩。岩下一潭碧绿的清泉，四周积雪板结。又往上走，到炼丹台。台三面悬空，一面斜靠青翠的崖壁，台上有亭，名小有天，游人的足迹，从来没到过这里。从这里过去都是顺石脊抬着头直直往上攀登，两旁陡岩高万仞，石脊悬挂在陡崖之中，几乎没有一寸土，手足竭尽全力地交替使用，才能攀登。一共七里，才登上大峰。大峰的地势宽阔平坦，刚才都是陡直的岩石，现在又突然全是土。从草丛荆棘中莽撞地往南攀登，大约五里，就登上南寨顶，屏蔽在岩石上的土到这里完全消失。南寨其实是少室山北顶，就少林寺而言，才是南寨。原来少室山顶从中裂开，横断为南北两部分，北顶像屏风伸展，南顶像利刃排列峙立，两座山顶前沿相距仅八尺到一丈，中间是深谷，陡直下陷如同用刀剖开一样。两边山崖相夹，从底部奇特地耸起一座山峰，高出众峰之上，就是所说的摘星台，为少室山的正中央。绝顶和北部山崖若即若离，彼此间断开不能越过。低头看绝顶下面，只有很少的一点儿和北崖相连。我脱掉衣服顺着走，登上绝顶，南顶的九峰森林般地峙立在前面，北顶的半壁屏障横列在后面，东西两面都是深坑，低头看不见底，狂风忽然刮来，令人几乎想像羽毛那样乘风飞去。

从南寨东北转，下土山，忽见虎迹大如升。草莽中行五六里，得茅庵，击石炊所携米为粥，啜三四碗，饥渴霍然去①。倩庵僧为引龙潭道。下一峰，峰脊渐窄，土石间出，棘蔓翳之，悬枝以行，忽石削万丈，势不可度。转而上跻，望峰势蜿蜒处趋下，而石削复如前。往复不啻数里，乃迂过一坳，又五里而道出，则龙潭沟也。仰望前迷路处，危崖欹石，俱在万仞峭壁上。流泉喷薄其中，崖石之阴森崭巖者，俱散成霞绮。峡夹涧转，两崖静室如蜂房燕垒。凡五里，一龙潭沉涵凝碧，深不可规以丈。又经二龙潭，遂出峡，宿少林寺。

【译文】

①霍然：急速，快。

【译文】

沿南寨往东北转，下土山，忽然看见有升那么大的老虎足迹。在草丛中行五六里，到茅庵，用打火石取火，把带来的米煮成粥，喝了三四碗，饥渴迅速消失。请庵中的僧人指引去龙潭的路。下一座峰，峰脊渐渐狭窄，土石交互出现，荆棘藤蔓覆盖，抓着树枝荡着行走，岩石忽然耸立万丈，必定过不去。转向上攀，从峰势蜿蜒处往下走，但岩石又像前面一样陡然突立。来来回回不止数里，才迂绕过一道山坳，又走五里后才有路，是龙潭沟。仰望刚才迷路之处，陡峭的崖壁、倾斜的岩石，都在万仞高的绝壁上。清流从中喷涌，高峻阴森的崖石，都披上了云霞。峡谷夹着山涧转，两边崖上的静室如同蜂房燕窝一样。共走了五里，一处幽静碧绿的龙潭，深得无法丈量。又经过两处龙潭，于是走出峡谷，住在少林寺。

二十四日　从寺西北行，过甘露台，又过初祖庵。北四里，上五乳峰，探初祖洞。洞深二丈，阔杀之①，达摩九年面壁处也②。洞门下临寺，面对少室。地无泉，故无栖者。下至初祖庵③，庵中供达摩影石。石高不及三尺，白质黑章，俨然西僧立像。中殿六祖手植柏④，大已三人围，碑言自广东置钵中携至者。夹墀二松亚少林。少林松柏俱修伟，不似岳庙偃仆盘曲⑤，此松亦然。下至甘露台，土阜蠹起，上有藏经殿。下台，历殿三重，碑碣散布⑥，目不暇接。后为千佛殿，雄丽罕匹。出饭瑞光上人舍。策骑趋登封道，过轘辕岭⑦，宿大屯⑧。

【注释】

①杀（shài）：减，少。

②达摩："菩提达摩"的简称。相传为南天竺人，南朝宋末航海到广州，梁武帝迎至金陵，与谈佛理。后往北魏，住嵩山少林寺，被认为中国佛教禅宗的初祖。

③初祖庵：宋时少林寺僧徒为纪念禅宗初祖达摩修造的，今存大殿和千佛阁。古柏亦无恙，高二十多米，胸围四米余。

④六祖：指慧能，唐代僧人。本姓卢，生于南海新兴（今属广东），为中国佛教禅宗的实际创立者，被尊为禅宗第六祖。他的一派为禅宗南宗，传承很广，为禅宗正系。

⑤偃仆：仰而倒称"偃"，伏而覆为"仆"。

⑥碑碣：人工竖立的刻有文字的石头，作为纪念物，或标记、文告用。方者称"碑"，圆者称"碣"。

⑦辕辕岭：在登封市西北，有辕辕关，石径崎岖，长坡数里，地势险要，为许昌到洛阳的交通要道，公路今仍从此经过。

⑧大屯：今名同，在偃师市高龙镇稍东。

【译文】

二十四日　从寺西边往北行，经过甘露台，又经过初祖庵。往北四里，登上五乳峰，探游初祖洞。洞有二丈深，宽不到二丈，是达摩面壁九年的地方。洞门下对少林寺，正对少室山。地下没有泉水，所以没人居住。往下到初祖庵，庵中供奉着达摩影石。影石不到三尺高，白色的石质、黑色的花纹，俨然一幅西僧站立的图像。中殿六祖慧能亲手种植的柏树，已经有三人围抱粗了，碑文记载说，树是慧能放在钵中从广东带到这里来的。台阶两侧的两棵松树不如少林寺的松树。少林寺的松柏都是挺拔雄伟，不像中岳庙的仰倒、仆伏而盘曲，这里的松柏也是直立的。下到甘露台，土山矗立，山上有藏经殿。从甘露台下去，经过三层殿宇，各种碑刻遍布，令人目不暇接。后面有千佛殿，其雄壮华丽的建筑，很少有比得上的。出殿到僧人瑞光房中吃饭。鞭赶着马走上登封的大路，经过辕辕岭，在大屯住宿。

二十五日　西南行五十里，山冈忽断，即伊阙也①。伊水南来经其下，深可浮数石舟。伊阙连冈，东西横亘，水上编木桥之。渡而西，崖更危耸。一山皆劈为崖，满崖镌佛其上。大洞数十，高皆数十丈。大洞外峭崖直入山顶，顶俱刊小洞，洞俱刊佛其内。虽尺寸之肤，无不满者，望之不可数计②。洞左，泉自山流下，汇为方池，余泻入伊川。山高不及百丈，而清流淙淙不绝，为此地所难。伊阙摩肩接毂③，为楚、豫大道，西北历关陕。余由此取西岳道去。

【注释】

①伊阙：在今河南洛阳市南 12 公里处。青山对峙，形如门阙，伊水经其间，从南往北流，故称"伊阙"。《明史·地理志》：洛阳"西南有阙塞山，亦曰阙口山，亦曰伊阙山，俗曰龙门山"。

②"一山皆劈为崖"十句：此即著名的龙门石窟，始凿于北魏，断续大规模营造达四百多年。现存窟龛二千一百多个，造像十万余尊，造像题记三千六百多块。主要洞窟在河西，以唐代所凿奉先寺佛像为最大。香山寺和著名诗人白居易的墓在河东。河上新建有水泥大桥相连。

③摩肩接毂（gǔ）：人肩挤摩，车毂碰接，比喻其繁盛。毂，车轮中心有窟窿可以插轴的部分。

【译文】

二十五日　往西南行五十里，山冈忽然被劈断，这就是伊阙山。伊水从南边流来经过山下，水的深度可以通行载重数石的船。伊阙山相连的山冈，从东往西横贯，伊水上架有木桥。渡水到西岸，崖壁更加陡削、高耸。一座山都劈成崖壁，整个崖壁上全部雕刻有佛像。有几十个大洞，高达数十丈。大洞外峭壁直插山顶，顶上又凿有小洞，洞中都雕刻有佛像。即使是一尺一寸大小的表层，也都雕满了，看上去无法计算。山洞左边，泉水从山上流下来，汇聚成方池，其余的泻入伊水。伊阙山高不过百丈，却有源源不断的淙淙清流，这在当地很难得。山前人挤着人，车挨着车，是湖北、河南通往西北陕西关中的大路。我从这里取道去西岳华山。

游太华山日记 陕西西安府华阴县

　　太华山，即华山，远望如花擘空，因名。因其西有少华山，故称"太华山"。在陕西华阴市南，属秦岭东段，北临渭河平原，高出众山，壁立千仞，以险绝著称。主峰有三：东峰又名"朝阳峰"，南峰又名"落雁峰"，西峰又名"莲花峰"。北峰、中峰也很著名。北峰又名"云台峰"，即《游记》所称"白云峰"。中峰又名"玉女峰"。西安府，为陕西布政司治所，即今陕西西安市。明代城墙、门楼、钟楼、鼓楼等，至今保存完好，为明城保存最完整的地方，已被列为全国重点文物保护单位。

　　《游太华山日记》是天启三年（1623）徐霞客游太华山在陕西境内沿途的游记。徐霞客于二月的最末一天进入潼关，到华山北麓的西岳庙，三月初三日下华山，过华阴县。初四日进入洛南县境。初七日至龙驹寨，从此取丹江水路，初十日出陕西界。

　　徐霞客经玉泉院、莎萝宫、青柯坪，历千尺幢、百尺峡、老君犁沟、苍龙岭等险道，游遍华山顶上五峰，对华山的形势和景物作了准确的描述。该篇虽名《游太华山日记》，但所记不止华山一地一景。这是徐霞客第一次逐日完整记述一个省的游程，他已不局限了旅游名山，开始了系统观察自然和描述自然。该篇记载了陕西东南部的山形地貌、水道源流、州县辖境、水陆交通、关隘险阻，兼及作物、花果等，内容丰富，文字洗炼，记述准确。

二月晦　入潼关，三十五里，乃税驾西岳庙①。黄河从朔漠南下②，至潼关③，折而东。关正当河、山隘口，北瞰河流，南连华岳，惟此一线为东西大道，以百雉锁之④。舍此而北，必渡黄河，南必趋武关，而华岳以南，峭壁层崖，无可度者。未入关，百里外即见太华屼出云表；及入关，反为冈陇所蔽。行二十里，忽仰见芙蓉片片，已直造其下。不特三峰秀绝，而东西拥攒诸峰，俱片削层悬。惟北面时有土冈，至此尽脱山骨，竟发为极胜处。

【注释】

①西岳庙：在华阴市东 1.5 公里的岳镇东端，亦称"华阴庙"，建筑宏伟，庙内碑刻很多。

②朔（shuò）漠：北方沙漠之地。

③潼关：历史上的潼关，即《游记》中所描述的潼关，在今风陵渡对岸的黄河边，陕西潼关县的港口。因修三门峡水库，潼关县治迁至吴村。

④百雉（zhì）：雉，为古代计算城墙的单位，以长三丈、高一丈为一雉。《左传》："都城过百雉。"此处所用"百雉"，即指长而高的城墙。

【译文】

二月底　进入潼关，走了三十五里，就在西岳庙停宿。黄河从北方沙漠地带往南奔流，到潼关后转向东流。潼关正好位于狭窄险要的黄河、华山口，北边俯瞰黄河水，南边和华山相连接，只有潼关这狭窄的通道是横贯东西的大路，由长而高大的城墙封锁着。如果不走潼关往北去，就必须横渡黄河，往南则必须从武关走，而华山以南，崖壁层叠陡峭，没有路穿越。还没进入潼关时，在百里之外就看见华山突兀高出云上；等入了潼关，华山反而被低冈小山遮蔽了。走了二十里，一抬头，忽然看到一座座美如荷花的华山山峰，原来已经直达华山下。华山不仅落雁、朝阳、莲花三峰秀美无比，而且聚集、簇拥在东西两边的众峰，也都是刀削层悬的石片。只有北面不时出现的土冈，到此时才完全露出岩石，争相显示最美的景色。

三月初一日　入谒西岳神，登万寿阁。向岳南趋十五里，入云台观。觅导于十方庵。由峪口入①，两崖壁立，一溪中出，玉泉院当其左②。循溪随峪行十里，为莎萝宫，路始峻。又十里，为青柯坪③，路少坦。五里，过寥阳桥，路遂绝。攀锁上千尺幢④，再上百尺峡。从崖左转，上老君犁沟⑤，过猢狲岭⑥。去青柯五里，有峰北悬深崖中，三面绝壁，则白云峰也。舍之南，上苍龙岭⑦，过日月岩。去犁沟又五里，始上三峰足。望东峰侧而上，谒玉女祠⑧，入迎阳洞。道士李姓者，留余宿。乃以余暑上东峰⑨，昏返洞。

【注释】

①峪（yù）：北方称呼山谷为"峪"。

②玉泉院：今名同，在华山北麓谷口，为登华山必经

之路。

③青柯坪：在华山谷道尽头，是上山途中唯一比较平坦的地方，有东道院和通仙观可憩息食宿。

④锁：铁链。千尺幢（chuáng）：今名同，为华山咽喉。两面峭壁，当中一条狭隘的石缝，中间凿出陡峻的踏步，两边挂着铁链供游人拉牵。接近幢顶处有铁板可以启闭。

⑤老君犁沟：东为绝壁，西为深壑，自上而下，共五百七十余级。相传老子修道时，见人们开山凿道不易，便驱其乘牛一夜犁成此道，故名。

⑥猢狲岭：即猢狲愁。崖壁陡峭，传说以前从华山水帘洞出来的猿猴，每到此即返回，连它们也难于通过，故名。

⑦苍龙岭：今名同，为登华山最险的地段。系一条狭而且长的山脊，南北长达1500米，踏步狭处仅尺许，两旁为深谷，游人必须牵住铁链前进。

⑧玉女祠：在中峰玉女峰。

⑨晷（guǐ）：原意为日影。古人测日影以定时刻，故又引申为时间。

【译文】

三月初一日　进庙拜西岳华山之神，登上万寿阁。朝华山南面走十五里，进云台观。在十方庵找到向导。从山谷口往里走，两边山崖壁立，一股溪水在山谷中流淌，玉泉院位于溪水左岸。跟着溪流沿山谷行走十里，到莎萝宫，道路开始陡峻。又走十里，到青柯坪，道路稍显平坦。走五里，过寥阳桥后，路就断了。攀援铁链登上千尺幢，再上到百尺峡。顺崖往左转，登上老君犁沟，越过猢狲岭。距离青柯坪五里处，有座山峰悬立在北面的深谷中，山峰三面全是绝壁，这就是白云峰。我放弃白云峰而往南走，登上苍龙岭，经过日月岩。距离老君犁沟又五里，开始登三峰足。看着东峰侧边往上走，到玉女祠谒拜，进入迎阳洞。一个姓李的道士，留我住下来。于是用剩下的时间攀登东峰，天黑才回到迎阳洞。

初二日　从南峰北麓上峰顶，悬南崖而下，观避静处。复上，直跻峰绝顶①，上有小孔，道士指为仰天池。旁有黑龙潭。从西下，复上西峰。峰上石耸起，有石片覆其上如荷叶。旁有玉井甚深，以阁掩其上，不知何故。还饭于迎阳。上东峰，悬南崖而下，一小台峙绝壑中，是为棋盘台。既上，别道士，从旧径下，观白云峰，圣母殿在焉。下至莎萝坪，暮色逼人，急出谷，黑行三里，宿十方庵。出青柯坪，左上有杯渡庵、毛女洞；出莎萝坪，右上有上方峰；皆华之支峰也。路俱峭削，以日暮不及登。

【注释】

①"直跻"句：南峰为华山绝顶，海拔2160米。峰顶有老君洞，洞北有泉，冬夏不竭，称"仰天池"。

【译文】

初二日　从南峰北麓登上峰顶，顺南面山崖悬空坠落而下，观看避静处。又上山，直登南峰绝顶，顶上有个小洞，道士指名为仰天池。旁边有黑龙潭。从西面下山，又登上西峰。峰上岩石耸立，有荷叶般的石片覆盖在岩石上。旁边有很深的玉井，井上盖有阁楼，不知为什么这样。返回迎阳洞吃饭。登上东峰，从南面山崖悬空坠落而下，有一座小平台峙立在极陡的壑谷中，这就是棋盘台。登峰顶后，和道士告别，从原路下山，观览白云峰，圣母殿就建在那里。下到莎萝坪，暮色逼人，急忙走出山谷，摸黑行三里，在十方庵住宿。出青柯坪往左上去，有杯渡庵、毛女洞；出莎萝坪往右上去，有上方峰；全是华山的支峰。路都很陡峻，因天黑来不及攀登。

初三日　行十五里，入岳庙。西五里，出华阴西门①，从小径西南二十里，入泓峪，即华山之西第三峪也。两崖参天而起，夹立甚隘，水奔流其间。循涧南行，倏而东折②，倏而西转。盖山壁片削，俱犬牙错入，行从牙罅中，宛转如江行调舱然。二十里，宿于木杯。自岳庙来，四十五里矣。

【注释】

①华阴：明为县，隶西安府华州，即今陕西华阴市，在陇海铁路线上。

②倏（shū）：极快地。

【译文】

初三日　行十五里，到岳庙。往西走五里，从华阴县城西门出去，顺小路往西南走二十里，进入泓峪，这是华山西边的第三座山谷。山谷两边的崖壁参天而起，夹谷而立，十分狭窄，溪水在谷中奔流。沿山涧往南行，一会儿转向东，一会儿转向西。因岩壁像石片，互相犬牙交错，道路在石片缝中穿行，转来转去，人如在弯曲的江上行船，要不断调整航向一样。走二十里，在木杼住宿。从岳庙出来，已经走了四十五里路。

初四日　行十里，山峪既穷，遂上泓岭。十里，蹑其巅。北望太华，兀立天表。东瞻一峰，嵯峨特异，土人云赛华山。始悟西南三十里有少华^①，即此山矣。南下十里，有溪从东南注西北，是为华阳川^②。溯川东行十里，南登秦岭，为华阴、洛南界。上下共五里。又十里为黄螺铺^③。循溪东南下，三十里，抵杨氏城^④。

【注释】

①少华：少华山，今名同，在华县城东南5公里处，比太华山低小。有三峰，西为独秀峰，中为玉女峰，东为半截山。

②华阳川：今仍称"华阳"，在华阴市西南隅。

③黄螺铺：今又作"黄龙铺"，在洛南县西北隅。

④杨氏城：今作"杨诗城"，在洛南县北境，石门河东岸。

【译文】

初四日　行十里，走完山谷后，就登泓岭。十里，上到泓岭顶。往北望太华山，高高地耸入天际。往东看到一座山峰，山势高峻得特别出众，当地人说是赛华山。我才醒悟到西南三十里有少华山，指的就是这座山了。往南下十里，有条溪水从东南向西北流淌，这是华阳川。溯川流往东走十里，往南攀登秦岭，进入华阴县、洛南县境。一上一下共五里。又走十里到黄螺铺。顺着溪水往东南下，走三十里，到达杨氏城。

初五日　行二十里，出石门^①，山始开。又七里，折而东南，入隔凡峪。西南二十里，即洛南县峪^②；东南三里，越岭，行峪中。十里出山，则洛水自西而东，即河南所渡之上流也。渡洛复上岭，曰田家原。五里，下峪中，有水自南来入洛。溯之入，十五里，为景村^③。山复开，始见稻畦。过此仍溯流入南峪，南行五里，至草树沟。山空日暮，借宿山家。

【注释】

①石门：今名同，在洛南县北境。

②洛南县：隶西安府商州，即今陕西洛南县。

③景村：今名同，在洛南县东南境。

【译文】

初五日　行二十里，出了石门，山才开阔。又走了七里，转向东南，进入隔凡峪。从此往西南二十里，就是洛南县城所在的山谷；往东南三里，越过山岭，在山谷中行走。十里，出了山，而洛水从西向东流，就是在河南所渡河水的上游。渡过洛水后又上岭，名田家原。走五里，下到山谷中，有水从南边流来注入洛水。溯水流往里走，十五里，到景村。山又开阔起来，开始看得见稻田。过景村后仍然溯流而行，进入南峪，往南行五里，到草树沟。山上空荡荡的，太阳又落山了，在山里人家借宿。

自岳庙至木柸，俱西南行，过华阳川则东南矣。华阳而南，溪渐大，山渐开，然对面之峰峥峥也①。下秦岭，至杨氏城，两崖忽开忽合，一时互见，又不比木柸峪中，两崖壁立，有回曲无开合也。

【注释】

①峥峥（zhēng）：高峻。

【译文】

从岳庙到木柸，一直往西南走，过了华阳川则往东南走。从华阳川往南，水渐渐大了，山渐渐开阔，然而对面的山峰则十分高峻。下秦岭，到杨氏城，两旁的山崖忽然分开，忽然又合拢，分合在短时间内交错出现，又和木柸的山谷不一样，那里两边的山崖壁立，有迂回曲折而没有分开合拢的景观。

初六日　越岭两重，凡二十五里，饭坞底岔。其西行道，即向洛南者。又东南十里，入商州界①，去洛南七十余里矣。又二十五里，上仓龙岭②。蜿蜒行岭上，两溪屈曲夹之。五里，下岭，两溪适合。随溪行老君峪中，十里，暮雨忽至，投宿于峪口。

【注释】

①商州：隶西安府，即今陕西商洛市商州区。

②仓龙岭：即今蟒蛉。疑"仓龙"为"苍龙"。

【译文】

初六日　翻越两重岭，一共走了二十五里，到坞底岔吃饭。坞底岔往西去的路，通向洛南县。我又往东南走十里，进入商州境，距离洛南县有七十多里。又走二十五里，登上仓龙岭。在曲折蜿蜒的岭上行走，两边是弯弯曲曲的溪流。走五里，下岭，两条溪水恰巧汇合。跟着溪流在老君峪中行走，十里，天已傍晚，雨忽然降落，在老君峪口投宿。

初七日　行五里，出峪。大溪自西注于东①，循之行十里，龙驹寨②。寨东去武关九十里③，西向商州，即陕省间道④，马骡商货，不让潼关道中。溪下板船，可胜五石舟。水自商州西至此，经武关之南，历胡村，至小江口入汉者也⑤。遂趋觅舟。甫定⑥，雨大注，终日不休，舟不行。

【注释】

①此大溪明代称"丹水"，即今丹江。

②龙驹寨：隶商州。今名同，为陕西丹凤县治。

③武关：今名同，在陕西丹凤县东隅，有公路经过。

④间（jiàn）道：偏僻但是捷直的小路。

⑤小江口：今称"江口"，在湖北均县丹江汇入汉水处。

⑥甫（fǔ）：方才。

【译文】

初七日　行五里，走出山谷。一条大溪从西向东流，沿溪走十里，到龙驹寨。寨东边距离武关九十里，西边通商州，是去陕西的小路，路上来往的骡马、商人、货物，不比潼关大路上的逊色。溪流中的板船，可以承受五石重量。溪水从商州西边流到这里，经过武关后往南流，过胡村，到小江口汇入汉水。于是寻找船。刚刚定好船只，天下起大雨，一整天没停，船不能航行。

初八日　舟子以贩盐故，久乃行。雨后，怒溪如奔马，两山夹之，曲折萦回，轰雷入地之险，与建溪无异。已而雨复至。午抵影石滩①，雨大作，遂泊于小影石滩。

【注释】

①影石滩：即今月日滩，在丹凤县稍南。

【译文】

初八日　船夫因为贩卖盐，很久后才起航。大雨之后，溪流水势大，如万马奔腾，夹在两边的山崖之中，曲折盘旋，响如雷鸣地流入险要地段，和建溪没有什么不同。不一会儿，天又下起了雨。下午到达影石滩，雨大起来，于是停泊在小影石滩。

初九日　行四十里，过龙关①。五十里，北一溪来注，则武关之流也②。其地北去武关四十里，盖商州南境矣。时浮云已尽，丽日乘空，山岚重叠竞秀。怒流送舟，两岸秾桃艳李，泛光欲舞，出坐船头，不觉欲仙也。又八十里，日才下午，榜人以所带盐化迁柴竹③，屡止不进。夜宿于山涯之下。

【注释】

①龙关：即今竹林关，在丹凤县南境，银花河汇入丹江处。

②武关之流：即今武关河。

③榜（bàng）人：摇船的人。榜，即棹，摇船的工具。

【译文】

初九日　航行四十里，经过龙关。五十里，一条溪水从北边流入，是武关的河流。这里往北距离武关四十里，是商州南部边境。此时浮云散尽，丽日当空，雾气笼罩的山峰层峦叠嶂，争相秀美。奔腾的水流推动航船，两岸盛开的桃花、李花浓淡相间，沐浴在阳光中，像在翩翩起舞，走出船舱到船头坐下，不觉飘飘欲仙。又航行八十里，时间才到下午，摇船的人用所带的盐交换柴、竹，多次停船不行。当夜住宿在山下水边。

初十日　五十里，下莲滩。大浪扑入舟中，倾囊倒箧，无不沾濡①。二十里，过百姓滩，有峰突立溪右，崖为水所摧，岌岌欲堕②。出蜀西楼③，山峡少开，已入南阳淅川境④，为秦、豫界⑤。三十里，过胡村。四十里，抵石庙湾⑥，登涯投店。东南去均州，上太和，盖一百三十里云。

【注释】

①沾濡（rú）：被水沾湿。

②岌岌（jí）：山高峻危险的样子。

③蜀西楼：今作"梳洗楼"，在商南县东南隅。

④南阳：明置南阳府，治南阳，即今河南南阳市。淅川：成化六年（1470）析内乡县地置淅川县，隶南阳府，治所在今河南淅川县西南境，丹江北岸的老城，今亦称"淅川"。

⑤秦：陕西省的简称。豫：河南省的简称。

⑥石庙湾：今名同，在河南淅川县西隅，丹江西岸。

【译文】

初十日　航行五十里，到莲滩。大浪打进船舱，口袋、箱柜倒斜，全都被水打湿了。航行二十里，过百姓滩，河右岸突立着山峰，峰崖被水流冲击，岌岌欲堕。船出了蜀西楼，山谷稍稍开阔，不久便驶入南阳府的淅川县境，为陕西、河南两省的分界处。船行三十里，过胡村。四十里，到达石庙湾，上岸找旅店投宿。这里东南距离均州，上太和山，约一百三十里。

游太和山日记 湖广襄阳府均州

　　太和山即武当山，相传真武曾修炼于此，为道教名山，亦以传授武当派拳术著称。明永乐中尊为太岳。亦称"玄岳"。在湖北丹江口市南境，有72峰、36岩、24洞、11洞、10池、9井等自然风景。明初殿宇规模甚大，现基本保持明初形成的建筑体系，有太和、南岩、紫霄、遇真、玉虚、五龙等六宫，复真、元和二观，铜铸的金殿颇具特色。全山游程达60公里。湖广为明代十三布政司之一，辖境大体包括今湖北、湖南两省地，布政司治所武昌府，即今湖北武汉市长江南岸的武昌。襄阳府治今湖北襄阳市汉水南岸的襄城区，城墙今存。

　　《游太和山日记》是天启三年（1623）徐霞客游太和山留下来的游记。徐霞客于三月十一日进入湖广境，十二日往南抵均州，十三日登山，沿途游遇真宫、紫霄宫、南岩、太和宫、五龙宫，览滴水、仙侣、凌虚诸岩，登绝顶天柱峰金顶，十五日下山，仍返至北麓草店。以后越二十四日，取汉水、长江舟行，于四月初九日抵家，结束了这次河南、陕西、湖北的长途旅行。

　　徐霞客不但记录了受到明代皇室尊崇的宫观建筑"规制宏整"，也揭露统治者"需索香金，不啻御夺"的行为。他对山上植被保存完好印象深刻，对珍稀树种榔梅更有详尽的记述。他把嵩山、华山、太和山地区的植被和气候进行对比，指出不同地域植被的水平差异、平原山地间植被的垂直差异及社会因素对森林保护的影响，从各方面探讨"山谷川原，候同气异"的道理。

十一日　登仙猿岭。十余里，有枯溪小桥，为郧县境①，乃河南、湖广界。东五里，有池一泓，曰青泉，上源不见所自来，而下流淙淙，地又属淅川。盖二县界址相错，依山溪曲折，路经其间故也。五里，越一小岭，仍为郧县境。岭下有玉皇观、龙潭寺。一溪滔滔自西南走东北，盖自郧中来者。渡溪，南上九里冈，经其脊而下，为蟠桃岭。溯溪行坞中十里，为葛九沟。又十里，登土地岭，岭南则均州境。自此连逾山岭，桃李缤纷，山花夹道，幽艳异常。山坞之中，居庐相望，沿流稻畦②，高下鳞次，不似山、陕间矣。但途中蹊径狭，行人稀，且闻虎暴，日方下春，竟止坞中曹家店③。

【注释】

①郧县：明统治者在残酷镇压了规模巨大的荆襄流民起义后，于成化十二年（1476）设郧阳府，辖郧县、房县、竹山、竹溪、上津、郧西、保康等七县，治郧县，即今湖北郧县。

②畦（qí）：田园中划分的小区。

③曹家店：今名同，在丹江口市北隅。

【译文】

　　十一日　攀登仙猿岭。走了十多里，到枯溪小桥，属于郧具境，是河南、湖广布政司的分界处。往东走五里，有一片澄澈的池水，名青泉，不见水源从哪里流来，却见下游淙淙流淌。这地方又属于淅川县两县边界互相交错，依照山势、溪流曲折划分，所以道路在两县之间穿行。走五里，翻过一道小岭，仍然属于郧县境。岭下有玉皇观、龙潭寺。一股溪水滔滔不绝地从西南往东北奔流，大概是郧县中部流过来的。渡过溪水，往南登九里冈，越过冈脊往下走，为蟠桃岭。溯溪水沿山坞行十里，为葛九沟。又走十里，攀登土地岭，岭南边是均州境。从这里接连不断地翻山越岭，沿途桃花、李花缤纷，山花盛开在道路两旁，景色异常幽雅、艳丽。山坞之中，居庐相望，溪流两岸的一块块稻田，高低分布得如同鱼鳞一样整齐，和山西、陕西一带的稻田不一样。只是途中所走的小路很狭窄，行人稀少，而且听说有老虎害人，太阳正要落山，于是就在坞中的曹家店住宿。

十二日　行五里，上火龙岭。下岭随流出峡，四十里，下行头冈。十五里，抵红粉渡，汉水汪然西来，涯下苍壁悬空，清流绕面。循汉东行，抵均州①。静乐宫当州之中，踞城之半，规制宏整。停行李于南城外，定计明晨登山。

【注释】

①均州：隶襄阳府，因武当山而著名，附郭县原名武当县，治所在今湖北丹江口市西境、汉水南岸的关门岩，修建丹江口水库时迁走。

【译文】

十二日　行五里，登上火龙岭。下岭后顺着水流走出峡谷，四十里，下到行头冈。又走十五里，抵达红粉渡，汉水水势浩荡地从西边流来，岸边苍壁悬空，清流环绕。沿汉水往东走，到达均州。静乐宫位于州城正中，占据了一半城，规模宏大、建筑庄严。把行李放在南城外，决定明天早晨登山。

十三日　骑而南趋，石道平敞。三十里，越一石梁，有溪自西东注，即太和下流入汉者。越桥为迎恩宫，西向。前有碑大书"第一山"三字，乃米襄阳笔①，书法飞动，当亦第一。又十里，过草店②，襄阳来道，亦至此合。路渐西向，过遇真宫③，越两隘下，入坞中。从此西行数里，为趋玉虚道④；南跻上岭，则走紫霄间道也。登岭。自草店至此，共十里，为回龙观⑤。望岳顶青紫插天，然相去尚五十里。满山乔木夹道，密布上下，如行绿幕中。

【注释】

①米襄阳：即米芾（fú，1051—1107），宋代著名画家和书法家。初名黻，字元章，号襄阳漫士、鹿门居士、海岳外史等。世居太原，后迁樊城，后又定居润州（今江苏镇江）。米芾的居地与襄阳城隔河相对，抬头即可欣赏汉水的烟波和重叠的山峦，这样的环境对他的创作有很大帮助，故世称"米襄阳"。米芾擅长书画，多用水墨点染，独创风格，人称"米氏云山"。他的儿子米友仁发展其画法，形成

"米派"。今襄阳市米姓后人很多，还有米庄。米公祠在樊城西隅，珍藏有数十块米芾书法碑刻，为湖北省重点文物保护单位。

②草店：今名同，在丹江口市西境，铁路北侧。

③遇真宫：在武当山北麓，武当山大门石制玄岳坊南1公里处，殿内供张三丰坐像。

④玉虚：玉虚宫，是武当山建筑群中最大的宫城之一。玉带河潆回，红墙环绕，碑亭高耸。据说明末农民起义军领袖李自成曾在此扎营，至今仍称"老营宫"。襄渝铁路从旁边经过，并有老营宫站。

⑤回龙观：应即今元和观，系由老路上山必经之地。

【译文】

十三日　骑马往南急行，石头路平坦宽敞。走三十里，越过一座石桥，桥下的水从西向东流，就是从太和山流入汉水的溪流。过桥后是迎恩宫，宫门向西。前面有一块书写着"第一山"三个大字的石碑，是居住在襄阳的米芾的手笔，书法飞扬灵活，应当也是天下第一。又走十里，经过草店，从襄阳伸来的路，也在这里会合。道路渐渐朝西走，经过遇真宫，越过两处险要的地方往下走，进入山坞。从这里往西行数里，是去玉虚宫的路；往南向上登岭，则是去紫霄宫的小路。登岭。从草店到这里，一共走十里，为回龙观。遥望山顶，呈一片青紫色，插入云天，但相距还有五十里。满山都是高大的树木，夹在道路两旁，密布山上山下，上山如同在绿幕中穿行。

从此沿山行，下而复上，共二十里，过太子坡①。又下入坞中，有石梁跨溪，是为九渡涧下流②。上为平台十八盘，即走紫霄登太和大道；左入溪，即溯九渡涧，向琼台观及八仙罗公院诸路也。峻登十里，则紫霄宫在焉③。紫霄前临禹迹池，背倚展旗峰，层台杰殿，高敞特异。入殿瞻谒。由殿右上跻，直造展旗峰之西④。峰畔有太子洞、七星岩，俱不暇问。共五里，过南岩之南天门。舍之西，度岭，谒榔仙祠。祠与南岩对峙，前有榔树特大，无寸肤，赤干耸立，纤芽未发。旁多榔梅树⑤，亦高耸，花色深浅如桃杏，蒂垂丝作海棠状。梅与榔本山中两种，相传玄帝插梅寄榔，成此异种云。

【注释】

①太子坡：即复真观，今存，为登金顶的孔道。

②九渡涧：又称"剑河"。河上桥名"天津桥"，又称"剑河桥"，系三孔石桥，建于明永乐年间。

③紫霄宫：背倚展旗峰，为武当山保存较完整的宫观之一，有龙虎殿、碑亭、十方堂、紫霄殿、父母殿，两侧有东宫、西宫，崇台依山迭砌，殿宇雄，环境幽。

④造：到，往。

⑤榔梅：果名。《襄阳志》："榔梅在太和山。相传真武折梅枝寄榔树上，仰天誓曰：'吾道若成，花开果结。'后竟如其言。今树尚存。"

【译文】

从这里沿山行走，下了又上，一共二十里，经过太子坡。又下到坞中，有座石桥横跨溪水，这是九渡涧的下游。往上为平台十八盘，就是去紫霄宫、攀登太和山的大路；往左边顺溪水往里走，就是溯九渡涧，到琼台观和八仙罗公院等处的路。攀登了十里陡峻的山路，就到了紫霄宫所在地。紫霄宫前面正对禹迹池，背后傍靠展旗峰，平台层叠，殿宇非凡，特别高大宽敞。进殿观览、祭拜。从殿右往上攀，直接上到展旗峰的西面。峰附近有太子洞、七星岩，都没有时间光顾。一共走五里，经过南岩的南天门。放弃游览南天门而往西走，越过岭，到榔仙祠谒拜。榔仙祠和南岩相对峙，祠前有棵特别高大的榔树，一点儿树皮也没有，光滑地耸立着，没发一丝芽。旁边有很多榔梅树，也都高高耸立，榔梅花的颜色和桃花杏花一样深浅，垂丝的花蒂则是海棠花形状。梅树和榔树本来是山中的两种树，相传真武帝折梅花寄生在榔树上，形成了榔梅这奇异的树种。

共五里，过虎头岩。又三里，抵斜桥。突峰悬崖，屡屡而是，径多循峰隙上。五里，至一天门，过朝天宫，皆石级曲折上跻，两旁以铁柱悬索。由一天门而二天门、三天门，率取径峰坳间，悬级直上。路虽陡峻，而石级既整，栏索钩连，不似华山悬空飞度也。太和宫在三天门内。日将晡[①]，竭力造金顶，所谓天柱峰也。山顶众峰，皆如覆钟峙鼎，离离攒立；天柱中悬，独出众峰之表，四旁崭绝。峰顶平处，纵横止及寻丈。金殿峙其上②，中奉玄帝及四将，炉案俱具，悉以金为之。督以一千户、一提点③，需索香金，不啻御夺。余入叩匆匆，而门已阖，遂下宿太和宫④。

【注释】

①晡（bū）：申时，即午后三点至五点。通常指黄昏。

②金殿：武当山绝顶天柱峰海拔 1612 米，金殿即建在天柱峰顶，俗称"金顶"，为永乐十四年（1416）建。高 5.54 米，宽 4.4 米，深 3.15 米，共三间，包括其中神像、几案、供器，全为铜铸鎏金，仿木结构，分件铸造装配。为我国古建筑中的珍品，全国重点文物保护单位。殿下山腰绕石城一周，名"紫金城"，长 1.5 公里，开四门。

③千户：金初置，为世袭武官，元、明相沿。明代卫所兵制设有千户所，驻守要地，统兵 1120 人，下分为十个百户所，统隶于卫。"千户"为一所的长官。
提点：宋、元以来所设的官名，寓有提举、检点之意。明代仅有神乐观提点，管理道士。清代废。

④太和宫：在武当山天柱峰腰紫金城南天门外。殿内存元大德十一年（1307）铸的铜殿一座，系永乐十四年（1416）从天柱峰顶移此。

【译文】

共走五里，经过虎头岩。又三里，到斜桥。陡峰悬崖，屡屡皆是，道路大多沿着峰崖之间的缝隙而上。走五里，来到一天门，过朝天宫，都是石阶路曲折地往上伸，两旁有铁柱悬索。从一天门到二天门，再到三天门，路大多取道山峰间的坳地，陡梯直上。路虽然陡峻，但石阶很整齐，有栏索牵引，不像登华山那样悬空飞越。太和宫在三天门内。接近黄昏时，我竭尽全力登金顶，就是所说的天柱峰。顶上众多的山峰，都如同钟倒置、鼎峙立一般，成行成列地汇聚在一起；天柱峰悬立在正中，独自突出于众峰之上，四周特别险峻。峰顶上有块平地，长宽都只有八尺到一丈。金殿峙立在平地上，殿中供奉真武帝及其四将，香炉、几案都很齐备，全部用金铸造。朝廷设一个千户、一个提点在此监督，索取香金，这无异于巧取豪夺。我匆匆忙忙想进殿叩拜，但殿门已关，于是下到太和宫住宿。

　　十四日　更衣上金顶。瞻叩毕，天宇澄朗，下瞰诸峰，近者鹄峙①，远者罗列，诚天真奥区也②！遂从三天门之右小径下峡中。此径无级无索，乱峰离立，路穿其间，迥觉幽胜。三里余，抵蜡烛峰右，泉涓涓溢出路旁，下为蜡烛涧。循涧右行三里余，峰随山转，下见平丘中开，为上琼台观。其旁榔梅数株，大皆合抱，花色浮空映山，绚烂岩际。地既幽绝，景复殊异。余求榔梅实，观中道士噤不敢答。既而曰："此系禁物。前有人携出三四枚，道流株连破家者数人③。"余不信，求之益力，出数枚畀余，皆已黝烂，且订无令人知。及趋中琼台，余复求之，观主仍辞谢弗有④。因念由下琼台而出，可往玉虚岩，便失南岩、紫霄，奈何得一失二；不若仍由旧径上，至路旁泉溢处，左越蜡烛峰，去南岩应较近。忽后有追呼者，则中琼台小黄冠以师命促余返⑤。观主握手曰："公渴求珍植，幸得两枚，少慰公怀。但一泄于人，罪立至矣。"出而视之，形侔金橘⑥，漉以蜂液⑦，金相玉质，非凡品也。珍谢别去。复上三里余，直造蜡烛峰坳中。峰参差廉利⑧，人影中度，兀兀欲动。既度，循崖宛转，连越数重。峰头土石，往往随地异色。既而闻梵颂声，则仰见峰顶遥遥上悬，已出朝天宫右矣。仍上八里，造南岩之南天门，趋谒正殿。右转入殿后，崇崖嵌空，如悬廊复道，蜿蜒山半，下临无际，是名南岩⑨，亦名紫霄岩，为三十六岩之最，天柱峰正当其面。自岩还至殿左，历级坞中，数抱松杉，连阴挺秀。层台孤悬，高峰四眺，是名飞升台。暮返宫，贿其小徒，复得榔梅六枚。明日再索之，不可得矣。

【注释】

①鹄（hú）峙：形容周围诸峰如天鹅引颈屹立恭候。鹄，俗名"天鹅"。

②天真：未受人世礼俗影响的大自然的原貌。奥区：中心，腹地。

③道流：道士。

④观（guàn）：道教的庙宇，即道观。大道观称"道

宫"，比官、观小者称"道院"。

⑤黄冠：道士所戴束发的冠为黄色，因此道士又别称"黄冠"。

⑥侔（móu）：相同，齐等。

⑦漉（lù）：渗。

⑧廉利：棱角锋利。

⑨南岩：上为危崖，下临深壑，为武当山中风景最美的一岩。现存元代建的天乙真庆宫，梁柱门窗全用石砌，仿木结构，故又称"石殿"。明建南天门亦存。

【译文】

十四日　换衣服登金顶。游览叩拜完毕时，天空澄碧晴朗，往下俯瞰众峰，近处的好似天鹅引颈屹立，远处的层层排列，实在是大自然幽深玄妙的中心！于是沿三天门右边的小路下到峡谷中。这条小路没有石阶，也没有拦索，山峰散乱无序地各自耸立，小路在山峰间穿行，令人觉得特别幽邃。走了三里多，来到蜡烛峰右侧，涓涓泉水从小路旁溢出，下去是蜡烛涧。沿涧右岸行三里多，峰随着山转，再下就看见平整的山丘中有一块开阔地，是上琼台观。观旁边的几株榔梅，都有一人围抱那么粗大，满树榔梅花竞相开放，花色映照山冈，使山岩边绚丽灿烂。这地方幽致到了极点，景物又特别不同寻常。我求要榔梅的果实，观中的道士闭口不敢答应。过了一会儿才说："这是禁物。从前有人带出去三四枚，有数名道士因此受株连而家破败。"我不相信，索求得更起劲，道士取出几枚送我，都已变黑腐坏，而且叮嘱不要让人知道。等走到中琼台观时，我又索要榔梅果实，观主仍然辞谢，说没有。因为考虑到从下琼台观走出去，能去玉虚岩，便不能去南岩、紫霄宫，为什么要得一失二；不如仍然从原路上去，走到路旁泉水溢出的地方，往左翻越蜡烛峰，距离南岩应当比较近。忽然后面有人呼叫追赶，原来是中琼台观的小道士奉师傅命令，催我返回去。观主握着我的手说："您渴求的珍贵树种，幸好有两枚，可以稍稍满足您的愿望。只是一旦泄露出去，罪马上就降临了。"拿出来后仔细观看，形状和金橘相同，渗出蜂蜜一样的液汁，金的外表、玉的质地，不是一般的物品。我真诚地道谢然后离去。又往上走三里多，直达蜡烛峰山坳中。山峰高低不齐，棱角锋利，人在峰间穿越，影影绰绰，仿佛山峰在晃动。穿越蜡烛峰后，沿着山崖转来转去，接连越过数重山崖。峰顶上的土、石，处处随地势变幻颜色。不一会儿听见教徒诵读经文的声音，于是抬头一看，峰顶悬立在遥远的上空，已经出到朝天宫右侧了。仍旧往上走，八里，到达南岩的南天门，赶忙去正殿祭拜。往右转到正殿背后，高峻的崖石镶嵌在空中，如同长廊悬空、阁道凌空，弯弯曲曲地延伸在山腰，下临无底的深壑，这就是南岩，也叫紫霄岩，是武当山三十六岩中最美的，天柱峰正好屹立在对面。从南岩返回到正殿左侧，顺着石阶在坞中走，有棵几人围抱粗的松杉，枝叶遮天蔽日，挺拔秀丽。一座平台孤悬而立，向四周眺望高峰，这是飞升台。傍晚回到宫中，用财物收买小道士，又得到六枚榔梅。第二天再去索要，没能要到。

十五日　从南天门宫左趋雷公洞。洞在悬崖间。余欲返紫霄，由太子岩历不二庵，抵五龙。舆者谓迂曲不便^①，不若由南岩下竹笆桥，可览滴水岩、仙侣岩诸胜。乃从北天门下，一径阴森，滴水、仙侣二岩，俱在路左，飞崖上突，泉滴沥于中，中可容室，皆祠真武^②。至竹笆桥，始有流泉声，然不随涧行。乃依山越岭，一路多突石危岩，间错于乱蒨丛翠中^③，时时放榔梅花，映耀远近。

【注释】

①舆（yú）者：即轿夫。舆，肩舆，俗称"轿子"。

②真武：原称"玄武"，为我国古代神话中的北方之神，它的形象为龟或龟蛇合体。后为道教所信奉，宣称他是古净乐国王的太子，在武当山修炼成仙。宋时因避讳，改"玄"为"真"，并尊为"镇天真武灵应祐圣帝君"，简称"真武帝君"。

③蒨（qiàn）：草盛貌。

【译文】

十五日　从南天门宫往左直奔雷公洞。洞在悬崖中间。我想返回紫霄岩，由太子岩经过不二庵，到达五龙宫。抬轿的人说迂回绕路不方便，不如从南岩下竹笆桥，可以观赏滴水岩、仙侣岩等胜景。于是从北天门往下走，一条阴森的小路，滴水岩、仙侣岩两景，都在小路左侧，悬崖向上飞突，泉水滴沥崖中，悬崖中能容下静室，供奉的都是真武帝。下到竹笆桥，开始听到泉水流淌的声音，但路不顺山涧行。于是靠着山走，翻越山岭，一路上多是突起的石头、高高的岩石，杂乱地分布在繁茂的草木丛中，不时有开放的榔梅花，绚丽的色彩映照远近。

过白云、仙龟诸岩，共二十余里，循级直下涧底，则青羊桥也。涧即竹笆桥下流，两崖蓊葱蔽日，清流延回，桥跨其上，不知流之所去。仰视碧落①，宛若瓮口。度桥，直上攒天岭。五里，抵五龙宫②，规制与紫霄、南岩相伯仲。殿后登山里许，转入坞中，得自然庵。已还至殿右，折下坞中，二里，得凌虚岩。岩倚重峦，临绝壑，面对桃源洞诸山，嘉木尤深密，紫翠之色互映如图画，为希夷习静处③。前有传经台，孤瞰壑中，可与飞升作匹。还过殿左，登榔梅台，即下山至草店。

【注释】

①碧落：道家称天空为"碧落"。

②五龙宫：在武当山天柱峰以北。始建于唐贞观年间，称"五龙祠"，历代皆重建。近代已大部被毁，现仅存宫门、红墙、碑亭、古井、泉池。

③希夷：即陈抟（？—989），字图南，亳州真源（今属安徽）人。后唐末举进士不第，隐居于武当山。太平兴国中出山，宋太宗甚看重，赐号"希夷先生"。

【译文】

经过白云岩、仙龟岩等处，一共走了二十多里，顺石阶一直下到涧底，就是青羊桥。涧水就是竹笆桥水的下游，两岸山崖上草木繁盛、树荫蔽日，长长的清流弯弯曲曲，一座桥横跨在上面，不知道涧水流到什么地方。抬头仰望天空，形状如同瓮口一般。过了桥，径直登上攒天岭。走五里，抵达五龙宫，宫殿的规模和格式与紫霄宫、南岩相仿。从宫殿背后登山，走一里多，转进山坞，到自然庵。不久返回五龙宫殿右面，转下坞中，走二里，到凌虚岩。凌虚岩背靠重重山峦，面临极深的沟壑，正对桃源洞众山峰，满山嘉树特别茂密，紫色翠色互相辉映，犹如图画，是希夷先生修炼的地方。前面有传经台，孤零零地俯视深壑，可以和飞升台相媲美。返回时经过五龙宫殿左面，攀登榔梅台，于是下山到达草店。

华山四面皆石壁，故峰麓无乔枝异干；直至峰顶，则松柏多合三人围者；松悉五鬣，实大如莲，间有未堕者，采食之，鲜香殊绝。太和则四山环抱，百里内密树森罗，蔽日参天；至近山数十里内，则异杉老柏合三人抱者，连络山坞，盖国禁也。嵩、少之间，平麓上至绝顶，樵伐无遗，独三将军树巍然杰出耳。山谷川原，候同气异。余出嵩、少，始见麦畦青；至陕州，杏始花，柳色依依向人；入潼关，则驿路既平，垂杨夹道，梨李参差矣；及转入泓峪，而层冰积雪，犹满涧谷，真春风所不度也。过坞底岔，复见杏花；出龙驹寨，桃雨柳烟，所在都有。忽忆日已清明，不胜景物悴情①。

遂自草店，越二十四日，浴佛后一日抵家②。以太和榔梅为老母寿③。

【译文】

华山四周都是石壁，所以山脚没有高大奇特的树木；一直上到峰顶，则松柏大多有三人围抱粗；松树全是五针松，松子和莲子一般大，间或遇到没掉落的松果，采下来吃，鲜味、香味都特别好。太和山则是四面群山环抱，百里以内茂盛的森林丛密分布，大树遮天蔽日、高耸入云；靠近太和山的数十里范围内，三人围抱粗的奇异杉树和老柏树，连续不断地长满山坞，是因为朝廷禁止砍伐才长得如此茂盛。嵩山、少室山之间，从平缓的山脚上到绝顶，树木被砍伐得所剩无遗，只有三棵将军树巍然耸立着。山峰、峡谷、河川、平原各种地势，季节相同而天气物象不一样。我从嵩山、少室山出来时，才看到田里麦苗青青；到了陕州，杏树刚刚开花，嫩绿的柳枝随风摇摆，十分动人；进入潼关，大路平坦，高大的杨树立在道路两旁，梨树、李树高低不齐；等到转到泓峪，却是层层的冰冻积雪遍布山谷沟涧，真是春风不度的地方啊。经过坞底岔时，又看到杏花开放；从龙驹寨出去，桃红柳绿，弥漫在烟雨中，所到之处一片春色。忽然想起已到清明时节，不由触景生情。于是从草店启程，经过二十四天，在浴佛节第二天到家。用太和山的榔梅为老母亲祝寿。

游五台山日记 山西太原府五台县

五台山又省称"台山"，位于山西五台县东北与繁峙县东南。五峰高耸，峰顶平坦宽阔如台，故称"五台"。东台称"望海峰"，南台称"锦绣峰"，西台称"挂月峰"，北台称"叶斗峰"，中台称"翠岩峰"。五座山峰环抱，绕周达250公里，五峰之外称"台外"，五峰之内为平坞，称"台内"。山中气候凉爽，九月积雪，四月解冻，故又称"清凉山"。该山传为文殊菩萨道场，与浙江普陀山、安徽九华山、四川峨眉山合为我国佛教四大名山。五台山有规模宏大的古建筑群，现台内有寺庙39座，台外有寺庙8座，其中显通寺、菩萨顶、塔院寺、罗睺寺、殊像寺合称五台山五大禅寺，砖、石、木材、金属结构的殿堂、楼阁、宝塔、牌坊具备，历史和艺术价值甚高。太原府为明代山西布政司的治所，治阳曲，即今山西太原市。五台县隶太原府代州，即今山西五台县。

崇祯六年（1633）徐霞客北上入都，以后到山西游五台山和恒山，绕了一圈返回北京。《游五台山日记》就是这年徐霞客游五台山留下来的游记。

徐霞客于七月二十八日离开北京，途经保定，八月初四日过阜平县，初五日进入山西界。五台山的范围较大，各台间的距离也较远。徐霞客用四天时间，游遍南、西、中、北四台。他详记了山川大势，山中特殊的气候，"非神力不能运"的建筑，"天花菜"等特产。他记录了形状特殊的清凉石，终年不化的"万年冰"，由于季节性的冰冻与解冻交替作用而形成的"龙翻石"，为我们留下了宝贵的地貌学资料。

　　癸酉七月二十八日①　出都为五台游②。越八月初四日，抵阜平南关③。山自唐县来④，至唐河始密，至黄葵渐开⑤，势不甚穹窿矣。从阜平西南过石梁，西北诸峰复嵽嵲起⑥。循溪左北行八里，小溪自西来注，乃舍大溪，溯西溪北转，山峡渐束。又七里，饭于太子铺⑦。北行十五里，溪声忽至。回顾右崖，石壁数十仞，中坳如削瓜直下。上亦有坳，乃瀑布所从溢者，今天旱无瀑，瀑痕犹在削坳间。离涧二三尺，泉从坳间细孔泛滥出，下遂成流。再上，逾鞍子岭。岭上四眺，北坞颇开，东北、西北，高峰对峙，俱如仙掌插天，惟直北一隙少杀⑧。复有远山横其外，即龙泉关也，去此尚四十里。岭下有水从西南来，初随之北行，已而溪从东峡中去。复逾一小岭，则大溪从西北来⑨，其势甚壮，亦从东南峡中去，当即与西南之溪合流出阜平北者。余初过阜平，舍大溪而西，以为西溪即龙泉之水也，不谓西溪乃出鞍子岭坳壁，逾岭而复与大溪之上流遇，大溪则出自龙泉者。溪有石梁曰万年，过之，溯流望西北高峰而趋。十里，逼峰下，为小山所掩，反不睹嶙峋之势。转北行，向所望东北高峰，瞻之愈出，趋之愈近，峭削之姿，遥遥逐人，二十里之间，劳于应接。是峰名五岩寨，又名吴王寨，有老僧庐其上。已而东北峰下，溪流溢出，与龙泉大溪会，土人构石梁于上，非龙关道所经。从桥左北行八里，时遇崩崖矗立溪上。又二里，重城当隘口，为龙泉关⑩。

【注释】

①癸酉：指崇祯六年，即 1633 年。

②都：指明代京师，在今北京。

③阜平：明为县，隶真定府，即今河北阜平县。

④唐县：隶保定府，即今河北唐县。

⑤黄葵：今作"王快"，在阜平县东境，唐河北岸，附
　近有王快水库。

⑥嵱嵷（yǒngsǒng）：上下众多的样子。

⑦太子铺：今名同，在阜平县稍西，沙河西面。

⑧杀（shài）：减少，收束。

⑨大溪：明代称"沙河"，即今大沙河。

⑩龙泉关：今名同，在阜平县西隅，有上、下二关。
　下关在东，上关在西，相距 20 里。

【译文】

　　癸酉年七月二十八日　从京都出发去游览五台山。到
八月初四日，来到阜平县南关。山从唐县伸来，延伸到唐
河开始密集，到黄葵又渐渐敞开，山势不太高大。从阜平
县往西南走过石桥，西北众多的山峰又高低起伏地耸起来。
沿着溪流左岸往北行八里，有条小溪从西边流来注入，于
是离开大溪，溯西边的小溪往北转，山谷渐渐狭窄。又走
了七里，在太子铺吃饭。往北行十五里，忽然听到溪流声。
回头看右边的山崖，数十丈高的石壁，中间的坳像削瓜一
样的直直下去。崖上面也有坳，是瀑布所流经的地方，今

年天旱没有水，但瀑布冲泻的痕迹仍留在削坞之间。离涧底二三尺，泉水从坞间的小孔中泛滥而出，往下汇成溪流。再往上走，越过鞍子岭。在岭上眺望四周，北面的山坞比较开阔，东北、西北，高峰对峙，山峰都像直插云天的仙人巨掌，只有正北的一隙山坞稍微差一些。再远处还有山横贯在群峰之外，那就是龙泉关，距离这里还有四十里。岭下有股从西南流来的溪水，我开始顺着溪水往北走，不久溪水从东边峡谷中流走。我又翻过一座小岭，就有一条从西北流来的大溪，水势很壮观，也是从东南峡谷中流走，想来应该是和西南流来的小溪汇合，然后流出阜平县北。我当初经过阜平县时，离开大溪往西走，以为西边的溪流是龙泉关流来的，没有想到溪水却是出自鞍子岭坞壁，我翻过岭后又与大溪的上游相遇，大溪才是从龙泉关流出的。溪流上的石桥名万年，过了桥，溯溪流，遥望着西北的高峰奔赶。行十里，直达高峰下，峰被小山掩映，反而看不见那山石重叠、高低不平的气势。转朝北走，刚才所看到东北边的高峰，越看越突出，趋之越近，那高峻陡峭的形态，像远远地追随人而来似的，二十里路程之间，都忙于观赏应接。这座峰名五岩寨，又名吴王寨，有个老僧人在峰上居住。不久来到东北边的高峰下，溪水往外流淌，和龙泉关流来的大溪会合，当地人在溪上搭有石桥，但不是去龙泉关要过的路。从石桥左边行八里，不时地遇到崩塌的崖石矗立在溪边。又走二里，一座重镇位于关隘口，这就是龙泉关。

初五日　进南关，出东关。北行十里，路渐上，山渐奇，泉声渐微。既而石路陡绝，两崖巍峰峭壁，合沓攒奇，山树与石竞丽错绮，不复知升陟之烦也。如是五里，崖逼处复设石关二重。又直上五里，登长城岭绝顶。回望远峰，极高者亦伏足下，两旁近峰拥护，惟南来一线有山隙，彻目百里。岭之上，巍楼雄峙，即龙泉上关也。关内古松一株，枝耸叶茂，干云俊物。关之西，即为山西五台县界。下岭甚平，不及所上十之一。十三里，为旧路岭，已在平地。有溪自西南来，至此随山向西北去，行亦从之①。十里，五台水自西北来会②，合流注滹沱河。乃循西北溪数里，为天池庄③。北向坞中二十里，过白头庵村，去南台止二十里，四顾山谷，犹不可得其仿佛。又西北二里，路左为白云寺④。由其前南折，攀跻四里，折上三里，至千佛洞，乃登台间道。又折而西行，三里始至，宿。

【注释】

①"有溪"三句：此溪为清水河。

②五台水：又称"台山河"、"虒阳河"。二水汇合后仍称"清水河"。

③天池庄：今名同，在五台县东南境，台河右岸。

④白云寺：在白头庵北，今黄土嘴村附近。

【译文】

初五日　进入龙泉关的南关，往东出关。往北行十里，道路渐渐向上延伸，山峰渐渐奇异，泉水声渐渐消失。不久，陡峭的道路断绝，路两边的山崖峰高壁峭，重重叠叠，奇景聚集，山中的树木和岩石争奇斗艳，交错如锦绣，让人再也感不到登山的烦劳了。在这样的美景中走了五里，崖石狭窄处还设有两道石关。又直直往上走了五里，登上长城岭绝顶。回头眺望远处的山峰，最高的也低伏在脚下，两旁近处的山峰簇拥而来，只有南部山中有一线缝隙，从缝隙中放眼看可达百里。长城岭上，高楼雄壮地耸立着，是龙泉上关。关内有一棵古松，树干高耸、枝叶茂盛，是高触云霄、秀美出众的物种。龙泉关西面，就是山西省五台县境。下岭的路很平，坡度不到上岭时的十分之一。走十三里，名旧路岭，已经到平地了。有条溪水从西南流来，流到这里顺着山往西北流去，我也跟着走。十里，五台水从西北流来汇合，合流之后注入滹沱河。于是往西北沿着水走了几里，到天池庄。往北在坞中走二十里，经过白头庵村，距离南台只有二十里了，环视山谷四周，还看不出相似五台山的形貌。又往西北走二里，道路左侧为白云寺。从寺前往南转，往上攀登四里，转来转去地上了三里，来到千佛洞，这是登五台山的小路。又转向西行，走了三里才抵达，投宿这里。

初六日 风怒起，滴水皆冰。风止日出，如火珠涌吐翠叶中。循山半西南行，四里，逾岭，始望南台在前。再上为灯寺[1]，由此路渐峻。十里，登南台绝顶，有文殊舍利塔[2]。北面诸台环列，惟东南、西南少有隙地。正南，古南台在其下③，远则孟县诸山屏峙④，而东与龙泉峥嵘接势。从台右道而下，途甚夷，可骑。循西岭西北行十五里，为金阁岭⑤。又循山左西北下，五里，抵清凉石⑥。寺宇幽丽，高下如图画。有石为芝形，纵横各九步，上可立四百人，面平而下锐，属于下石者无几。从西北历栈拾级而上，十二里，抵马跑泉。泉在路隅山窝间，石隙仅容半蹄，水从中溢出，窝亦平敞可寺，而马跑寺反在泉侧一里外。又平下八里，宿于狮子窠⑦。

【注释】

①灯寺：即金灯寺，在南台东北麓，与白云寺隔塔地村相对。

②文殊：为梵文"文殊师利"的略称，意即"妙吉祥"、"妙德"，为佛教菩萨之一。五台山传为文殊道场，有关文殊的传说甚多。

③"正南"二句：古今所指五台的位置，不同时期曾有变化。此古南台在"台南二里"，更古的南台，则在今中台。

④孟县：隶太原府，即今山西孟县。

⑤金阁岭：位于由太原入五台山必经的路上。岭畔今存金阁寺，距台怀镇15公里。阁内有高17米的观音铜像，各殿满布塑像近千尊。

⑥清凉石：此石又称"文殊床"。附近有清凉寺、清

凉谷等。

⑦狮子窠（kē）：在五台山台怀镇西南10公里的山腰，即文殊寺，俗称"狮子窝"。现仅存琉璃塔一座，八角十三级，高35米，塔身镶嵌佛像万尊，故又称"万佛塔"。塔中空，可登至五层。窠，鸟兽昆虫栖息的巢穴。

【译文】

初六日　狂风怒号，滴水成冰。风停日出，太阳像火球一样从青翠的山林中喷薄而出。沿着山腰往西南行，四里，翻越山岭，才看到南台就在前面。再上去是灯寺，从这里开始，山路渐渐陡峻起来。走十里，登上南台绝顶，顶上有文殊菩萨的舍利塔。北面，其他各台环抱耸列，只有东南、西南稍微有空隙处。正南面，古南台位于下面，远处则孟县的群山如屏障般地峙立着，并且东端还和龙泉关高峻的峰峦山势连接。顺着南台右侧的道路下去，地势很平坦，可以骑马。沿着西岭往西北行十五里，名金阁岭。又沿着金阁岭左侧往西北下，行五里，来到清凉石。清凉寺庙宇深幽，环境秀丽，高低错落，美如图画。有一块灵芝形的石头，长宽都是九步，上面可以站四百个人，上面平整但下面收缩，和下面石头相连的部分不多。从西北边穿越栈道沿着石阶往上走，十二里，到达马跑泉。马跑泉在路边的山窝中间，石缝只能容下半只马蹄，泉水从石缝中溢出，山窝则平坦宽敞，可以建盖寺庙，但马跑寺反而建在泉旁边一里之外。又平缓地下了八里，在狮子窠住宿。

初七日　西北行十里，度化度桥。一峰从中台下，两旁流泉淙淙，幽靓迥绝①。复度其右涧之桥，循山西向而上，路敧甚②。又十里，登西台之顶。日映诸峰，一一献态呈奇。其西面，近则闭魔岩③，远则雁门关④，历历可俯而挈也⑤。闭魔岩在四十里外，山皆陡崖盘亘，层累而上，为此中奇处。入叩佛龛，即从台北下，三里，为八功德水。寺北面，左为维摩阁⑥，阁下二石耸起，阁架于上，阁柱长短，随石参差，有竟不用柱者。其中为万佛阁，佛俱金碧旃檀⑦，罗列辉映，不啻万尊。前有阁二重，俱三层，其周庐环阁亦三层，中架复道⑧，往来空中。当此万山艰阻，非神力不能运此！从寺东北行，五里，至大道，又十里，至中台。望东台、南台，俱在五六十里外，而南台外之龙泉，反若更近，惟西台、北台，相与连属。时风清日丽，山开列如须眉。余先趋台之南，登龙翻石。其地乱石数万，涌起峰头，下临绝坞，中悬独耸，言是文殊放光摄影处。从台北直下者四里，阴崖悬冰数百丈，曰"万年冰"。其坞中亦有结庐者。初寒无几，台间冰雪，种种而是。闻雪下于七月二十七日，正余出都时也。行四里，北上澡浴池。又北上十里，宿于北台⑨。北台比诸台较峻，余乘日色，周眺寺外。及入寺，日落而风大作。

【注释】

①靓（jìng）：通"静"。

②敧（qī）：倾侧不平。

③闭魔岩：又作"秘魔岩"，有秘魔寺。在今繁峙县岩头村东北，为西路进台通道。

④雁门关：在山西代县西北。

⑤挈（qiè）：提。

⑥维摩：系梵文音译的略称，意为"净名"或"无垢称"。佛经中说他是释迦牟尼同时代的人，长于辩才。

⑦旃（zhān）檀：即檀香，梵语译作"旃檀"。

⑧复道：高楼之间或山岩险要处架空的通道，因上下皆有道，故称"复道"。

⑨北台：五台之中，以北台顶最高，海拔 3058 米。

【译文】

初七日　往西北行十里，过化度桥。一座山峰从中台延伸下来，山峰两边流着淙淙的泉水，景色幽静到了极点。又越过山峰右涧上的桥，沿着山峰往西而上，山路十分倾斜不平。又走十里，登上西台顶。阳光辉映下的群峰，一一地呈现出美好的姿态和奇异的风貌。西台西面，近处是闭魔岩，远处是雁门关，座座山峰都历历在目，仿佛俯身就可以抓住。闭魔岩在四十里外，山上全是盘旋横贯的陡崖，层层叠叠地堆砌上去，成为这山中的奇特之处。进寺叩拜佛像后，就顺着台北往下走，三里，到八功德水。寺北面，左边是维摩阁，阁下面耸立着两块石头，阁就盖在石头上，阁柱的长短，随石头高低而参差不齐，有的地方完全不用柱子。正中是万佛阁，佛像都是檀香木的，色彩金碧辉煌，层层排列而互相映衬，不止一万尊。万佛阁前有两排阁楼，都是三层高，阁楼周围环绕的房屋楼阁也都是三层的，各阁楼之中架有上下通道，人从空中来来往往。在这艰难险阻的万山之中，要不是神力，又怎能将楼阁建在这里呢！顺着寺往东北走，五里，来到大路上，又走十里，到达中台。遥望东台、南台，都在五六十里以外，但南台之外的龙泉关，反而像离得更近，因为西台、北台，都和龙泉关的山脉相连。这时风清日丽，两边的山像眉毛分开而列。我先去中台南面，登上龙翻石。这里布满几万块乱石，堆积成峰头，下面是很深的山坞，峰头悬空耸立，传说是文殊菩萨放光显影的地方。从中台往北直下四里，阴森的崖壁上悬挂着几百丈冰，名"万年冰"。这坞中也有人家居住。刚刚寒冷还没几天，五台山中的冰雪竟已有如此种种的形态。听说是七月二十七日下的雪，正是我从京城出发的日子。行四里，往北登上澡浴池。又往北上十里，在北台住宿。北台比其他各台都陡峻，我趁着日光，到寺外眺望四周。等进到寺中，太阳落山而刮起大风。

初八日　老僧石堂送余，历指诸山曰："北台之下，东台西，中台中，南台北，有坞曰台湾[①]，此诸台环列之概也。其正东稍北，有浮青特锐者，恒山也。正西稍南，有连岚一抹者，雁门也。直南诸山，南台之外，惟龙泉为独雄。直北俯内外二边，诸山如蓓蕾，惟兹山之北护，峭削层叠，嵯峨之势[②]，独露一斑。此北台历览之概也。此去东台四十里，华岩岭在其中。若探北岳，不若竟由岭北下，可省四十里登降。"余颔之。别而东，直下者八里，平下者十二里，抵华岩岭③。由北坞下十里，始夷。一涧自北，一涧自西，两涧合而群峰凑，深壑中"一壶天"也。循涧东北行二十里，曰野子场④。南自白头庵至此，数十里内生天花菜⑤，出此则绝种矣。由此，两崖屏列鼎峙，雄峭万状，如是者十里。石崖悬绝中，层阁杰起，则悬空寺也，石壁尤奇。此为北台外护山，不从此出，几不得台山神理云。

【注释】

①台湾：即今台怀镇，在五台县城东北120公里处，为游览五台山的中心，有公路可达。很多寺庙都集中在这里。每年中历六月，一年一度的五台山骡马大会也在这里举行，附近农民及各省旅客云集，进行以骡马为主的交易，同时尽情游览。

②嵯（cuó）峨：山高峻貌。

③华岩岭：为由北面进入五台山的门户。

④野子场：今作"野子厂"，在繁峙县东南境，伯强附近。

⑤天花菜：《清凉志》载："菌类，生于柴木，台山佳品也。"至今仍为五台山特产，称"台山香蘑"，简称"台蘑"。西南地区甚多，详《黔游日记一》"戊寅四月十七日记"。《滇略·产略》亦载菌类说："蒙榆山中亦产天花，而土人不识，谓之八担柴。"

【译文】

初八日　老僧人石堂送我出来，他指着一座座山峰说："北台下面，东台西面，中台正中，南台北面，有山坞名叫台湾，这是众台环绕的概貌。这里正东稍北，有座特别尖锐的青山，那就是恒山。正西稍南，有和云雾相连的山峰，是雁门关一带的山峰。一直向南延伸的群山，除南台之外，只有龙泉关独自称雄。直直往北俯视内、外两边，群山都如同花蕾，只有这座山从北面护着群山，陡峭层叠，高峻的山势，由此可以独见一斑。这是全面观看北台的概貌。这里距离东台四十里，华岩岭在途中。如果探访北岳恒山，不如直接沿华岩岭往北下，可以省掉上下四十里的路程。"我点头同意，和石堂告别后往东走，陡直地下了八里，平缓地下了十二里，来到华岩岭。沿北坞往下走十里，才到平路。一道涧沟从北伸来，一道涧沟从西伸来，两道涧沟合拢后群峰凑集，成为高山深壑中的"一壶天"名胜。沿涧沟往东北行二十里，名野子场。从南边的白头庵一直到这里，数十里以内都长着天花菜，这里出去则绝种了。从这里开始，两旁的山崖屏障般地排列，鼎足似地耸立，雄壮、峻峭、千姿百态，在这样的景观中走了十里。石崖绝壁之中，有层层楼阁突起，那是悬空寺，石壁特别奇异。这是北台外围的护山，不从这条路出五台山，几乎体会不到五台山的神奇。

游恒山日记山西大同府浑源州

　　恒山在山西浑源县东南，原称"玄岳"、"紫岳"、"阴岳"，明代列为"五岳"之一，始称"北岳恒山"。今有朝殿、会仙府、九天宫等建筑。大同府治大同，即今山西大同市。

　　《游恒山日记》是崇祯六年（1633）徐霞客旅游恒山的游记。徐霞客八月初八日离五台山赴恒山，初九日入浑源州境，初十日游龙山及悬空寺，十一日登恒山绝顶，返途北至浑源州。徐霞客在旅途中观察细致，描述详尽。他详析了龙泉、五台、恒山一带山势雁形排列的特点及缓峭高低、土石变化。他指出"是山土山无树，石山则有，北向俱石，故树皆在北"，概括了植物与坡向、地表组成物质的关系。他记述了关隘形势及交通路线，从阁道遗迹探寻水位的变化，还重视浑源煤田的采掘情况。对悬空寺和龙山的记载十分可贵。

去北台七十里，山始豁然，曰东底山。台山北尽，即属繁峙界矣①。

【注释】

①繁峙：明为县，隶太原府代州，即今山西繁峙县。五台和繁峙县界古今有变化，依今地图，西台以北已属繁峙县。

【译文】

离开北台七十里，山谷才开阔起来，名东底山。五台山北边尽头处，就隶属于繁峙县境了。

初九日　出南山。大溪从山中俱来者，别而西去。余北驰平陆中，望外界之山，高不及台山十之四，其长缭绕如垣①，东带平邢②，西接雁门③。横而径者十五里，北抵山麓，渡沙河即为沙河堡④。依山瞰流，砖甃高整⑤。由堡西北七十里，出小石口⑥，为大同西道；直北六十里，出北路口⑦，为大同东道。余从堡后登山，东北数里，至峡口，有水自北而南，即下注沙河者也。循水入峡，与流屈曲，荒谷绝人。数里，义兴寨⑧。数里，朱家坊⑨。又数里，至葫芦嘴⑩。舍涧登山，循嘴而上，地复成坞，溪流北行，为浑源界。又数里，为土岭⑪，去州尚六十里，西南去沙河，共五十里矣。遂止居民同姓家⑫。

【注释】

①垣（yuán）：矮墙。

②平邢：即今平型关，在山西繁峙、灵丘二县界上。

③雁门：即今雁门关，在山西代县西北。

④沙河堡：今作"砂河堡"，在繁峙县东境，滹沱河北岸。沙河，指滹沱河上游。

⑤甃（zhòu）：以砖砌物皆称"甃"。

⑥小石口：今名同，在应县东南。其东北有大石口。

⑦北路口：今作"北楼口"，在大石口东北。

⑧义兴寨：在砂河东北。

⑨朱家坊：在义兴寨北。

⑩葫芦嘴：在朱家坊东北。以上皆属繁峙县。

⑪土岭：今名同，在浑源县南隅。

⑫止：栖止，居住。

【译文】

初九日　走出南山。从山中一齐出来的大溪，和我分道往西流去。我往北在平地上急行，遥望平地外部的山峦，高度不到五台山的十分之四，长长的像矮墙一样地缭绕平地，东边和平邢连接，西边和雁门连接。横穿平地十五里，往北走到山麓，渡过沙河就是沙河堡。沙河堡傍靠山麓，俯瞰河流，砖砌的围墙又高又整齐。从沙河堡往西北走七十里，出到小石口，是大同府西边的大路；直直往北走六十里，出到北路口，是大同府东边的大路。我从堡后登山，往东北走了几里，来到峡口，有股水从北往南流，流下去就注入沙河。沿水流走进峡谷，路随着流水弯转曲折，峡谷荒凉，空无人烟。走了数里，到义兴寨。又走数里，到朱家坊。再走数里，到葫芦嘴。离开沟涧登山，沿山嘴而上，地势又变成山坞，随溪流往北行，进入浑源州境。又走数里，到土岭，土岭距离州城还有六十里，西南距离沙河，一共有五十里了。于是在土岭一户姓同的居民家住下。

初十日　循南来之涧北去三里，有涧自西来合，共东北折而去。余溯西涧入，又一涧自北来，遂从其西登岭，道甚峻。北向直上者六七里，西转，又北跻而上者五六里，登峰两重，造其巅，是名箭筈岭。自沙河登山涉涧，盘旋山谷，所值皆土魁荒阜^①；不意至此而忽跻穹窿，然岭南犹复阿蒙也^②。一逾岭北，瞰东西峰连壁陨，翠蜚丹流^③。其盘空环映者，皆石也，而石又皆树；石之色一也，而神理又各分妍；树之色不一也，而错综又成合锦。石得树而嵯峨倾嵌者，幕以藻绘而愈奇^④；树得石而平铺倒蟠者，缘以突兀而尤古。如此五十里，直下至阬底^⑤，则奔泉一壑，自南注北，遂与之俱出坞口，是名龙峪口，堡临之。村居颇盛，皆植梅杏，成林蔽麓。既出谷，复得平陆。其北又有外界山环之，长亦自东而西，东去浑源州三十里，西去应州七十里^⑥。龙峪之临外界，高卑远近，一如东底山之视沙河、峡口诸山也。于是沿山东向，望峪之东，山愈嶙嶒斗峭，问知为龙山^⑦。龙山之名，旧著于山西，而不知与恒岳比肩；至是既西涉其阃域⑧，又北览其面目，从不意中得之，可当五台桑榆之收矣⑨。东行十里，为龙山大云寺，寺南面向山。

【注释】

①土魁（kuí）：土堆。

②阿蒙：三国时鲁肃称吕蒙为"阿蒙"，说："三日不见，非复吴下阿蒙矣。"此处借用，有依然故态之意。

③蜚：通"飞"。

④幕：覆盖。藻绘：文采。

⑤阮（gāng）：大土山。

⑥应州：隶大同府，治今山西应县。

⑦龙山：亦称"封龙山"，在今浑源县西南40里处，顶峰称"萱草坡"，风景甚佳。金末，元好问、李治、张德辉曾到这里游览，时称"龙山三老"。

⑧阃（kǔn）域：内境。阃，特指郭门的门槛。

⑨桑榆（yú）：皆植物。日落时，阳光尚留桑榆上，故借为"西方"之称。《后汉书》有"失之东隅，收之桑榆"，桑榆之收，比喻为弥补缺憾。

【译文】

初十日　顺着从南伸来的沟涧往北走了三里，有道沟涧从西伸来会合，然后一齐朝东北转去。我溯西边的沟涧往里走，又有一道沟涧从北伸来，于是从沟涧西边登岭，路很陡。往北直直上了六七里，往西转，又往北攀登，然后上五六里，登越两重山峰，直达峰顶，峰名箭筈岭。从沙河开始登山涉涧，在山谷中盘旋前进，所经过的都是土堆荒山；想不到到这里地势突然升高、山岭突然高大，只是岭南仍然是故态依旧。一翻到岭北，俯瞰东西两边，峰峦连绵，崖壁崩塌，红色、绿色交相辉映。那盘绕映照空中的，都是岩石；而岩石上又都有树；岩石的色彩是一致的，但自然形态与纹理又各得其妙；树木的颜色不一致，但各种颜色互相交错，又如同织成的彩色锦缎。岩石上有树而且高峻斜插，就像覆盖着一层美丽的幕布，因而愈发奇妙；生长在岩石上而平直躺着或盘曲倒挂的树，由于山势高峻而更加显得古雅。在这样的景致中走了五十里，一直下到大土山底，沟壑中有一股奔流的泉水，从南往北流，于是随着泉水一齐出到坞口，这里名龙峪口，有堡对着。村庄比较大，家家都种植梅树、杏树，形成果林掩映的山麓。走出山谷后，又到了平地。平地北部外围还有群山环绕，长长的也从东向西延伸，平地东边距离浑源州三十里，西边距离应州七十里。龙峪口所对着的外界，高的远、低的近，完全和在东底山看沙河、峡口的群山相同。于是沿山往东走，远看龙峪口东边，山势更加高峻陡峭，询问后得知是龙山。龙山的名称，旧书写着在山西省，却不知原来是和恒山并肩相靠；走到这里时已经从西边越过了龙山内境，又从北面观览了龙山的风貌，在无意之中得以游龙山，可以算做游五台山所得到的意外收获。往东行十里，到龙山大云寺，寺朝南对着山。

又东十里，有大道往西北，直抵恒山之麓，遂折而从之，去山麓尚十里。望其山两峰亘峙，车骑接轸①，破壁而出，乃大同入倒马、紫荆大道也②。循之抵山下，两崖壁立，一涧中流，透罅而入，逼仄如无所向，曲折上下，俱成窈窕，伊阙双峰、武彝九曲，俱不足以拟之也。时清流未泛，行即溯涧。不知何年两崖俱凿石坎，大四五尺，深及丈，上下排列，想水溢时插木为阁道者，今废已久，仅存二木悬架高处，犹栋梁之巨擘也③。三转，峡愈隘，崖愈高。西崖之半，层楼高悬，曲榭斜倚④，望之如蜃吐重台者⑤，悬空寺也⑥。五台北壑亦有悬空寺，拟此未能具体⑦。仰之神飞，鼓勇独登。入则楼阁高下，槛路屈曲。崖既嵯削，为天下巨观，而寺之点缀，兼能尽胜。依岩结构，而不为岩石累者，仅此！而僧寮位置适序，凡客坐禅龛⑧，明窗暖榻，寻丈之间，肃然中雅。既下，又行峡中者三四转，则洞门豁然，峦壑掩映，若别有一天者。又一里，涧东有门榜三重⑨，高列阜上，其下石级数百层承之，则北岳恒山庙之山门也。去庙尚十里，左右皆土山层叠，岳顶杳不可见。止门侧土人家，为明日登顶计。

【注释】

①车骑接轸（zhěn）：车马络绎不绝。轸，车后的横木。

②倒马：即倒马关，今名同，在河北唐县北隅，唐河

南岸。紫荆：即紫荆关，今名同，在河北易县西部，拒马河南岸。明时，"倒马"、"紫荆"与"居庸"合称"内三关"。

③巨擘（bò）：比喻其杰出于众，如大指不同于其他指头。擘，大拇指。

④榭（xiè）：建在高土台上的敞屋。

⑤蜃（shèn）吐重台：即蜃景。由于气温在垂直方向上的剧烈变化，使空气密度的垂直分布随之显著变化，不同密度的大气层对于光线产生折射，把远处景物反映到天空或地面而形成幻景，在沿海或沙漠地带有时能看到，故称"海市蜃楼"，《游记》中又称"蜃云"。蜃，即蛤蜊，古人误认大蜃能吐气为楼台，故称"蜃气"。

⑥悬空寺：始建于北魏，具有独特的建筑风格，一直保存到现在。在浑源县城南5公里处，浑源至恒山的途中。从半山崖上用木柱支撑建起楼阁，仿佛悬在空中。高低错落的殿宇再用栈道或天桥连结，给人以迷宫仙景般的感觉。

⑦拟此未能具体：与恒山这个悬空寺相比，还不算齐备。拟，摹拟，比拟。具体，事物的各个组成部分都齐备。

⑧禅龛（kān）：供佛的小屋。

⑨洞：现从悬空寺到恒山，途经恒山水库，系建国后拦浑河源的唐峪河修成，为恒山风景增色不少。门榜：悬挂有匾额的大门。榜，匾额。

【译文】

又往东走了十里，有条大路通向西北，直达恒山山麓，于是转头从大路走，距离恒山麓还有十里。遥望恒山两边山峰横贯对峙，路上车马络绎不绝，穿山而过，原来这条路是从大同府到倒马关、紫荆关的大路。沿大路来到恒山下，两旁崖壁耸立，一条涧水从中流过，穿行在缝隙一样的峡谷中而往里走，狭窄得好像没有地方可通，山涧弯弯曲曲、崖壁高高低低，完全是深远幽邃的景色，伊阙两山相对的风光，武夷山回环旋转九曲的溪水，都不能和这里的景色相比。此时清澈的溪流还没涨水，可以溯溪流从涧中行走。不知哪一年在两边崖壁都凿了石坎，有四五尺宽，近一丈深，上上下下地排列着，想来是涨水时插木头修栈道用的，至今已经废弃了很久，只剩下两根木头悬空架在高处，是像柱子一样的大木料。转了三次后，峡谷越来越窄，崖壁越来越高。西边崖壁的半腰，层层叠叠的楼阁悬在高空，弯转曲折，建在高处的敞屋斜靠山崖，看上去像海市蜃楼中重叠的亭台，这是悬空寺。五台山北面的壑谷中也有悬空寺，但和这里的相比就不能算完备了。抬头观看令人神往，鼓足勇气独自攀登。进寺后则是楼阁高低错落，围着栏杆的路弯转曲折。崖壁已经十分高峻陡峭，称得上天下大观了，再加上有悬空寺点缀，使原来的胜景更完美无缺。傍靠岩壁建盖楼阁，却能不受岩石的限制，只有悬空寺啊！而且僧人住的房屋位置次第适当，凡是接待来客的地方和供奉佛像的小屋，窗户明净、卧榻温暖，在小小的范围内，显得庄严肃穆，舒适幽雅。从悬空寺下来后，又在峡谷中转了三四道弯，于是峡谷口豁然开阔，峰峦壑谷互相掩映，仿佛是另外一个世界。又走了一里，涧东面有三道悬挂着匾额的大门，高高地排列在大山上，门下有几百级石阶和门相连，这是北岳恒山庙的山门。距离庙还有十里，左右两边都是层叠的土山，北岳顶还遥远得看不见。在山门旁边当地人的家中住宿，为明天攀登北岳顶作准备。

十一日　风翳净尽，澄碧如洗。策杖登岳，面东而上，土冈浅阜，无攀跻劳。盖山自龙泉来，凡三重。惟龙泉一重峭削在内，而关以外反土脊平旷；五台一重虽崇峻，而骨石耸拔，俱在东底山一带出峪之处；其第三重自峡口入山而北，西极龙山之顶，东至恒岳之阳，亦皆藏锋敛锷^①，一临北面，则峰峰陡削，悉现岩岩本色。一里转北，山皆煤炭，不深凿即可得。又一里，则土石皆赤，有虬松离立道旁，亭曰望仙。又三里，则崖石渐起，松影筛阴，是名虎风口。于是石路萦回，始循崖乘峭而上。三里，有杰坊曰"朔方第一山"^②，内则官廨厨井俱备。坊右东向拾级上，崖半为寝宫^③，宫北为飞石窟，相传真定府恒山从此飞去^④。再上，则北岳殿也。上负绝壁，下临官廨，殿下云级插天，庑门上下，穹碑森立^⑤。从殿右上，有石窟倚而室之，曰会仙台。台中像群仙，环列无隙。余时欲跻危崖，登绝顶。还过岳殿东，望两崖断处，中垂草莽者千尺。为登顶间道，遂解衣攀蹑而登。二里，出危崖上，仰眺绝顶，犹杰然天半，而满山短树蒙密，槎桠枯竹⑥，但能钩衣刺领，攀践辄断折，用力虽勤，若堕洪涛，泊泊不能出。余益鼓勇上，久之棘尽，始登其顶⑦。时日色澄丽，俯瞰山北，崩崖乱坠，杂树密翳。是山土山无树，石山则有；北向俱石，故树皆在北。浑源州城一方，即在山麓，北瞰隔山一重，苍茫无际；南惟龙泉，西惟五台，青青与此作伍；近则龙山西亘，支峰东连，若比肩连袂，下扼沙漠者。既而下西峰，寻前入峡危崖，俯瞰茫茫，不敢下。忽回首东顾，有一人飘摇于上，因复上其处问之，指东南松柏间。望而趋，乃上时寝宫后危崖顶。未几，果得径，南经松柏林。先从顶上望，松柏葱青，如蒜叶草茎，至此则合抱参天，虎风口之松柏，不啻百倍之也。从崖隙直下，恰在寝宫之右，即飞石窟也，视余前上隘，中止隔崖一片耳。下山五里，由悬空寺危崖出。又十五里，至浑源州西关外⑧。

【注释】

①锋：刀的刃端。锷（è）：刃旁。

②朔（shuò）方：北方。

③寝宫："宫"即庙，"寝宫"即寝庙。古代的宗庙有"庙"和"寝"两部分，前殿称"庙"，后殿称"寝"，合称"寝庙"。

④真定府：治真定，即今河北正定县。恒山：真定府恒山在真定府属曲阳县，即今河北曲阳县西北，又称"河北恒山"、"常山"、"大茂山"，明以前以此为"五岳"之一的北岳。传说最初北岳在今恒山，尧曾建岳庙于此，每年都巡视到这里。舜时，有一年行至今曲阳县西北部，因大雪封山无法前进，忽然一块大石飞落地面，知是从恒山飞来，后来就把恒山迁到今曲阳县，在那里另建岳庙。因此浑源恒山上留有飞石窟。

⑤穹（qióng）碑：很高的石碑。

⑥槎枒（cháyā）：枝柯歧出。

⑦始登其顶：恒山绝顶称"天峰岭"，海拔 2017 米。从北岳殿到绝顶有东西两条路，东路捷直，但小道绝险。徐霞客系从东路间道登顶。

⑧浑源州：隶大同府，即今山西浑源县。

【译文】

十一日　风吹过后，云雾散尽，天空澄碧如洗。拄着手杖攀登北岳，朝东往上走，土冈是低缓的山丘，没有攀登的劳累。大体上山脉从龙泉关延伸过来，一共有三重，只有龙泉关这一重关山势陡峭尖削，而关外反而是平坦宽阔的泥土山脊；五台山这一重虽然高峻，但矗立挺拔的岩石，都在东底山一带山谷出口处；第三重顺峡谷口延伸到山中然后往北去，西边到龙山顶为尽头，东边到恒山南面，也都像不露锋刃的刀剑一样收敛，一到北面，则每一峰都陡峭，全部显露出高峻的本来面目。走一里后往北转，山中都是煤炭，不用深挖就可以采得。又走一里，于是土石都变为赤色，盘曲得像虬龙一般的松树一棵一棵地立在路旁，有望仙亭。又走三里，则崖石渐渐突起，松影如同从筛孔中透下来一样，这里名虎风口。从这里开始，石头路曲折盘旋，于是沿着山崖迎着峭壁而上。三里，有一块特大的牌坊，坊上题名"朔方第一山"，坊内的官署里厨房水井都齐备。坊右往东顺台阶上去，山崖半腰有寝宫，寝宫北是飞石窟，相传真定府的恒山是从这里飞去的。再上去，则是北岳殿了。殿上靠绝壁，下临官署，殿前的石阶直通云天，正殿两侧的房门上下，高大的石碑林立。从殿右上去，有石窟傍靠着大殿而被建成房屋，名会仙台。台中群仙的塑像，把石屋环列得没有一点儿空隙。我这时打算上陡崖，登绝顶。返下来时经过北岳殿东，远看两座山崖的断裂处，中间下垂千尺，杂草丛生。这是登绝顶的小路，于是脱掉外衣，攀扯践踏着杂草往上登。行二里，出到陡崖上面，抬头眺望绝顶，仍然还高高地耸立在半空中，而满山矮树稠密，歧出的枝条枯竹，只会钩住衣服、刺破脖颈，一攀扯践踏就折断了，我虽然辛勤地用力攀登，却像落进汹涌的浪涛之中，只听到汩汩水声而不能越出去。我益发鼓足勇气而上，很久才走完荆棘矮树地带，于是登上了北岳绝顶。这时天色清朗而明丽，俯瞰恒山北边，崩塌的崖壁任意往下坠陷，杂草树丛稠密地覆盖着。这里的山是土山没有树，石山上却有树；北边都是石山，所以树木都长在北边。浑源州城一带，就在山麓，往北看下去隔着一重山，苍茫一片，看不到边际；南边是龙泉关，西边是五台山，一片青翠的山峰与恒山相伴；近处是往西横贯的龙山，龙山的支脉往东伸去，和东边的山峰肩并肩、袖挨袖地紧密相连，阻扼住下面的沙漠。不久下到西边的山峰，寻找先前进入峡谷时的陡崖，往下看只见茫茫一片，不敢下。忽然间回头向东看，有一个人轻快地走在上面，于是我又上去向他询问，他指向东南的松柏间。我朝着松柏奔过去，是上来时寝宫背后的陡崖顶。没多久，果然找到小路，往南穿过松柏林。先前我在绝顶上眺望，青翠的松柏好像蒜叶草茎一样细小，到这里才知是两人合抱粗的参天大树，和虎风口的松柏相比，不止大百倍。顺崖缝直下，恰好在寝宫右侧，就是飞石窟，仔细看我先前所登的狭窄险要之处，中间只相隔着一块崖石。下山五里，从悬空寺的陡崖出山。又走十五里，到达浑源州西关外。

游秦人三洞日记

　　崇祯九年（1636）九月十九日，徐霞客已年届五十，一行四人踏上了"万里遐征"的漫漫长途。在浙江，长随夫王二逃走。以后同行者为仆人顾行和江阴迎福寺僧静闻。崇祯十年（1637）正月十一日，他们进入湖南。《游秦人三洞日记》是徐霞客在湖南茶陵县游记的一部分，见《楚游日记》。

　　茶陵县西部有秦人三洞，包括秦人洞、上清洞、麻叶洞。它们景色各异，探洞时碰到的困难各不相同，有自然因素，有人的因素，也有传统观念的影响。随着这些困难的逐步展开，徐霞客不畏险阻、勇往直前、追求真理的精神益加彰显。秦人洞和上清洞皆水汇成潭，很难深入。徐霞客于正月十六日游秦人洞，因误导多走了很多路，但兼得东洞和西洞。"余幸兼收之胜，岂惮往复之烦"，成了他旅游寻胜的名言。十七日先后探上清洞和麻叶洞。此两洞从来没有人进去过，当地人认为"神龙蛰处，非惟难入，亦不敢入"。徐霞客巧施百计，终为大水所阻，未能进入上清洞。对麻叶洞的考察极具戏剧性。当地人守在洞口，为徐霞客的生命安全担忧；徐霞客蛇身钻入，看到了千姿百态的洞内景观，而且考察十分顺利。出洞时洞外守视者更多，人们为他安然无恙出来而庆贺，因他的"神异"而表示敬礼！徐霞客却平静地说："吾守吾常，吾探吾胜耳！"这个真实的故事，显示了徐霞客不惧神怪、勇往直前、追求真理的可贵精神。

十六日　东岭坞内居人段姓，引南行一里，登东岭，即从岭上西行。岭头多漩窝成潭，如釜之仰，釜底俱有穴直下为井，或深或浅，或不见其底，是为九十九井。始知是山下皆石骨玲珑，上透一窍，辄水捣成井。窍之直者，故下坠无底；窍之曲者，故深浅随之。井虽枯而无水，然一山而随处皆是，亦一奇也。又西一里，望见西南谷中，四山环绕，漩成一大窝，亦如仰釜，釜之底有洞，洞之东西皆秦人洞也。由灌莽中直下二里，至其处。其洞由西洞出，由东洞入，洞横界窝之中，东西长半里，中流先捣入一穴，旋透穴中东出，即自石峡中行。其峡南北皆石崖壁立，夹成横槽；水由槽中抵东洞，南向捣入洞口。洞有两门，北向，水先分入小门，透峡下倾，人不能从，稍东而南入大门者，从众石中漫流，其势较平；第洞内水汇成潭，深浸洞之两崖，旁无余隙可入。循崖则路断，涉水则底深，惜无浮槎可觅支矶片石。惟小门之水，入峡后亦旁通大洞，其流可揭厉而入①。其窍宛转而披透，窍中如轩楞别启，返瞩捣入之势，亦甚奇也。西洞洞门东穹，较东洞之高峻少杀；水由洞后东向出，水亦较浅可揭。入洞五六丈，上嵌围顶，四围飞石驾空，两重如庋悬阁，得二丈梯而度其上。其下再入，水亦成潭，深与东洞并，不能入矣。是日导者先至东洞，以水深难入而返，不知所谓西洞也。返五里，饭于导者家，日已午矣。其长询知洞水深，曰：“误矣！此入水洞，非水所从出者。”复导予行，始抵西洞。余幸兼收之胜，岂惮往复之烦！既出西洞过东洞，共一里，逾岭东望，见东洞水所出处；复一里，南抵坞下，其水东向涌出山麓，亦如黄雩之出石下也。土人环石为陂，壅为巨潭以灌山塍。从其东，水南流出谷，路北上逾岭，共二里始达东岭之上，此由州入坞之大道也。登岭，循旧路一里，返宿导者家。

【注释】

①揭（qì）：水浅处提起衣裤涉水。厉：水深处穿着衣服涉水。

【译文】

十六日　东岭坞内一个姓段的居民，导引我往南走一里，登上东岭，然后便从岭上往西行。岭头上有许多水流回旋下落冲出的深水坑，如同锅仰放着，锅底都有洞穴直通向下成为井，它们有的深有的浅，有的见不到底，这地方是九十九井。这才知道这山的下面都是玲珑的石头，上有一洞，就被水冲捣成井。有的洞直下，所以下坠无底；有的洞曲折，所以深浅随情形的变化而不同。这些井虽然干枯无水，然而整座山到处都是，也是一个奇观。又往西一里，望见西南面山谷中，四面山峰环绕，水流回旋下落冲成一大个洼坑，也如一口仰放着的锅，坑底有洞流，洞的东西两边都是秦人洞。从茂密的草木中直往下走二里，到了那大洼坑处。洼坑中的洞流从秦人洞西洞流出，进入东洞中，它横界在洼坑的中间，东西长半里，流到中途先捣入一个洞穴中，旋即穿过洞穴从东面流出来，便从石峡中流走。那山峡南北两边都是耸立如壁的石崖，夹峙而形成一条横槽；水从横槽中流抵东洞，向南捣入洞口。东洞有两个门，朝向北面，有一股水先分流入小门内，透过夹壁向下倾泻，人不能随水而入，稍往东而向南流入大门内的水，从众多石头中间漫流，水势较为平缓；只是洞内水流汇聚成潭，深深地淹没了洞内的两边崖壁，旁边没有别的缝隙可以让人沿着走进去。顺崖走则道路断绝，涉水过则水太深，可惜的是没有木筏乘着进去，以便可以觅取潭水边的支矶片石。只有小门中的水，流入夹壁中后也向旁边通到大洞，那水流较浅，可以提起衣裤而走进去。那通往大洞的孔穴曲折而有缝隙漏着光，孔穴中如另有一间开着门的、有栏杆的小屋子，从那里回身观看水流捣入的态势，也很奇异。西洞的洞门朝东高高隆起，比起东洞洞门的高峻来稍逊一些；水从洞后面向东流出去，而且水也较浅可以提起衣裤走入其中。进入洞内五六丈后，上面镶嵌着围顶，四周石头凌空飞突，洞壁的第二层上如同悬空架着楼阁，若得到两丈高的梯子便可攀到上面。再往下走，水流也汇聚成潭，潭的深度与东洞中的一样，不能再进去了。这天向导先带领我到东洞，因为洞中水深难以进去，便返回了，不知道所谓的西洞。往回走五里，在向导家吃过饭，已是中午了。那向导家的一个长者询问后得知我们所到的那个洞里面水深，便说："错了！这是入水洞，不是水从其中流出的那个洞。"于是又导引我前行，这才抵达西洞。我庆幸两个洞的优美景观都得以游览，怎怕路途往返的麻烦呢！出了西洞后经过东洞，共走一里，越过山岭往东望去，看到东洞的水流出山腹的那地方；又走了一里，往南抵达山坞下，见那水从山麓向东涌出，也如黄雱江从石头下边涌出来的那样。当地人用石块砌成一个圆形的池子，堵起一大潭水用以灌溉山中的田畦。从池子的东面起，水往南流出山谷，路往北越岭而去，共走二里才到达东岭上，这是从茶陵州城进入东岭坞的大路。登上岭头，顺原路走一里，返回到向导家住宿。

十七日　晨餐后，仍由新庵北下龙头岭，共五里，由旧路至络丝潭下。先是，余按志有"秦人三洞，而上洞惟石门不可入"之文，余既以误导兼得两洞，无从觅所谓上洞者。土人曰："络丝潭北有上清潭，其门甚隘，水由中出，人不能入，入即有奇胜。此洞与麻叶洞俱神龙蛰处^①，非惟难入，亦不敢入也。"余闻之，益喜甚。既过络丝潭，不渡涧，即傍西麓下。盖渡涧为东麓，云阳之西也，枣核故道；不渡涧为西麓，大岭、洪碧之东也，出把七道。北半里，遇樵者，引至上清潭。其洞即在路之下、涧之上，门东向，夹如合掌。水由洞出，有二派：自洞后者，汇而不流；由洞左者，乃洞南旁窦，其出甚急。既逾洞左急流，即当伏水而入。导者止供炬爇火，无肯为前驱者。余乃解衣伏水，蛇行以进。石隙既低而复隘，且水没其大半，必身伏水中，手擎火炬，平出水上，乃得入。西入二丈，隙始高裂丈余，南北横裂者亦三丈余，然俱无入处。惟直西一窦，阔尺五，高二尺，而水没其中者亦尺五，隙之余水面者，五寸而已。计匍匐水中，必口鼻俱濡水，且以炬探之，贴隙顶而入，犹半为水渍。时顾仆守衣外洞，若泅水入，谁为递炬者？身可由水，炬岂能由水耶？况秦人洞水，余亦曾没膝浸服，俱温然不觉其寒，而此洞水寒，与溪涧无异。而洞当风口，飕飗弥甚。风与水交逼，而火复为阻，遂舍之出。出洞，披衣犹觉周身起粟，乃爇火洞门②。久之，复循西麓随水北行，已在枣核岭之西矣。

【注释】

① 蛰（zhé）：虫类伏藏。

② 爇（ruò）：烘烤。

【译文】

十七日　早餐后，仍从新庵往北下了龙头岭，共走五里，由原路到达络丝潭下。起初，我查阅到志书上有"秦人洞分三个洞，然而上洞只有石门，不可以进入里边"的记载，后来我既然因为被误导而得以游览两洞，就无从寻觅所谓的上洞。当地人说："络丝潭北面有个上清潭，它的门很狭窄，水由门中流出，人不可能进去，若进去便有奇异优美的景观。此洞与麻叶洞都是神怪龙蛇潜伏的地方，不只是难以进去，而且也不敢进去。"我听了这话，更加欣喜异常。过了络丝潭后，不渡涧流，依傍着岭西麓往下走。因为渡过涧流为岭的东麓，那里在云阳山的西面，就是来时所走的、经过枣核岭的那条路；不渡涧流为岭的西麓，在大岭、洪碧山的东面，是通往把七铺的路。往北半里，遇到个打柴的人，他带领我到了上清潭。那洞就在路下边、涧流上边，洞门朝东，两边相夹如同两掌相合。水从洞中出来，有两股：从洞后出来的，汇聚成潭而不流动；从洞的左边，即洞南的支洞出来的，流得很急。随后我越过洞左边的急流，将下入水中走进洞去。向导只提供火把，没有肯当先导的。我便脱了衣服匍匐在水中像蛇一样爬着进去。石头间的缝隙既低矮又狭窄，而且被水淹没了大半，必须身体没入水中，手举着火把平伸出水面上，才能进去。往西进去两丈，石头间的缝隙才高高地裂开一丈多，南北横向裂开的也有三丈多，然而都没有进入缝隙的通道。唯独正西面有个小洞，宽有一尺五，高有两尺，然而水淹没着的部分也有一尺五，水面上剩余的缝隙不过五寸而已。我揣度若匍匐在水中爬进去，必然口鼻都被沾湿，并且我用火把探了一下，即使贴着缝隙的顶往里爬，火把仍有一半被水浸泡。当时顾仆在洞外守着衣服，若游着水进去，谁为我递火把？身体可以从水中过，火把难道能从水中过吗？秦人洞的水，也曾淹到我的膝盖、浸湿过大腿，都温暖不觉得寒冷，而此洞中的水寒冷，与溪涧中的没有差别。又加之洞当风口，风飕飕地刮得很猛。风与水交相侵逼，而火又成为阻止我往里进的一个因素，于是就放弃探险返身出来。出了洞披上衣服，还觉得周身起粟，于是在洞门边烧了堆火烘烤。过了好久，仍顺岭西麓随水往北行，这时已经是在枣核岭的西面了。

去上清三里，得麻叶洞。洞在麻叶湾，西为大岭，南为洪碧，东为云阳、枣核之支，北则枣核西垂。大岭东转，束涧下流，夹峙如门，而当门一峰，耸石屼突，为将军岭；涧捣其西，而枣核之支，西至此尽。涧西有石崖南向，环如展翅，东瞰涧中，而大岭之支，亦东至此尽。回崖之下，亦开一隙，浅不能入。崖前有小溪，自西而东，经崖前入于大涧。循小溪至崖之西胁乱石间，水穷于下，窍启于上，即麻叶洞也。洞口南向，大仅如斗，在石隙中转折数级而下。初觅炬倩导，亦俱以炬应，而无敢导者。曰："此中有神龙。"或曰："此中有精怪。非有法术者，不能摄服。"最后以重资觅一人，将脱衣入，问余乃儒者，非羽士，复惊而出曰："予以为大师，故欲随入；若读书人，余岂能以身殉耶[①]？"余乃过前村，寄行李于其家，与顾仆各持束炬入。时村民之随至洞口数十人，樵者腰镰，耕者荷锄，妇之炊者停爨，织者投杼，童子之牧者，行人之负载者，接踵而至，皆莫能从。余两人乃以足先入，历级转窦，递炬而下，数转至洞底。洞稍宽，可以侧身矫首，乃始以炬前向。其东西裂隙，俱无入处，直北有穴，低仅一尺，阔亦如之，然其下甚燥而平。乃先以炬入，后蛇伏以进，背磨腰贴，以身后耸，乃度此内洞之第一关。其内裂隙既高，东西亦横亘，然亦无入处。又度第二关，其隘与低与前一辙，进法亦如之。既入，内层亦横裂，其西南裂者不甚深。其东北裂者，上一石坳，忽又纵裂而起，上穹下狭，高不见顶，至此石幻异形，肤理顿换，片窍俱灵。其西北之峡，渐入渐束，内夹一缝，不能容炬。转从东南之峡，仍下一坳，其底砂石平铺，如涧底洁溜，第干燥无水，不特免揭厉，且免沾污也。峡之东南尽处，乱石轰驾，若楼台层叠，由其隙皆可攀跻而上。其上石窦一缕，直透洞顶，光由隙中下射，若明星钩月，可望而不可摘也。层石之下，洞底南通，覆石低压，高仅尺许；此必前通洞外，涧所从入者，第不知昔何以涌流，今何以枯洞也，不可解矣！由层石下北循洞底入，其隘甚低，与外二关相似。稍从其西攀上一石隙，北转而东，若度鞍历峤。两壁石质石色，光莹欲滴，垂柱倒莲，纹若镂雕，形欲飞舞。东下一级，复值洞底，已转入隘关之内矣。于是辟成一衖[②]，阔有二丈，高有丈五，覆石平如布幄，洞底坦若周行。北驰半里，下有一石，庋出如榻[③]，楞边匀整；其上则莲花下垂，连络成帏，结成宝盖，四围垂幔，大与榻并，中圆透盘空，上穹为顶；其后西壁，玉柱圆竖，或大或小，不一其形，而色皆莹白，纹皆刻镂：此衖中第一奇也。又直北半里，洞分上下两层，涧底由东北去，上洞由西北登。时余所赍火炬已去其七，恐归途莫辨，乃由前道数转而穿二隘关。抵透光处，炬恰尽矣。穿窍而出，恍若脱胎易世。洞外守视者，又增数十人，见余辈皆顶额称异④，以为大法术人。且云："前久候以为必堕异吻，故余辈欲入不敢，欲去不能。兹安然无恙，非神灵摄服，安能得此！"余各谢之，曰："吾守吾常，吾探吾胜耳，烦诸君久伫，何以致之！"然其洞但入处多隘，其中洁净干燥，余所见洞，俱莫能及，不知土人何以畏入乃尔！乃取行囊于前村，从将军岭出，随涧北行十余里，抵大道。其处东向把七尚七里，西向还麻止三里，余初欲从把七附舟西行，至是反溯流逆上，既非所欲，又恐把七一时无舟，天色已霁，遂从陆路西向还麻。时日已下舂，尚未饭，索酒市中。又西十里，宿于黄石铺，去茶陵西已四十里矣。是晚碧天如洗，月白霜凄，亦旅中异境，竟以行倦而卧。

【注释】

①殉：从葬。

②衕：同"弄"，即小巷。

③庋（guì）：托出。榻（tà）：床。

④顶额：以手加额。表示敬礼。

【译文】

离开上清潭三里，找到麻叶洞。此洞在麻叶湾，西面是大岭，南面是洪碧山，东面是云阳山、枣核岭的分支，北面则是枣核岭的西边。大岭折往东延伸，夹立在洞的下游，峰岭夹峙如同门一样，对着山门有座山峰，峰上石头高耸突兀，它是将军岭；洞流捣贯将军岭的西面，而枣核岭的分支往西延伸到这里结束。洞流西面有座石崖朝南环绕，如同鸟雀展开的翅膀，向东俯瞰洞流中，大岭的分支，也往东延伸到此处而结束。回旋的石崖下，也裂开一条缝隙，但浅而不能进去。石崖前面有条小溪，自西向东流，经石崖前汇入大洞流中。我顺小溪到达石崖西侧的乱石中间，水在石崖下面流尽，一个洞穴在上面张开，这就是麻叶洞。洞口朝南，仅如斗大，在石头缝隙中转折了几层而通向下。起初找火把请向导时，当地人也都只答应提供火把，而没有敢导引我游洞的。有的说："这洞中有神龙。"有的说："这洞中有精怪。除非是有法术的人，否则不能使那精怪畏惧而顺服。"最后出重资找到一人，将要脱衣进洞时，问知我是读书人，不是道士，又惊骇而返出来，说道："我以为你是有降服神怪法术的道士，所以想随你进去；若是读书人，我岂能以身殉葬？"我于是到前村，将行李寄在那人家中，与顾仆各持火把走进洞。当时村民跟随我们到洞口的有几十人，打柴的腰插镰刀，耕田的肩扛锄头，妇女们做饭的停止了灶上的活计，织布的将梭子抛掷在一边，还有放牧的童子、背东西的行人等等，接踵而至，但都没有跟随我们进去。我俩于是把脚先伸进洞，然后踩着石坎，从一些小洞中绕行，互相传递着火把朝下走，折了几次后到达洞底。洞底稍微宽一些，可以侧身昂首，于是才将火把举向前。洞东西两边崖壁上裂开的缝隙都没有通道可以进去，正北有个孔穴，低矮得只有一尺，宽也是一样，然而那孔穴下很干燥而且平坦。于是先将火把伸进去，而后像蛇一样往里爬，脊背磨擦着孔穴顶部，腰部贴着孔壁，下身向后翘起，才通过了这内洞中的第一关。孔穴以内洞壁上的缝隙既高，又是东西贯通，然而也没有进入的通道。又通过第二关，它的狭窄和低矮程度与前面一关完全相同，进入里边的方法也相同。进去后，内层同样横向裂开，西南边裂开的缝隙不很深。那东北边裂开的缝隙，斜向上过了一个石坳后，忽然又纵向裂开，上面穹隆下面狭窄，高不见顶，到了此处，岩石变化出不同的形态，表层纹理顿时改换，每一片石每一个孔都显得灵异。西北面的洞峡渐往里渐狭窄，两壁夹着一条缝，窄得不能容纳火把。折往东南面的洞峡，依然下了一个石坳，洞峡底部砂石平铺，如同洞流底一般洁净光滑，只是干燥无水，这不仅省了提起衣裤的麻烦，而且避免了水流弄湿弄脏衣服身体。洞峡的东南尽头处，乱石崩裂堆架，若楼台一样层层叠累，由石头的缝隙间都可以攀着上去。那上面有一小条石缝，直通洞顶，光从缝隙中照射下来，宛若明亮的星星和如钩的月亮，可望而不可摘。层层叠累的石头下面，涧底通向南，覆盖的石头低低地遮压在沟涧上面，间隙仅有一尺左右高；这必定是以前通向洞外、涧流从其中淌进来的通道，只是不知从前为什么流水奔涌，如今又为什么成了干涸的洞，真是不可理解！从层层叠累的石头下往北顺涧底进去，那狭窄的通道很低矮，与外面所经过的两个关相似。稍微从它西面一点儿攀上一条石头间的夹缝，先转往北而后转往东，像翻过马鞍似的尖而高的山头。两壁的石质石色，光洁如玉，像是水要往下滴一样，那垂悬的石柱、倒挂的石莲花，花纹好像是雕刻的，形态像是要飞舞起来。往东走下一个石阶，又到了洞底，便已经转入隘关以内了。从这里进去是一个小石巷，宽有两丈，高有一丈五，上面覆盖的石头平得如同布篷，洞底平而宽广如同大路。往北急行半里，下面有一块石块横伸出来，如同一张床，棱边匀称整齐；它顶上石莲花下垂，纵横的石条网织成石帐，结成宝盖，四周垂悬着帐幕，与床一样大小，帐幕中间圆而贯通，向上回旋，上面穹隆形成顶；它后面的西边，一根根像是用玉石做成的圆形石柱直立着，有的大有的小，形态各不相同，而颜色都晶莹洁白，花纹都像是雕刻的：这是小石巷中的第一奇景。又直往北半里，洞分为上下两层，洞底朝东北延伸而去，到洞上层从西北攀登。这时我们带的火把已经用掉了十分之七，恐怕回去的路途分辨不清，于是从前面所走的道路折了几次，穿过了两道隘关。抵达透光处时，火把恰好燃尽了。穿过孔穴走出洞，仿佛投胎转世一般。洞外守着观看的人，此时又增加了几十个，见到我俩都将手举到额头行了礼，大称奇异，把我俩视为有大法术的得道之人。并且说："我们守候很久，以为你们必落怪物的口中，所以我等想进去看看却不敢，想离开又不能。现在你俩安然无恙，若不是神灵畏惧而顺服你们，怎能够有如此结果！"我分别道谢了各位，对他们说："我遵从我的规则行事，我探游我所喜爱的风景名胜，烦劳各位久久站立守候，这叫我用什么来表达对大家的谢意呢！"然而那洞只是入口处多一些狭窄的地方，洞中却洁净干燥，这是我所见过的洞都不能比的，不知当地人为什么那样害怕进去！之后到前村取了行李，从将军岭出来，顺山涧往北行十多里，抵达大路上。那里向东到把七铺还有七里，向西到还麻只有三里，我最初想从把七铺搭乘船只西行，到现在去把七铺反而是溯流上行，已经不是我所希望的，又恐怕把七铺一时间没船只，而天色已经放晴，于是从陆路向西朝还麻走。当时太阳已落山，尚未吃饭，于是在集市中弄了些酒。又往西走十里，投宿在黄石铺，离开茶陵州城向西已经四十里了。这天晚上碧空如洗，月白霜寒，也是旅行途中的一处不同寻常的境遇，但因为走得太疲倦，倒下后就睡着了。

黄石铺之南，即大岭北峙之峰，其石嶙峋插空，西南一峰尤甚，名五凤楼，去十里而近，即安仁道。余以早卧不及询，明日登途，知之已无及矣。

【译文】
黄石铺的南面，就是大岭北面耸起的山峰，怪石嶙峋，直插云空，西南面的一座山峰尤其突出，名叫五凤楼，距此峰不足十里，就是通往安仁县城的路。我因头天晚上早早睡下，未能打听到这些，第二天踏上路途，知道时已经来不及了。

黄石西北三十里为高暑山，又有小暑山，俱在攸县东，疑即司空山也。二山之西，高峰渐伏。茶陵江北曲，经高暑南麓而西，攸水在山北。是山界茶、攸两江云。

【译文】

黄石铺西北面三十里为高暑山，另外又有座小暑山，它们都在攸县东境，我怀疑就是司空山。两山的西面，高峻的山峰渐渐低伏下去。茶陵江折往北，经高暑山南麓流向西去，攸水在高暑山的北面。所以此山分隔了茶陵江、攸水两条江流。

湘江遇盗日记

　　《湘江遇盗日记》是徐霞客在湖南湘江船上遇盗的真实记录，见《楚游日记》。

　　徐霞客的万里西游，历尽艰险，曾多次绝粮，多次遇盗，而以湘江遇盗所受的打击最大最惨。崇祯十年（1637）二月初十，徐霞客乘坐的船离开衡阳，十一日泊于新塘站附近。深夜，群盗冲入船上，杀人放火，洗劫财物。徐霞客一行的钱物被焚劫无遗，静闻及顾仆皆被盗戳伤。得静闻救出徐霞客游记手稿及部分经籍，实为万幸。《湘江遇盗日记》记被盗经过甚详。静闻为他人冒刃、冒寒、冒火、冒水的崇高精神；另一些人则趁火打劫，冒认财物，或见死不救，尽量回避。这些危难时刻的众生相，都被徐霞客一一记录下来。歌颂真善美，揭露假恶丑，如泣如诉。大盗的狰狞，人间的友爱，跃然纸上。该文是徐霞客叙事散文的代表作。十三日，徐霞客重回衡阳，已身无分文。朋友愿别措衣装，劝他回故乡，徐霞客却坚决表示，"不欲变余去志"。他常说："吾荷一锸来，何处不可埋吾骨耶？"他的坚定信念和不屈志向，让人们肃然起敬！经过多方努力和朋友的筹措，徐霞客一行终于又踏上了西游的汗漫之旅。

十一日　五更复闻雨声，天明渐霁。二十五里，南上钩栏滩，衡南首滩也，江深流缩，势不甚汹涌。转而西，又五里为东阳渡①，其北岸为琉璃厂，乃桂府烧造之窑也。又西二十里为车江②，或作"汉江"。其北数里外即云母山。乃折而东南行，十里为云集潭，有小山在东岸。已复南转，十里为新塘站③。旧有驿，今废。又六里，泊于新塘站上流之对涯。同舟者为衡郡艾行可、石瑶庭，艾为桂府礼生④，而石本苏人，居此已三代矣。其时日有余照，而其处止有谷舟二只，遂依之泊。已而，同上水者又五六舟，亦随泊焉。其涯上本无村落，余念石与前舱所搭徽人俱惯游江湖，而艾又本郡人，其行止余可无参与，乃听其泊。迨暮，月色颇明。余念入春以来尚未见月，及入舟前晚，则潇湘夜雨，此夕则湘浦月明，两夕之间，各擅一胜，为之跃然。已而忽闻岸上涯边有啼号声，若幼童，又若妇女，更余不止。众舟寂然，皆不敢问。余闻之不能寐，枕上方作诗怜之，有"箫管孤舟悲赤壁，琵琶两袖湿青衫"之句，又有"滩惊回雁天方一，月叫杜鹃更已三"等句。然亦止虑有诈局，俟怜而纳之，即有尾其后以挟诈者，不虞其为盗也。迨二鼓，静闻心不能忍，因小解涉水登岸，静闻戒律甚严，一吐一解，必俟登涯，不入于水。呼而诘之，则童子也，年十四五，尚未受全发，诡言出王阉之门，年甫十二，王善酗酒，操大杖，故欲走避。静闻劝其归，且厚抚之，彼竟卧涯侧。比静闻登舟未久，则群盗喊杀入舟，火炬刀剑交丛而下。余时未寐，急从卧板下取匣中游资移之。越艾舱，欲从舟尾赴水，而舟尾贼方挥剑斫尾门，不得出。乃力掀篷隙，莽投之江中，复走卧处，觅衣披之。静闻、顾仆与艾、石主仆，或赤身，或拥被，俱逼聚一处。贼前从中舱，后破后门，前后刀戟乱戳，无不以赤体受之者。余念必为盗执，所持绸衣不便⑤，乃并弃之。各跪而请命，贼戳不已，遂一涌掀篷入水。入水余最后，足为竹纤所绊，竟同篷倒翻而下，首先及江底，耳鼻灌水一口，急踊而起。幸水浅止及腰，乃逆流行江中，得邻舟间避而至，遂跃入其中。时水浸寒甚，邻客以舟人被盖余，而卧其舟。溯流而上三四里，泊于香炉山，盖已隔江矣。还望所劫舟，火光赫然，群盗齐喊一声为号而去。已而同泊诸舟俱移泊而来，有言南京相公身被四创者⑥，余闻之暗笑其言之妄。且幸乱刃交戟之下，赤身其间，独一创不及，此实天幸！惟静闻、顾奴不知其处，然亦以为一滚入水，得免虎口，资囊可无计矣。但张侯宗琏所著《南程续记》一帙⑦，乃其手笔，其家珍藏二百余年，而一入余手，遂罹此厄⑧，能不抚膺⑨！其时舟人父子亦俱被戳，哀号于邻舟。他舟又有石瑶庭及艾仆与顾仆，俱为盗戳，赤身而来，与余同被卧，始知所谓被四创者，乃余仆也。前舱五徽人俱木客，亦有二人在邻舟，其三人不知何处。而余舱尚不见静闻，后舱则艾行可与其友曾姓者，亦无问处。余时卧稠人中，顾仆呻吟甚，余念行囊虽焚劫无遗，而所投匣资或在江底可觅。但恐天明为见者取去，欲昧爽即行⑩，而身无寸丝，何以就岸？是晚初月甚明，及盗至，已阴云四布，迨晓，雨复霏霏。

【注释】

①东阳渡：今名同，在衡阳市南境，湘江东岸。

②车江：今名同，在衡南县中部，湘江西岸。

③新塘站：即今衡南县南的新塘站。

④礼生：祭祀时赞礼司仪的执事。

⑤绸（chóu）：为大丝抽缯，粗茧织成。

⑥相公：旧时对读书人的敬称。

⑦帙（zhì）：用布帛制成的包书的套子，因称书一套为"一帙"。

⑧罹（lí）：遭遇不幸的事。

⑨抚膺（yīng）：抚胸。表示痛惜、气愤。膺，胸。

⑩昧爽：拂晓，黎明。

【译文】

十一日　五更时又听到雨声，天亮后雨渐渐停下来。行二十五里，往南上了钩栏滩，它是衡州府城南面湘江上的第一滩，到这里江流变深，水面变窄，水势不很汹涌。折往西，又行五里为东阳渡，它的北岸为琉璃厂，是桂府烧造各种器皿的窑子。又往西行二十里为车江，或写作"汊江"。它北面几里以外就是云母山。而后就折往东南，行十里为云集潭，有座小山在潭东岸上。随后又转往南，行十里为新塘站。先前有驿站，如今已废弃。又行六里，停泊在新塘站上游对岸。同船的为衡州府的艾行可、石瑶庭，姓艾的是桂府祭祀时赞礼司仪的执事，而姓石的本是苏州府人，移居此地已经三代了。当时太阳还有余辉，而那地方只有两只载谷的船，于是靠拢上去停泊在一起。不久后，同是向上游航行的船又有五六条，也跟着在那里停泊下来。停泊处的岸上本无村落，但我想姓石的与前舱中搭乘的徽州府人都惯游江湖，而姓艾的又是本府人，或走或停我可以不过问干预，于是听凭船只停泊下来。等到太阳落山后，天空中月色很明亮。我回想起入春以来还未见到月亮，到前天晚上登船，潇湘江下了一夜的雨，今夜却是湘江岸边明月照耀，两夜之间，各欣赏一种江上的优美夜景，于是心中不禁为此感到愉悦。旋即忽然听到江岸边有啼哭声，像是幼童，又像是妇女，哭了一更多还未停止。众船中静悄悄的，都不敢随便询问。我听着哭声不能安睡，便在枕头上作了一首诗表达怜悯之情，诗中有"孤单单的小船上竹箫吹起赤壁的悲歌，凄楚的琵琶声令人哭湿了青衫和两袖"这样的句子，又有"险滩惊起回雁正当一更天，月下杜鹃啼叫已过半夜时"等句子。然而我也只是考虑怕会有骗人的圈套，待船上的人可怜他而收纳、理会他时，便有尾随其后挟持诈骗的人到来，没有料想到他是盗贼。到两更时，静闻心中不能抑制住怜悯的心情，于是乘涉水登岸小解的机会，静闻对教中的戒律遵守得很严，吐痰及解大、小便等，一定等到上岸，从不在水中进行。招呼询问那啼哭的人，发现是个童子，年龄十四五岁，还没有留全发，欺诈说他是王宦官门下的人，年纪才十二，因为王宦官酗酒，常拿重棍责罚他，因此想逃跑。静闻劝他回去，并且用好言抚慰他，而他竟然躺卧在岸边不动。等静闻登上船不久，就见一群盗贼喊叫着冲入船中，火把刀剑交错密集地落下。我当时还未睡，急忙从铺板下取出匣子中装着的旅费，转移到其他地方。我越过艾行可所在的那舱，想从船尾投入水中，而那里盗贼正挥剑砍着船尾的门，不能出去。于是用力掀起船篷，露出缝隙，莽撞地将匣子投到江中，又跑回睡卧处，找了衣服披在身上。静闻、顾仆和艾行可、石瑶庭以及他俩的仆人，或光着身，或裹着被子，都被逼到一起。船头的盗贼从中舱向后，船后的盗贼砍开船的后门往前，前后刀戟乱刺，船上的人无不是赤身露体地挨着。我想我必定要被盗贼抓住，所拿着的绸子衣服不便于行动，于是通通丢弃。大家个个跪在盗贼前请求保全性命，盗贼却砍戳个不停，于是大家一涌而起，掀起船篷跳入水中。我是最后一个入水，脚被竹船索绊着，竟然同船篷一起倒翻下去，头先触着江底，耳鼻都灌了水，才迅急向上浮起。幸好水浅，只到腰部，于是逆流从江中走，见到一只邻船为避开盗贼开了过来，便跃入那船中。当时水浸得我全身异常寒冷，那船上的一个乘客将船夫的被子盖在我身上，我便躺在船中。船逆流而上行了三四里，停泊在香炉山下，这里已经是湘江的另一岸了。回身望去，那只被抢劫的船，火光大起，众盗贼齐声喊叫一声作为信号，就离去了。随即，先前一同停泊的各船都移到香炉山下来停泊，船中有人说南京的读书人身上被刺伤四处，我听了暗笑那人所说之话的虚妄。幸运的是我赤身躲在乱刀棍剑下，竟没有被伤，这实在是天幸！只是不知道静闻、顾仆在何处，也以为他们一滚入水中，就能免于虎口，至于钱财就可不去计较了。只是张侯宗琏所著的一套《南程续记》，是他的手迹，他家珍藏了两百多年，而一到我手中，便遭此等厄运，怎能不痛惜！当时船夫父子俩也都被刺伤，在邻船上哀号着。另一只船上又有石瑶庭、艾行可的仆人与顾仆，他们都被盗贼刺伤，光着身体来到我的船上，与我同盖一床被子躺卧，我这才知道所说的被弄伤四处的是我的仆人。原所乘那只船前舱中的五个徽州府人都是做木活的，他们中也有两个在邻船上，其余三人不知在哪里。而我那个舱中还不见静闻，后舱中则是艾行可与他的一个姓曾的朋友，也没有打听的地方。我当时躺在众人中，顾仆呻吟得很厉害，我心想行李袋虽然被焚烧抢劫得什么都不剩了，而投到江中的匣子装着的旅游费用或许在江底可以找到。只恐怕天亮后被见到的人拿了去，想黎明就前往寻找，但身上无寸丝遮掩，何以上岸？这天晚上，起初月亮很明，等盗贼来时，已经阴云四布，到天亮时，雨又霏霏地下了起来。

十二日　邻舟客戴姓者，甚怜余，从身分里衣、单裤各一以畀余。余周身无一物，摸髻中犹存银耳挖一事，余素不用髻簪，此行至吴门，念二十年前从闽返钱塘江浒①，腰缠已尽②，得髻中簪一枝，夹其半酬饭，以其半觅舆，乃达昭庆金心月房。此行因换耳挖一事，一以绾发，一以备不时之需。及此堕江，幸有此物，发得不散。艾行可披发而行，遂至不救。一物虽微，亦天也！遂以酬之，匆匆问其姓名而别。时顾仆赤身无蔽，余乃以所畀裤与之，而自着其里衣，然仅及腰而止。旁舟子又以衲一幅畀予，用蔽其前，乃登涯。涯犹在湘之北东岸，乃循岸北行。时同登者余及顾仆，石与艾仆并二徽客，共六人一行，俱若囚鬼。晓风砭骨，砂砾裂足，行不能前，止不能已。四里，天渐明，望所焚劫舟在隔江，上下诸舟，见诸人形状，俱不肯渡，哀号再三，无有信者。艾仆隔江呼其主，余隔江呼静闻，徽人亦呼其侣，各各相呼，无一能应。已而闻有呼予者，予知为静闻也，心窃喜曰："吾三人俱生矣。"亟欲与静闻遇。隔江土人以舟来渡余，及焚舟，望见静闻，益喜甚。于是入水而行，先觅所投竹匣。静闻望而问其故，遥谓余曰："匣在此，匣中之资已乌有矣。手摹《禹碑》及《衡州统志》犹未沾濡也。"及登岸，见静闻焚舟中衣被竹笈犹救数件，守之沙岸之侧。怜予寒，急脱身衣以衣予；复救得余一裤一袜，俱火伤水湿，乃益取焚余炽火以炙之。其时徽客五人俱在，艾氏四人，二友一仆虽伤亦在，独艾行可竟无踪迹。其友、仆乞土人分舟沿流捱觅，余辈炙衣沙上，以候其音。时饥甚，锅具焚没无余，静闻没水取得一铁铫③，复没水取湿米，先取干米数斗，俱为艾仆取去。煮粥遍食诸难者，而后自食。迨下午，不得艾消息，徽人先附舟返衡，余同石、曾、艾仆亦得土人舟同还衡州。余意犹妄意艾先归也。土舟颇大，而操者一人，虽顺流行，不能达二十余里，至汉江已薄暮。二十里至东阳渡，已深夜。时月色再明，乘月行三十里，抵铁楼门，已五鼓矣。艾使先返，问艾竟杳然也④。

【注释】

①浒（hǔ）：水边。

②腰缠：随身携带的财物。

③铫（diào）：一种熬东西用的有柄有流的小锅。

④杳（yǎo）然：消失，不见踪影。

【译文】

十二日　邻船一个姓戴的客人，很同情我，从他身上分出内衣、单层裤子各一样给了我。我全身没有一件物品，摸摸发髻中还存有一个银耳挖，我向来不用髻簪，此次旅行到达苏州时，想起二十年前从福建返回到钱塘江边，随身携带的财物已经用完，从发髻中摸到一枝簪，剪下一半付了饭钱，用另一半雇了一乘轿子，才到达昭庆寺金心月房。于是此次旅行换了一个耳挖，一是用来盘束头发，一是用来防备随时的需要。到此次落入江中，幸亏有这耳挖，头发得以不散开。艾行可披发而行，以至于无救。一件物品虽然微小，也会成为性命赖以保全的东西啊！便用它来酬谢了他，然后匆匆问了他的姓名就告别了。当时顾仆光着身没有一点儿衣物遮蔽，我便把姓戴的所给的裤子给了他，而自己穿着那件内衣，然而那内衣仅到腰间。旁边一只船的船夫又将一块补过补丁的布给了我，我用它遮着前面，就朝岸上登去。所登之处仍然在湘江的东北岸上，于是沿岸往北行。当时一同登岸的有我和顾仆、石瑶庭和艾行可的仆人以及两个徽州府人，一行共六人，个个都像是囚犯鬼怪。拂晓的风寒冷刺骨，碎石子划破了脚板，往前不能走，想停下又不能。走了四里，天渐渐亮开，望见那只被焚烧抢劫的船在江对面，上上下下的众多船只，看到我们这一行人的形状，都不肯为我们摆渡，再三哀求哭喊，都没有相信的。艾行可的仆人隔着江呼叫他的主人，我隔着江呼喊静闻，徽州府人也呼喊着他们的同伴，众人各各相呼，没人一声应答。旋即听到有喊我的，我知道是静闻，心中暗喜道："我三人都还活着。"于是急着想与静闻相会。江对面的一个当地人将船划过来接我，到被焚毁的船边，望见了静闻，更加欢喜得不得了。我从那只船的残骸处入水而行，先寻找投入江中的竹匣子。静闻望见后问我为何如此，然后远远地对我说："匣子在这里，但匣中的钱物已经没有了。你亲手临摹的《禹碑》以及《衡州统志》还没有沾湿。"等登上岸，见到静闻从被烧的船中还救得衣服、被子、竹书箱等几件物品，守在沙岸边。他怜惜我寒冷，急忙脱下身上的衣服给我穿上；又救得我的一条裤子一双袜子，都被火烧被水浸湿了，于是再取了些那船上仍燃烧得很旺的残火来烘烤被子、袜子。到这时，徽州府的五个乘客都在了，艾行可一行四人中，他的两个友人和一个仆人虽受伤也在，唯独艾行可竟然无踪迹。他的友人和仆人乞求当地人分别乘船沿江去一处一处挨着找寻，而我们在沙地上烘烤衣服，等候他的音讯。当时非常饥饿，但锅具或被烧毁或没入江中一样也不剩，静闻潜入水中捞到一个铁铫锅，然后再次潜入水中捞起些湿米，先是弄到几斗干米，但都被艾行可的仆人拿了去。煮了粥分给各个遭难的人吃，而后才自己吃。直等到下午，没有得到艾行可的消息，徽州府的几个人先搭乘船只返回衡州城，随后我们三人同石瑶庭、姓曾的以及艾行可的仆人也找到一只当地人的船，返回衡州城。我还假设艾行可说不定先回城了。我们所乘的那本地船很大，而驾船的只有一人，虽然是顺流下行，但不到二十几里的路，到汉江就已经是傍晚了。又行二十里到东阳渡，已是深夜。当时月色更加明亮，乘月驶行三十里，抵达铁楼门，已经五更了。艾行可的仆人先返回桂府打探情况，结果艾行可竟然全无影踪。

先是，静闻见余辈赤身下水，彼念经笈在篷侧，遂留，舍命乞哀，贼为之置经。及破余竹撞，见撞中俱书，悉倾弃舟底。静闻复哀求拾取，仍置破撞中，盗亦不禁。撞中乃《一统志》诸书，及文湛持、黄石斋、钱牧斋与余诸手柬，并余自著日记诸游稿。惟与刘愚公书稿失去。继开余皮厢①，见中有尺头，即阖置袋中携去。此厢中有眉公与丽江木公叙稿，及弘辨、安仁诸书，与苍梧道顾东曙辈家书共数十通，又有张公宗琏所著《南程续记》乃宣德初张侯特使广东时手书，其族人珍藏二百余年，予苦求得之。

外以庄定山、陈白沙字裹之，亦置书中。静闻不及知，亦不暇乞，俱为携去，不知弃置何所，真可惜也！又取余皮挂厢，中有家藏《晴山帖》六本，铁针、锡瓶、陈用卿壶，俱重物，盗入手不开，亟取袋中。破予大笥②，取果饼俱投舡底③，而曹能始《名胜志》三本、《云南志》四本及《游记》合刻十本，俱焚讫。其艾舱诸物，亦多焚弃。独石瑶庭一竹笈竟未开④。贼濒行，辄放火后舱。时静闻正留其侧，俟其去，即为扑灭，而余舱口亦火起，静闻复入江取水浇之。贼闻水声，以为有人也，及见静闻，戳两创而去，而火已不可救。时诸舟俱遥避，而两谷舟犹在，呼之，彼反移远。静闻乃入江取所堕篷作筏，亟携经笈并余烬余诸物，渡至谷舟；冒火再入取艾衣、被、书、米及石瑶庭竹笈，又置篷上，再渡谷舟；及第三次，则舟已沉矣。静闻从水底取得湿衣三四件，仍渡谷舟，而谷舟乘黑暗匿绀衣等物，止存布衣布被而已。静闻乃重移置沙上，谷舟亦开去。及守余辈渡江，石与艾仆见所救物，悉各认去。静闻因谓石曰："悉是君物乎？"石遂大诟静闻，谓："众人疑尔登涯引盗。谓讯哭童也。汝真不良，欲掩我之箧。"不知静闻为彼冒刃、冒寒、冒火、冒水，守护此箧，以待主者，彼不为德，而反诟之。盗犹怜僧，彼更胜盗哉矣，人之无良如此！

①厢：同"箱"。

②笥（sì）：装饭食或衣物的竹器。

③舡（chuán）：同"船"。

④笈（jí）：书箱。

【译文】

　　先前，静闻见我等赤身跳入水中，他因想着佛经、书箱在船篷侧边，便留在了船上，舍命乞求，盗贼才丢下经书。等破开我的竹箱，盗贼见箱中尽是书籍，就全部倾倒在船底上。静闻又向盗贼哀求，拾起来仍旧放在破箱中，盗贼也不禁止。箱中是《大明一统志》等书籍，以及文湛持、黄石斋、钱牧斋给我的诸多亲笔信，还有我自己写作记录的许多游记手稿。只有写给刘愚公的书稿丢失了。接着盗贼又打开我的皮箱，见其中有块绸缎布料，便全部装存袋中抢走了。此箱中有陈眉公向丽江木公叙谈各事的信稿，以及他给弘辨、安仁的几封信件，还有苍梧道顾东曙等人的家信几十封。另外又有张公宗琏所著的《南程续记》，是宣德初年张侯担负特别使命出使广东时亲自撰写的，他家族中的人将它珍藏了两百多年，我苦苦相求才得到它。书的外面用庄定山、陈白沙写的字幅裹着，也放在书信中间。静闻不知道这些，也无暇求讨回来，都被盗贼带了去，不知丢在何处，真可惜啊！盗贼又取了我的皮挂箱，箱中有我家私藏的《晴山帖》八本，以及铁针、锡瓶、陈用卿的壶等，都是些笨重的物件，盗贼拿到后没打开，赶忙装进袋子中。破开我的大笥，果饼都被抛到船底，而曹能始的《名胜志》

三本、《云南志》四本以及《游记》的合刻本十本，都被火烧掉。艾行可舱中的各种物件，也大多被烧毁。唯独石瑶庭的一个竹书箱盗贼竟然未打开。盗贼临走时，就在后舱放了火。当时静闻正好留在旁边，等盗贼一离开，就将火扑灭，但我所在那舱的舱口也起了火，静闻便又入江取水来浇火。盗贼听到水声，以为有人来，等见到是静闻，就刺了他两下后离去，而火已经不可救。当时众船都驶到远处躲避了，但两艘运谷子的船还在，静闻向他们呼喊，他们反而移向远处。于是静闻没入江中捞取落入水中的船篷作为筏子，赶紧将佛经、书箱以及我的火烧后残留的各样物品放入筏中，渡到谷船处；又冒火再到船上取了艾行可的衣服、被子、书箱、米以及石瑶庭的竹书箱，又放在船篷上，再次渡到谷船处；等第三次返回时，船已沉了。静闻从水底捞起三四件湿衣服，仍渡回谷船处，而那谷船乘黑暗隐藏了我的绸子衣服等物品，只剩些布衣布被而已。于是静闻重新将它们移到沙滩上，谷船也随之开走。等我们渡过江到达静闻那里时，姓石的和艾行可的仆人见到救下的物件，尽都各自认领了去。静闻于是对姓石的说："全是你的东西吗？"姓石的便大骂静闻，说："众人怀疑是你登陆引来盗贼。指询问啼哭的童子那件事。你实在是品性不良，想偷取我的箱子。"他不知道静闻为了他冒刀剑、冒寒凉、冒火、冒水，守护了这箱子，以等待主人来领取，他不感谢别人的恩德，反倒辱骂。盗贼都还同情僧人，这家伙比盗贼更狠毒啊，无良心的人就是如此！

十三日　昧爽登涯，计无所之。思金祥甫为他乡故知，投之或可强留。候铁楼门开，乃入。急趋祥甫寓，告以遇盗始末，祥甫怆然。初欲假数十金于藩府①，托祥甫担当，随托祥甫归家取还，而余辈仍了西方大愿。祥甫谓藩府无银可借，询余若归故乡，为别措以备衣装。余念遇难辄返，缺。觅资重来，妻孥必无放行之理，不欲变余去志，仍求祥甫曲济。祥甫唯唯。

【注释】

①金：银一两称为一金。藩府：指衡阳的桂王府。藩，封建王朝分封在各地的诸王。

【译文】

十三日　黎明登岸，担心无处可投奔。后心想金祥甫是他乡异地中相识并有交往的人，投奔他或许可以勉强停留。等铁楼门一开，就走进去，急忙奔到祥甫的寓所，将遇盗的前后情形告诉了他，祥甫显出悲伤的神态。我起初想向桂王府借几十两银子，托祥甫担保，同时托祥甫回老家时到我家中取了来还给桂王府，而我则用借得的费用仍可了却旅游西部地区的心愿。然而祥甫说桂王府没有银两可借，他征求我的意见，说若回故乡，他替我另外筹集钱币备办衣服行装。我考虑到若遇难就返回家，有缺文。找了费用重新再来，妻子儿女一定不会让我走，于是不愿改变我继续旅游的意志，依然恳求祥甫曲意周济我们，祥甫表示应允。

游七星岩日记

　　崇祯十年（1637）闰四月初七日，徐霞客进入广西境。《游七星岩日记》是当年五月初二日徐霞客在广西桂林第一次游七星岩的游记，见《粤西游日记一》。

　　七星岩在桂林东郊、漓江东岸，是桂林最大最奇的岩洞之一。徐霞客从北口入洞，经狮子潭、红毡、白毡等，往南贯穿到曾公岩出洞。又另觅导游，再入曾公岩，先北向行，在红毡、白毡处折而往东，深入到无底深潭附近返回，由曾公岩出。饭后考察七星山外部，循山南麓觅洞，又越山顶北下，游省春三洞，以后再游会仙岩、朝云岩。他穿过了山体的内部，又翻越了山的外部，傍晚还远眺西山形势，详析各山位置。徐霞客穷一日之力，收获甚丰。

　　七星岩是一个相当巨大而复杂的溶洞体系，也是徐霞客洞穴考察的典型例子。他在六月初二日又第二次游七星岩。经过全面、反复的踏勘，终于搞清七星山西面有五洞，东南面有五洞，北面也有五洞，"一山凡得十五洞云"。徐霞客对洞穴内部和山体外部考察的精确描述，与近年我国学者用科学仪器测量绘制的平面图和素描图对照，惊人地相同。《徐霞客游记》是世界上关于喀斯特洞穴的最早的宝贵文献。

初二日　晨餐后，与静闻、顾仆裹蔬粮，携卧具，东出浮桥门。渡浮桥，又东渡花桥①，从桥东即北转循山。花桥东涯有小石突临桥端，修溪缀村，东往殊逗人心目。山崿花桥东北，其嵯峨之势，反不若东南夹道之峰，而七星岩即崿焉②，其去浮桥共里余耳。岩西向，其下有寿佛寺，即从寺左登山。先有亭翼然迎客，名曰摘星，则曹能始所构而书之。其上有崖横骞，仅可置足，然俯瞰城堞西山，则甚畅也。其左即为佛庐，当岩之口，入其内不知其为岩也。询寺僧岩所何在③，僧推后扉导余入。历级而上约三丈，洞口为庐掩黑暗；忽转而西北，豁然中开，上穹下平，中多列笋悬柱，爽朗通漏，此上洞也，是为七星岩。从其右历级下，又入下洞，是为栖霞洞。其洞宏朗雄拓，门亦西北向，仰眺崇赫。洞顶横裂一隙，有石鲤鱼从隙悬跃下向，首尾鳞鬣，使琢石为之，不能酷肖乃尔。其旁盘结蟠盖，五色灿烂。西北层台高叠，缘级而上，是为老君台。由台北向，洞若两界，西行高台之上，东循深壑之中。由台上行，入一门，直北至黑暗处，上穹无际，下陷成潭，颎洞峭裂④，忽变夷为险。时余先觅导者，燃松明于洞底以入洞，不由台上，故不及从，而不知其处之亦不可明也。乃下台，仍至洞底。导者携灯前趋，循台东壑中行，始见台壁攒裂绣错，备诸灵幻，更记身之自上来也。直北入一天门，石楹垂立，仅度单人。既入，则复穹然高远，其左有石栏横列，下陷深黑，杳不见底，是为獭子潭。导者言其渊深通海，未必然也。盖即老君台北向下坠处，至此则高深易位，丛辟交关，又成一境矣。其内又连进两天门，路渐转而东北，内有"花瓶插竹"、"撒网"、"弈棋"、"八仙"、"馒头"诸石，两旁善才童子，中有观音诸像。导者行急，强留谛视，顾此失彼。然余所欲观者，不在此也。又逾崖而上，其右有潭，渊黑一如獭子潭，而宏广更过之，是名龙江⑤，其盖与獭子相通焉。又北行东转，过红毡、白毡，委裘垂毯，纹缕若织。又东过凤凰戏水，始穿一门，阴风飕飗，卷灯冽肌，盖风自洞外入，至此则逼聚而势愈大也。叠彩风洞亦然，然叠彩昔无风洞之名，而今人称之；此中昔有风洞，今无知者。出此，忽见白光一圆，内映深壑，空濛若天之欲曙。遂东出后洞，有水自洞北环流，南入洞中，想下为龙江者，小石梁跨其上，则宋相曾公布所为也⑥。度桥，拂洞口右崖，则曾公之记在焉。始知是洞昔名冷水岩，曾公帅桂⑦，搜奇置桥，始易名曾公岩，与栖霞盖一洞潜通，两门各擅耳。

【注释】

①花桥：今名同，跨小东江上，水洞四孔，西端连接旱桥七孔，上有长屋，可避风雨，形式美观。现为广西壮族自治区重点文物保护单位。

②七星岩：在桂林市东郊，漓江东岸。有七个排列得

像北斗七星的残峰。总称为"七星山"。北面的天枢、天璇、天玑、天权四峰组成普陀山，形如斗魁；南面的玉衡、开阳、瑶光三峰组成月牙山，形如斗柄。七星山主峰高出地面130米，其中已查明的岩洞多达15个。七星岩即在普陀山内，有八个厅堂似的石灰岩溶洞，由一条长814米的狭窄甬道连为一体，最宽处43米，最高处27米，洞内温度常在20℃左右，冬暖夏凉。依石景特点配上不同的彩色灯光，犹如飘渺的仙景。

③ "询寺僧岩"句：《游记》中的七星岩是现在碧虚亭洞和七星岩洞的总称，入洞后有上下两层洞穴，当时上洞称"七星岩"，高出游览洞道十多米，下洞称"栖霞洞"，即今游览洞道。今七星岩有大小五个洞口，即七星岩、豆芽洞、曾公岩、上洞、交洞。曾公岩即今马平街洞口。上洞和交洞洞口系抗日战争时开凿，明代尚无。徐霞客从七星岩北口即今入口处入洞，向南入三天门，即今白玉长廊一带，所经獭（tǎ）子潭即今癞（lài）子潭，红毡、白毡即今金纱、银纱，再到曾公岩。又从曾公岩入洞，向东经大教场至无底深潭附近，再返从曾公岩出。

④ 澒洞（hòngtóng）：弥漫无际。

⑤ 龙江：指七星岩内的地下河。

⑥ 曾公布：即曾布（1035—1107），字子宣，南丰人，官至翰林学士兼三司使，元丰初，以龙图阁待制知桂州。

⑦桂：即桂州。北宋置桂州，治临桂，即今桂林市。

【译文】

初二日　早餐后，与静闻、顾仆包了蔬菜粮食，带上卧具，往东出了浮桥门。走过浮桥，又往东过了花桥，从桥东立即转向北顺着山走。花桥东岸有座小石峰突起下临桥头，悠长的溪流点缀着村庄，往东去非常逗惹人心目。山耸峙在花桥东北方，它那巍峨的气势，反而不及东南方夹道而立的山峰，然而七星岩就耸立在那里，它距浮桥共一里多路而已。岩洞向西，洞下有座寿佛寺，即刻从寺左登山。首先有座亭子飞檐凌空，如张臂迎客，名叫摘星亭，是曹能始建造的并题写了亭名。亭子上方有石崖横向高举，仅能放脚，然而俯瞰城池西山，却十分畅快。亭子左边就是佛寺，正当岩洞的入口处，进入寺内不知寺中已是岩洞了。询问寺里的僧人七星岩在何处，和尚推开后门领我进去。顺着石阶上登约有三丈，洞口被房屋遮住又黑又暗；忽然转向西北，洞中豁然开阔起来，顶上穹隆下面平坦，洞中排列着很多石笋和悬垂的石柱，高爽清朗，通风透亮，这是上洞，就是七星岩。从洞右侧沿石阶下走，又进入下洞，这是栖霞洞。此洞宏大明朗，雄壮开阔，洞口也是向西北，仰面眺望高得吓人。洞顶横着裂开一条裂缝，有条石鲤鱼从裂缝中向下悬跃，头尾和鳞甲鱼腮都有，即使是用石头雕琢成的，也不会如此酷似。它旁边盘结着蟠龙状的伞盖，五色灿烂。西北面层层平台高叠，沿石阶上去，这是老君台。由台上向北去，洞好像被分成两半，西边行走在高台之上，东边顺着深壑之中走去。由台上走，进入一个石门，一直往北来到黑暗之处，上方穹隆无际，下边陷成深潭，弥漫无际，陡峭深裂，平坦忽然变为险阻。当时我事先找了个导游的人，在洞底点燃松明以便进洞，导游的人不从台上走，所以来不及跟随他，却不知道此处也是不能用松明照亮的。于是走下高台，仍来到洞底。导游的人带着灯走在前面，沿着高台东面的壑谷中走，这才看见高台的石壁聚集着的裂缝似锦绣的花纹一样交错在一起，具备了各种灵妙的变幻，更使人感到是从那上面来的。一直往北进入一道天门，石柱垂立，仅能通过一个人。进去之后，就见洞更穹隆高远，左边有石栏杆横列，下边陷入深黑之中，杳然不见底，这是獭子潭。导游的人说这里极深，通着大海，未必是这样的。大概就是老君台向北下坠之处，到了这里就高深变换位置，縠空相互交错，又自成一境了。从里面一连进两道天门，路渐渐转向东北，里面有"花瓶插竹"、"撒网"、"弈棋"、"八仙"、"馒头"诸种名称的石头，两旁有善才童子，中间有观音菩萨等众神之像。导游的人走得很急，强行留住他仔细观看，顾此失彼。不过我所想要看的，不在这里。又越过石崖上走，石崖右边有个深潭，渊深漆黑全像獭子潭一样，但大处宽处更超过它，这里名叫龙江，它大概与獭子潭是相通的。又北走后转向东，经过红毡、白毡，似悬挂的裘衣下垂的毛毯，纹缕好像是织出来的。又向东路过凤凰戏水，开始穿过一个门洞，阴风嗖嗖，吹卷灯火，冷刺肌肤，大概风是从洞外刮进来，到了这狭窄地方风势就更大了。叠彩山的风洞也是这样，不过叠彩山过去没有风洞的名称，而是现在的人这样称呼；此洞之中从前有风洞的名称，今天没有知道的人了。走出这里，忽然见有圆圆的一股白光，映照在洞内的深邃中，迷迷茫茫好像天上将要露出的曙光。于是往东出了后洞，有水流在洞北环流，往南流入洞中，料想流下去就是龙江了，小石桥跨在水流上，是宋朝丞相曾布公所修造的。越过桥，拂拭洞口右侧的石崖，就见有曾公作的碑记在壁上。这才得知此洞从前名叫冷水岩，曾公治理桂林时，搜寻奇景建了桥，才改名叫曾公岩，与栖霞洞大概是一个山洞暗中相通，两个洞口各有特色罢了。

　　余伫立桥上，见洞中有浣而汲者，余询："此水从东北来，可溯之以入否？"其人言："由水穴之上可深入数里，其中名胜，较之外洞，路倍而奇亦倍之。若水穴则深浅莫测，惟冬月可涉，此非其时也。"余即觅其人为导。其人乃归取松明，余随之出洞而右，得庆林观焉。以所负囊裹寄之，且托其炊黄粱以待。遂同导者入，仍由隘口东门，过凤凰戏水，抵红、白二毡，始由岐北向行。其中有弄球之狮，卷鼻之象，长颈盘背之骆驼；有土冢之祭，则猪鬣鹅掌罗列于前；有罗汉之燕①，则金盏银台排列于下。其高处有山神，长尺许，飞坐悬崖；其深处有佛像，仅七寸，端居半壁；菩萨之侧，禅榻一龛，正可趺跏而坐；观音座之前，法藏一轮，若欲圆转而行。深处复有渊黑，当桥洞上流。至此导者亦不敢入，曰："挑灯引炬，即数日不能竟，但此从无入者，况当水涨之后，其可尝不测乎？"乃返，循红白二毡、凤凰戏水而出。计前自栖霞达曾公岩，约径过者共二里，后自曾公岩入而出，约盘旋者共三里，然二洞之胜，几一网无遗矣。

【注释】

①燕：通"宴"，宴饮。

【译文】

我伫立在桥上，见山洞中有个洗衣汲水的人，我问他："此条洞水从东北流来，可不可以溯流进洞去？"那人说："由水洞的上面可以深入进去几里，洞中的名胜，与外洞相比较，路远一倍但奇特的景致也多一倍。至于水洞则深浅莫测，唯有冬季的几个月可以涉水进去，此时不是适当的季节。"我马上找那人做向导。那人便回家去取松明，我跟随他出洞后往右走，找到庆林观。把背着的包裹寄放在观中，并且拜托观里人做好饭等着。于是同向导进洞，仍由隘口东面的石门，经过凤凰戏水，到达红、白二毡，这才由岔道向北行。其中有舞球的狮子，卷鼻的大象，长颈凸背的骆驼；有土坟丘前的祭坛，而猪鬣鹅掌罗列于前；有罗汉的宴饮，而金杯银座排列于下。那高处有山神，高一尺左右，飞坐在悬崖上；那深处有佛像，仅七寸高，端坐在半壁；菩萨的侧边，一个石龛中有坐禅的禅床，正可以盘腿合十而坐；观音法座之前，有一个圆形的法轮，好像要圆圆转动的样子。深处又有漆黑的深渊，位于那条有桥的山洞的上游。来到此处向导也不敢进去，说："挑着灯笼火把引路，即使是几天也不能走到头，不过此处没有人进去过，何况正当水涨之后，怎么能去尝试这意想不到的危险呢？"只得返回来，沿着红白二毡、凤凰戏水出洞来。计算了一下，先前从栖霞洞到曾公岩，大约直线走过的路共二里，后边一次从曾公岩进去又出来，大约绕来绕去的路共三里，然而两个山洞中的优美景致，几乎一览无遗了。

出洞，饭于庆林观。望来时所见娘媳妇峰即在其东，从间道趋其下，则峰下西开一窍，种圃灌园者而聚庐焉。种金系草，为吃烟药者。其北复有岩洞种种，盖曾公岩之上下左右，不一而足也。于是循七星山之南麓，北向草莽中，连入三洞。计省春当在其北，可逾岭而达，遂北望岭坳行。始有微路，里半至山顶，石骨嶙嶒，不容着足，而石隙少开处，则棘刺丛翳愈难跻；然石片之奇，峰瓣之异，远望则掩映，而愈披愈出，令人心目俱眩。又里半，逾岭而下，复得凿石之级，下级而省春岩在矣。

【译文】

出洞后，到庆林观吃饭。望见来时见到的娘媳妇峰就在庆林观东边，从小路赶到峰下，则见峰下向西裂开一个洞，种圃灌园的人家聚居在那里。种植金系草，是吃烟人的药。它北边又有种种形态的岩洞，原来曾公岩的上下左右都是岩洞，数也数不清。于是沿七星山的南麓，向北走入草莽之中，一连进了三个岩洞。估计省春岩应当在山北，可翻过山岭走到，就望着北边的岭坳走。开始时有条小路，一里半上到山顶，石骨嶙峋，不容落脚，而且石缝中稍微分开一些的地方，却有荆棘刺丛密蔽更难上登；然而石片的奇姿，花瓣状石峰的异态，远望过去则互相掩映，而且愈往前穿过去愈加层出不穷，令人心目都眩晕。又走了一里半，越岭而下，重新找到开凿出来的石阶，下了石阶便在省春岩了。

　　其岩三洞排列，俱东北向。最西者骞云上飞，内深入，有石如垂肺中悬。西入南转，其洞渐黑，惜无居人，不能索炬以入，然闻内亦无奇，不必入也。洞右旁通一窍，以达中洞。居中者外深而中不能远入，洞前亦有垂槎倒龙之石。洞右又透一门以达东洞。最东者垂石愈繁，洞亦旁裂，中有清泉下注成潭，寒碧可鉴。余令顾仆守己行囊于中洞，与静闻由洞前循崖东行。洞上耸石如人，蹲石如兽。洞东则危石亘空，仰望如劈。其下清流濚之，曰拖剑江，即癸水也。源发尧山，自东北而抵山之北麓，乃西出葛老桥而西入漓水焉。时余转至山之东隅，仰见崖半裂窍层叠，若云嘘绡幕，连过三窍，意谓若窍内旁通，连三为一，正如叠蕊阁于中天，透琼楼于云表，此一奇也。然而未必可达，乃徘徊其下，披莽隙，梯悬崖，层累而上。既达一窍，则窍内果通中窍。第中窍卑伏，不能昂首，须从窍外横度，若台榭然，不由中奥也。既达第三窍，穿隙而入，从后有一龛，前辟一窗，窗中有玉柱中悬。柱左又有龛一圆，上有圆顶，下有平座，结跏而坐，四体恰适，即刮琢不能若此之妙。其前正对玉柱，有小乳下垂，珠泉时时一滴。余与静闻分踞柱前窗隙，下临危崖。行道者望之，无不回旋其下，有再三不能去者。已而有二村樵，仰眺久之，亦攀跻而登，谓余："此处结庐甚便，余村近此，可以不时瞻仰也。"余谓："此空中楼阁，第恨略浅而隘，若少宏深，便可停栖耳。"其人曰："中窍之上，尚有一洞甚宏。"欲为余攀跻而上，久之不能达。余乃下倚松阴，从二樵仰眺处，反眺二樵在上，攀枝觅级，终阻悬崖，无从上跻也。久之，仍西行入省春东洞内，穿入中洞，又从其西腋穿入西洞。洞多今人摩崖之刻。

【译文】

省春岩三个山洞排列，都朝向东北方。最西边的一个洞前飞云漫卷，深入进去，有块岩石如下垂的肺叶悬在洞中。向西进去转向南，此洞渐渐黑下来，可惜附近没有居民，不能要火把进去，不过听说里面也没有奇特之处，就不进去了。洞右侧通着一个旁洞，可到达中洞。位于中间的山洞从外看很深，却不能深入，洞前也有些如下垂的木筏倒卷的神龙样的岩石。洞右又通着一个洞口可以到达东洞。最东的一个洞垂石愈加繁多，洞旁也有裂缝，洞中有清泉下注成潭，寒冷碧绿可照人影。我命令顾仆在中洞守行李，自己与静闻由洞前沿着山崖往东走。洞上方耸立的岩石似人一样，蹲着的岩石如野兽。洞东就有高石横亘在高空，仰望如刀劈出来一般。高石下清流潆绕，叫拖剑江，就是癸水了。发源于尧山，自东北方流抵七星山的北麓，于是向西流出葛老桥而后往西流入漓江。此时我转到山的东隅，仰面望见崖壁半中间裂开的洞穴层层叠叠，好似喷吐出的云雾和薄纱做成的帏幕，一连走过三个洞穴，心里认为若是洞内四通八达，三个洞连为一体，正如叠蕊阁架在空中，玉圭刺穿云天之外，这算是一个奇观了。然而未必能够到达，就徘徊在它下边，在草丛中有一条缝隙，就攀着悬崖，逐层而上。到达一个洞穴后，就见洞果然通到中洞。只是中洞低伏，不能抬起头，必须从洞外横着走过去，好像台榭一样，不经由洞中的深处走。来到第三个洞后，穿过裂缝进去，在后面有一个石龛，前边开了一道窗，窗洞中有玉一般的石柱悬吊在当中。石柱左侧又有一个圆形的石龛，上边有圆顶，下边有平平的座位，盘腿而坐，四肢恰好合适，即使是刀刮斧琢出来的也不能如此奇妙。座位前方正对着玉柱，有个小钟乳石垂下来，珍珠般的泉水不时滴下一滴。我与静闻分别坐在柱前的窗隙中，下临险要的山崖。道上行走的人看见我们，无不在山崖下绕来绕去，有再三徘徊不肯离去的人。不久有两个村中的樵夫，抬头眺望了很久，也攀登上来，告诉我说："在此处建盖房屋十分方便，我们村子靠近这里，可以不时前来瞻仰。"我告诉他们："这里是空中楼阁，遗憾的只是略微浅了点儿，窄了些，假如稍稍宽深一些，便可停下来栖身了。"那二人说："中洞的上方，还有一个洞十分宽敞。"想要帮我攀登上去，花了很长时间不能到达。我于是下山靠在松荫下，从两个樵夫抬头眺望的地方反过来眺望，两个在山上的樵夫抓着枝条找台阶，始终被悬崖阻挡住，无从登上去。很久，仍旧往西走进省春岩的东洞内，钻入中洞，又从它的西侧钻入西洞。洞里有许多当代人的摩崖石刻。

出洞而西，又得一洞，洞门北向，约高五丈，内稍下，西转虽渐昏黑，而崇宏之势愈甚，以无炬莫入，此古洞也。左崖大书"五美四恶"章①，乃张南轩笔，遒劲完美，惜无知者，并洞亦莫辨其名，或以为会仙岩，或以为弹丸岩。拂岩壁，宋莆田陈鼒题②，则渚岩洞也，岂以洞在癸水之渚耶？洞西拖洞水自东北直逼崖下③，崖愈穹削，高插霄而深嵌渊，甚雄壮也。石梁跨水西度，于是崖与水俱在路南矣。盖七星山之东北隅也，是名弹丸山，自省春来共一里矣。

【注释】

①"五美四恶"章：即《论语》子张问政一章："子张问于孔子曰：'何如斯可以从政矣？'子曰：'尊五美，屏四恶，斯可以从政矣。'子张曰：'何谓五美？'子曰：'君子惠而不费，劳而不怨，欲而不贪，泰而不骄，威而不猛。'"

②陈黼（fǔ）：即陈谠（dǎng），宋孝宗隆兴元年（1163）
进士，累官兵部侍郎。

③拖洞水：今称"灵剑溪"。

【译文】

出洞后向西走，又见到一洞，洞口向北，约高五丈，
洞内稍稍下洼，向西转虽然慢慢昏黑下来，可更显出高峻
宏大的气势，因为没有火把无法深入，这是个古洞。左边
崖壁上用大字刻着"五美四恶"的一段文章，是张南轩的
手笔，遒劲完美，可惜无人知道，就连山洞也无人能知道
它的名字，有人认为是会仙岩，有人认为是弹丸岩。拂拭
洞壁，读宋代莆田人陈黼的题记，却叫渚岩洞，难道是因
为洞在癸水江边起的名吗？洞西拖洞水自东北流来直逼到
山崖下，山崖愈加穹隆陡削，高插云霄并深嵌进深渊之中，
非常雄壮。从石桥跨过江水往西走，于是山崖与江水都在
路南边了。大概这是七星山的东北隅，名叫弹丸山，自省
春岩走来共一里路。

由其西南渡各老桥①，以各乡之老所建，故以为名。
望崖巅有洞高悬穹，上下俱极峭削，以为即栖霞洞
口也。而细谛其左，又有一崖展云架庐，与七星洞
后门有异，亟东向登山。山下先有一刹，盖与寿佛
寺、七星观南北鼎峙山前者也。南为七星观，东上
即七星洞；中为寿佛寺，东上即栖霞洞；北为此
刹，东上即朝云岩也。仰面局膝攀磴，直上者数百
级，遂入朝云岩。其岩西向，在栖霞之北，从各老

桥又一里矣。洞口高悬，其内北转，高穹愈甚，徽僧太虚叠磴驾阁于洞口，飞临绝壁，下瞰江城，远挹西山②，甚畅。第时当返照入壁，竭蹶而登③，喘汗交迫。甫投体叩佛，忽一僧前呼，则融止也。先是，与融止一遇于衡山太古坪，再遇于衡州绿竹庵，融止先归桂林，相期会于七星。比余至，逢人辄问，并无识者。过七星，谓已无从物色。至此忽外遇之，遂停宿其岩。因问其北上高岩之道，融止曰："此岩虽高耸，虽近崖右，曾无可登之级。约其洞之南壁，与此洞之北底，相隔只丈许，若从洞内可凿窦以通，洞以外更无悬杙梯之处也。"凭栏北眺，洞为石掩，反不能近瞩，惟洒发向西山④，历数其诸峰耳。西山自北而南：极北为虞山，再南为东镇门山，再南为木龙风洞山，即桂山也，再南为伏波山。此城东一支也。虞山之西，极北为华景山，再南为马留山，再南为隐山，再南为侯山、广福王山。此城西一支也。伏波、隐山之中为独秀，其南对而踞于水口者，为漓山、穿山。皆漓江以西，故曰西山云。

【注释】

①各老桥：即前"葛老桥"，今作"国老桥"，跨在灵剑溪上。

②挹（yì）：通"揖"，即拱手作揖。

③竭蹶（jué）：力竭而颠蹶。

④洒发：抬头远望，头发散落的样子。

【译文】

　　由弹丸山西南走过各老桥，因为是各乡的父老修建的桥，因而以此作为桥名。望见山崖顶端有个洞高悬穹隆，上下都极其峻峭陡削，以为就是栖霞洞的洞口了。然而仔细审视它的左方，又有一座山崖，上有人在云层中建有房屋，与七星洞的后洞口有不同之处，急忙向东登山。山下先有一座寺庙，大概是与寿佛寺、七星观呈南北之势鼎立在山前的寺庙。在南边的是七星观，往东上去就是七星洞；中间的是寿佛寺，往东上去就是栖霞洞；北面的就是这座寺庙，往东上去就是朝云岩了。仰面屈膝攀登石磴，一直上去几百级，便进入了朝云岩，这个岩洞向西，在栖霞洞北边，从各老桥来又是一里了。洞口高悬，洞内向北转，更显高穹之势，徽州僧人太虚垒砌了石阶在洞口建了佛阁，飞临绝壁，下瞰江流和城池，远远地向着西山作揖，十分痛快。但只是此时正当落日余辉射入绝壁，竭尽全力跌跌撞撞地登上来，喘息汗水交加。刚刚倒身拜佛，忽然一个僧人在跟前呼叫，这是融止。这以前，与融止第一次相遇是在衡山的太古坪，再次相遇是在衡州绿竹庵，融止先一步返回桂林，互相约定在七星岩会面。等我到七星岩时，逢人就问，并没有认识他的人。过了七星岩，认为已经无法寻找到了。来到此地忽然意外地遇见了他，于是就留下来住在他的岩洞中。于是询问融止向北卜登高处岩洞的道路，融止说："这个岩洞虽然高耸，虽然近在山崖右侧，未曾有可以上登的台阶。大约那个岩洞南面的洞壁，与此洞北边的洞底，相隔只有一丈左右，如果可以从洞内凿个孔通过去，洞以外再没有可以悬挂木梯的地方了。"凭栏向北远眺，岩洞被岩石挡住了，反而不能从近处观察，唯有抬头向西山远望，历数西山诸峰而已。西山自北往南：极北边是虞山，再往南是东镇门所在的山，再往南是木龙洞，风洞所在的山，即桂山，再往南是伏波山。这是在城东的一支山脉。虞山的西面，极北边是华景山，再往南是马留山，再往南是隐山，再往南是侯山、广福王山。这是在城西的一支山脉。伏波山、隐山之中是独秀峰，它南边雄踞在江口相对峙的山，是漓山、穿山。都在漓江以西，所以称为西山。

游漓江日记

　　《游漓江日记》是徐霞客船行在广西漓江水上的游记。时在崇祯十年（1637）五月二十一、二十二、二十三三天。见《粤西游日记一》。

　　"桂林山水甲天下，阳朔堪称甲桂林。"漓江犹如一道山水长廊，从桂林到阳朔，山秀、水清、洞奇、石美，巧妙地汇聚了大自然的精华。徐霞客用他的妙笔，写意式地涂抹出不同时空的"碧莲玉笋世界"的色相变化，描绘了这幅独具一格的山水长卷，实为游记写景的佳作，让读者为之倾倒。徐霞客对漓江的考察已不同于他早期的游赏，更加重了地理考察的分量。他把踏勘的范围延展到佛力司，完整地考察了一个地貌单元。他对阳朔县城的考察甚细，记录也甚周详，包括当时的市井面貌及人们的生活情状。他每天都附了一条札记，概括地貌范围、江的形态、水的分合等研究心得。

二十一日　候附舟者，日中乃行。南过水月洞东，又南，雉山、穿山、斗鸡、刘仙、崖头诸山，皆从陆遍游者，惟斗鸡未到，今舟出斗鸡山东麓。崖头有石门净瓶胜，舟隔洲以行，不能近悉。去省已十里。又东南二十里，过龙门塘①，江流浩然，南有山嵯峨骈立，其中峰最高处，透明如月挂峰头，南北相透。又东五里，则横山岩岏突江右。渐转渐东北行，五里，则大墟在江右②，后有山自东北迤逦来，中有水口，疑即大涧榕村之流南下至此者。于是南转又五里，江右复有削崖屏立。其隔江为逗日井，亦数百家之市也。又南五里，为碧崖，崖立江左，亦西向临江，下有庵。横山、碧崖，二岩夹江右左立，其势相等，俱不若削崖之崇扩也。碧崖之南，隔江石峰排列而起，横障南天，上分危岫，几埒巫山，下突轰崖，数逾匡老。于是扼江而东之，江流啮其北麓，怒涛翻壁，层岚倒影，赤壁、采矶③，失其壮丽矣。崖间一石纹，黑缕白章，俨若泛海大士，名曰沉香堂。其处南虽崇渊极致，而北岸犹夷豁，是为卖柴埠。共东五里，下寸金滩，转而南入山峡，江左右自是皆石峰嵲岏④，争奇炫诡，靡不出人意表矣。入峡，又下斗米滩，共南五里，为南田站。百家之聚，在江东岸，当临桂、阳朔界。山至是转峡为坞，四面层围，仅受此村。过南田，山色已暮，舟人夜棹不休。江为山所托，佹东佹南⑤，盘峡透崖，二十五里，至画山，月犹未起，而山色空濛，若隐若现。又南五里，为兴平⑥。群峰至是东开一隙，数家缀江左，真山水中窟色也。月亦从东隙中出，舟乃泊而候曙，以有客欲早起赴恭城耳⑦。由此东行，有陆路通恭城。

【注释】

①龙门塘：今仍作"龙门"，在漓江北岸，桂林市东隅。

②大墟：明时为广西四大墟市之一。今名同，又作"大圩"，在漓江转折处，灵川县东南隅。

③赤壁：208年，孙权与刘备联军败曹操的战场。习惯上认为在今湖北赤壁市西北赤壁山，近人考证应在今湖北江夏区西的赤矶山。采矶：即采石矶，在安徽马鞍山市，长江东岸。江面较狭，形势险要，为江防重地和古战场。

④嶙岏（cuánwán）：耸立貌。

⑤佹（guǐ）：偶然。

⑥兴平：今作"兴坪"，在阳朔县北境，漓江东岸。熙平河从此汇入漓江。北距桂林市53公里。

⑦恭城：明为县，隶平乐府，即今广西恭城县。

【译文】

二十一日　等人来搭船，日上中天才开船。往南经过水月洞东面，又向南，是雉山、穿山、斗鸡山、刘仙岩、崖头诸山，都是陆地所游之处，唯有斗鸡山未到过，今天船经过斗鸡山东麓。崖头有石门、净瓶两处胜景，船隔着小洲行走，不能接近详细观看。离省城已有十里。又往东南行船二十里，经过龙门塘，江流浩浩荡荡，南面有山巍峨并立，此山中峰最高处有亮光透出，如同明月挂在峰头，南北相通。又向东行五里，就见横山岩突兀在江右。渐渐转向东北行，五里，就见大墟在江右，后面有山从东北方逶迤而来，市中有河口，怀疑就是大洞榕村的水流向南下流至此的河口。于是转向南又行五里，江右又有削崖屏风样矗立。那隔江之处是逗日井，也是有数百家人的集市。又向南五里，是碧崖，石崖立在江左，也是向西面临江流，下边有寺庵。横山、碧崖两座高峻的山崖，夹立在江流左右，它们的山势相等，都不如削崖那样高大。碧崖的南边隔江处石峰排列而起，横向遮挡住南面的天空，上边分出险峰，几乎与巫山相等，下部突出崩裂的石崖，每每超过庐山。石峰在这里扼住江流往东延去，江流啃咬着它的北麓，怒涛翻卷上石壁，层层雾气倒映着山影，赤壁、采石矶与之相比都失去了壮丽。崖壁间有一条石纹，黑白花纹相间，俨然似漂洋过海的观音大士，名叫沉香堂。此处南面虽然极其高峻渊深，但北岸仍然平坦开阔，这里是卖柴埠。共往东行五里，下了寸金滩，转向南驶入山峡间，江左右两岸从这里起都是突兀的石峰，争奇夸异，无不出人意外。进入峡中，又下了斗米滩，共向南行五里，是南田站。是有百户人家的村落，在江东岸，位于临桂县、阳朔县的交界处。山到了这里峡谷变成了山坞，四面层层围住，仅能容纳此村。过了南田站，山色已晚，船夫夜间划船不止。江流被山体衬托，忽而往东忽而往南，绕着峡谷穿过山崖，行二十五里，来到画山，月亮还未升起，可山色空濛，若隐若现。又向南五里，是兴平。群峰至此在东面张开一道缝隙，几户人家点缀在江左岸上，真是山水中隐居的景色。月亮也从东面的缝隙中露出来，船便停泊下来等待天明，因为有乘客打算一早起身赶到恭城去。由此往东走，有陆路通到恭城。

漓江自桂林南来，两岸森壁回峰，中多洲渚分合，无翻流之石，直泻之湍，故舟行屈曲石穴间，无妨夜棹；第月起稽缓，暗行明止，未免怅怅。

【译文】

漓江自桂林往南流去，两岸的山崖石壁森立，峰峦回绕，江中有许多小洲时分时合，没有翻卷江流的岩石和直泻的急流，所以船虽行走在弯弯曲曲的山石洞穴之间，不妨害夜里行船，但是月亮升起得太迟缓，在暗中行船，月明了却停下不走，心中未免怅怅不乐。

二十二日　鸡鸣，恭城客登陆去，即棹舟南行。晓月漾波，奇峰环棹，觉夜来幽奇之景，又翻出一段空明色相矣。南三里，为螺蛳岩。一峰盘旋上，转峙江右，盖兴平水口山也。又七里，东南出水绿村①，山乃敛锋。天犹未晓，乃掩篷就寐。二十里，古祚驿②。又南十里，则龙头山铮铮露骨，县之四围，攒作碧莲玉笋世界矣。

【注释】

①水绿村：今作"水洛"，在阳朔县北境，漓江东岸。

②古祚驿：应即今高州，在阳朔县北境，漓江西岸。

【译文】

二十二日　鸡鸣时，去恭城的乘客登陆离开了，马上划船往南行。晓月荡漾在碧波之中，奇峰环绕着小船，觉得夜里幽奇的景色，又呈现出一片空旷明澈的景象来了。往南三里，是螺蛳岩。一座山峰盘旋而上，转峙在江右，大概是兴平的水口山。又行七里，从东南方经过水绿村，山体这才收敛了锋芒。天还未发亮，我就掩下船篷上床睡觉。行二十里，到古祚驿。又向南行十里，就见龙头山露出铮铮石骨，县城的四周，山峰攒聚成碧莲玉笋的世界了。

阳朔县北自龙头山①，南抵鉴山，二峰巍峙，当漓江上下流，中有掌平之地，乃东面濒江，以岸为城，而南北属于两山，西面叠垣为雉，而南北之属亦如之。西城之外，最近者为来仙洞山，而石人、牛洞、龙洞诸山森绕焉，通省大路从之，盖陆从西而水从东也。其东南门鉴山之下，则南趋平乐，水陆之路，俱统于此。正南门路亦西北转通省道。直南则为南斗山延寿殿，今从其旁建文昌阁焉，无径他达。正北即阳朔山，层峰屏峙，东接龙头。东西城俱属于南隅，北则以山为障，竟无城，亦无门焉。而东北一门在北极宫下，仅东通江水，北抵仪安祠与读书岩而已，然俱草塞，无人行也。

惟东临漓江，开三门以取水。从东南门外渡江而东，濒江之聚有白沙湾、佛力司诸处，颇有人烟云。

【注释】

①阳朔县：隶桂林府，即今广西阳朔县。

【译文】

　　阳朔县北面起自龙头山，南边抵达鉴山，两座山峰巍峨雄峙，正在漓江的上、下游，当中有块手掌大的平地，却东面濒江，凭借江岸筑城，而南北两面连接着两座山，西面筑墙作为城墙，南北两面连接山的地方也如此。城西之外，最近的地方是来仙洞山，而石人、牛洞、龙洞诸山森然环绕着，通往省城的大路经由那里，大概是陆路从西面走而水路从东边走。阳朔县城东南门的鉴山之下，是往南通向平乐府的路，水路陆路，全会聚于此。正南门的道路也是向西北转通到省城。一直往南就是南斗山延寿殿，今天在它旁边建起了文昌阁，没有路通到其他地方。正北就是阳朔山，层层山峰似屏风样耸峙，东边接着龙头山。东西两面的城墙都连接到城南隅，北面就以山作为屏障，竟然没有城墙，也没有城门。而东北的一道城门在北极宫下，仅往东通到江水，往北抵达仪安祠与读书岩而已，然而全被荒草堵塞了，无人行走。唯有在东边濒临漓江处，开了三道城门以便取水。从东南门外渡江往东去，濒江的村落有白沙湾、佛力司各地，有很多人烟。

　　上午抵城，入正东门，即文庙前，从其西入县治，荒寂甚。县南半里，有桥曰"市桥双月"，八景之一也。桥下水西自龙洞入城，桥之东，飞流注壑。壑大四五丈，四面丛石盘突，是为龙潭，入而不溢。桥之南有峰巍然独耸，询之土人，名曰易山，盖即南借以为城者。其东麓为鉴山寺，亦八景之一。"鉴寺钟声"。寺南倚山临江，通道置门，是为东南门。山之西麓，为正南门。其南崖之侧，间有罅如合掌，即土人所号为雌山者也。从东南门外小磴，可至罅傍。余初登北麓，即觅道上跻，盖其山南东二面即就崖为城，惟北面在城内，有微路级，久为莽棘所蔽。乃攀条扪隙，久之，直造峭壁之下，莽径遂绝。复从其旁蹑巉石，缘飞磴，盘旋半空，终不能达。乃下，已过午矣。时顾仆守囊于舟，期候于东南门外渡埠旁。于是南经鉴山寺，出东南门，觅舟不得，得便粥就餐于市。询知渡江而东十里，有状元山，出西门二里，有龙洞岩，为此中名胜，此外更无古迹新奇着人耳目者矣。急于觅舟，遂复入城，登鉴山寺①。寺倚山俯江，在翠微中，城郭得此，沈彬诗云"碧莲峰里住人家"，诚不虚矣！时午日铄金②，遂解衣当窗，遇一儒生以八景授。市桥双月、鉴寺钟声、龙洞仙泉、白沙渔火、碧莲波影、东岭朝霞、状元骑马、马山岚气。复北由二门觅舟，至文庙门，终不得舟。于是仍出东南门，渡江而东，一里至白沙湾，则舟人之家在焉。而舟泊其南，乃入舟解衣避暑，濯足沽醪，竟不复搜奇而就宿焉。

①鉴山：即通常所称"碧莲峰"，在阳朔县城边，漓江西岸。山麓的鉴山寺，抗日战争时被毁。近年重建为鉴山楼，并有迎江阁。通过阁四周的画窗，能眺览如画的阳朔胜景。

②午日铄（shuò）金：形容天气酷热，中午的太阳能使金属熔化。铄，熔化。

【译文】

　　上午到达县城，进入正东门，就是文庙前，从文庙西边走入县衙，十分荒凉寂寥。县城南面半里，有座桥叫"市桥双月"，是八景之一。桥下的水自西边龙洞岩流入城中，桥的东面，飞流注入壑谷中。壑谷大四五丈，四面成丛的岩石盘结飞突，这是龙潭，水流进去却不见溢出。桥的南边有山峰岿然独耸，向本地人打听它，名叫易山，大概就是南面借以筑城的山。它的东麓是鉴山寺，也是八景之一。叫"鉴寺钟声"。寺南面依山临江，通有道路，设置了城门，这就是东南门。山的西麓，是正南门。山南面山崖的侧边，壁间有裂缝像合起来的手掌，就是当地人号称为雌山的地方了。从东南门外的小石磴，可走到裂缝旁。我起初登上北麓，马上找路上登，原来此山南、东两面便就着山崖筑城，唯有北面在城内，有小路石阶，长期被丛莽荆棘所遮蔽。只好攀着枝条抓住石缝走，很久，径直到达峭壁之下，杂草丛生的小径便断了。再从峭壁旁踩着高险的岩石，沿着飞空的石磴，盘旋在半空中，始终不能到达。只好下山，时间已过了中午。此时顾仆在船上守行李，约定在东南门外的渡口码头旁等候。从这里往南经过鉴山寺，出了东南门，找不到船，在市场上买到些方便稀粥就餐。问知渡江后往东走十里，有座状元山，出了西门走二里，有个龙洞岩，是这一带的名胜，此外再无古迹与新奇的景色能吸引人的耳目了。急于找到船，便再次进城，登上鉴山寺。寺院靠山临江，掩映在一片翠微之中，城郭中能有此种景色，沈彬的诗所说的"碧莲峰里住人家"，确实不假呀！此时正午的太阳能熔化金属，便解开衣服站在窗前，遇到一位儒生把八景讲给我听。八景是市桥双月、鉴寺钟声、龙洞仙泉、白沙渔火、碧莲波影、东岭朝霞、状元骑马、马山岚气。再向北经过两道城门去找船，走到文庙门，始终找不到船。于是仍出了东南门，渡江后往东走，一里路来到白沙湾，就是船夫的家在这里。但船停泊在他家南边，于是进船脱衣避暑，洗脚买酒，居然不再去搜寻奇景就上床睡下了。

白沙湾在城东南二里①，民居颇盛，有河泊所在焉。其南有三峰并列，最东一峰曰白鹤山。江流南抵其下，曲而东北行，抱此一湾，沙土俱白，故以"白沙"名。其东南一溪，南自二龙桥来，北入江。溪在南三峰之东，逼白鹤西址出。溪东又有数峰，自南趋北，界溪入江口，最北者，书童山也，江以此乃东北逆转。

【注释】

① 白沙湾：在阳朔县城东南，漓江转一大湾。河湾

岸上，遍地白沙，称"白沙湾"。岸上的村子也叫"白沙湾村"。

【译文】

白沙湾在县城东南二里处，居民十分兴盛，有河泊所在这里。它南边有三座山峰并列，最东的一座山峰叫白鹤山。江流向南流抵山下，曲向东北流去，围抱着这一处水湾，沙土都是白色的，所以用"白沙"来起名。它东南方有一条溪流，在南面自二龙桥流来，往北流入漓江。溪流在南边三座山峰的东面，逼近白鹤山西面的山脚流出去。溪东又有几座山峰，自南奔向北，隔在溪流的入江口处，最北面的是书童山，江水从此处便向东北逆转而去。

二十三日　早索晨餐，从白沙随江东北行。一里，渡江而南，出东界书童山之东。由渡口东望，江之东北岸有高峰耸立，四尖并起，障江南趋。其北一峰，又岐分支石，缀立峰头作人形，而西北拱邑，此亦东人山之一也。既渡，南抵东界东麓。陂塘高下，林木翛然，有澄心亭峙焉，可憩。又东一里，过穆山村，复渡江而东，循四尖之南麓趋出其东，山开目旷，奇致愈出。前望东北又起一峰，上分二岐，东岐矮而欹斜，若僧帽垂空，西岐高而独耸，此一山之二奇也。四尖东枝最秀，二岐西岫最雄，此两山之一致也。而回眺西南隔江，下则尖崖并削，上则双岫齐悬，此又即书童之南，群峰所幻而出者也。时循山东向，又五里已出二岐，东南逾一岭而下，是为佛力司①。司当江南转处，北去县十里。置行李于旅肆，问状元峰而上，犹欲东趋，居人指而西，始知即二岐之峰是也。西峰最高，故以状元名之。乃仍逾后岭，即从岭上北去，越岭北下，西一里，抵红旗峒。竟峒，西北一里抵山下，路为草没，无从得上，乃攀援踉蹡，渐高渐得磴道，旋复失之，盖或翳或现，俱草之疏密为岐也。西北上一里，逾山西下坳，乃东北上二里，逾山东上坳，此坳乃两峰分岐处也。从坳西北度，乱石重蔓，直抵高峰，崖畔则有洞东向焉。洞门虽高，而中不深广，内置仙妃像甚众，土人刻石于旁，言其求雨灵验，又名富教山焉。洞上悬窍两重，檐覆而出，无由得上。洞前有峰东向，即似僧帽者。其峰亦有一洞西与兹山对，悬崖隔莽，不能兼收。坐洞内久之，东眺恭城，东南瞻平乐，西南睨荔浦②，皆重山横亘。时欲一登高峰之顶，洞外南北俱壁立无磴，从洞南攀危崖，缘峭石，梯险蹑虚，猿垂豹跃，转从峭壁之南，直抵崖半，则穹然无片隙，非复手足之力所及矣。时南山西市，雨势沛然，计上既无隙，下多灌莽，雨湿枝缪，益难着足。亟投崖而下，三里，至山足，又二里，逾岭，饭于佛力肆中。居人苏氏，世以耕读起家，以明经贡者三四人③。见客至，俱来聚观，言此峰悬削，曾无登路。数年前，峰侧有古木一株，其仆三人祷而后登，梯转绠级，备极其险，然止达木所，亦未登巅，此后从无问津者。下午，雨中从佛力返，共十里，仍两渡而抵白沙湾，遂憩舟中。

【注释】

①佛力司：今作"福利"，在阳朔县东境，漓江南转处，为阳朔主要圩市之一。

②荔浦：明为县，隶平乐府，即今广西荔浦县。

③明经：唐时科举制度的科目之一，与进士科并列，主要考经义。明清时用作贡生的别称。

【译文】

二十三日　早晨找早餐吃了，从白沙湾顺江往东北行。一里，渡江往南走，到了东面分界的书童山的东边。由渡口向东望，江的东北岸有高峰耸立，四个山尖并排耸起，挡住江水往南流。它北面的一座山峰，又岔出分支的岩石，缀立在峰头，如人的样子，并面向西北拱手作揖，这也是东人山之一了。渡江后，往南到达东面分界山的东麓。上上下下都是池塘，林木秀美自然，有个澄心亭屹立在那里，可以歇息。又往东一里，路过穆山村，再渡江往东走，沿着四座尖峰的南麓赶到它的东面，山体开阔眼界宽广，奇异的景致愈加显现出来。望见前边东北方又突起一峰，上边分为两岔，东岔矮而倾斜，好似和尚的帽子垂在空中，西侧高而独耸，这是一座山上的两处奇景。四座尖峰中东面的支峰最秀丽，分山两岔的峰西峰最雄壮，这是两座山一致之处。回头眺望西南方隔江之处，下边则尖尖的石崖都很陡削，上面却双峰一同高悬，这又是书童山的南面群峰变幻而出现的景观。此时沿着山向东行，又走五里已走出分为两岔的那座山，往东南越过一岭向下走，这是佛力司。佛力司正当江流向南转之处，北边距县城十里。把行李放在旅店中，问了去状元峰的路就开始攀登，还打算往东赶，居民指向西，这才知道就是那分出两岔的山峰了。西峰最高，所以用"状元"来命名。于是仍越过后岭，马上从岭上往北去，越过岭向北下山，向西一里，抵达红旗峒。走遍全洞，向西北一里来到山下，路被草淹没了，无法上去，只得跌跌绊绊地攀援而上，渐渐登高渐渐找到有石磴的路，随即路又消失了，大体上一段路被遮住了一段路又显现出来，全是草丛的疏密所导致的。往西北上山一里，翻过山向西下到山坳中，就往东北上山二里，翻过山向东登上山坳，这个山坳就是两座山峰分岔的地方了。从山坳往西北越过去，乱石重叠杂乱，一直抵达高峰，山崖侧旁就有个洞朝向东方。洞口虽高，可洞中不深也不宽，里面放置很多仙妃像，当地人在旁边刻有石碑，说向她们求雨灵验，名字又叫富教山。洞上方悬着两层洞穴，像屋檐样倾覆出来，无法上去。洞前有座山峰向东，就是那像和尚帽子的山峰。那座山峰也有一个洞向西与此山对望，隔着悬崖丛莽，不能兼收。坐在洞内很久，向东眺望恭城县，往东南远瞻平乐府，朝西南斜视荔浦县，都有重重山峰横亘着。此时想要一气登上高峰之顶，洞外南北两面全是绝壁耸立没有石磴，从洞南攀着险峻的山崖，沿着陡峭的岩石，踏着险要之处，跳过虚空，如猿猴样垂吊着，豹子般跳跃着，转而从峭壁的南边，一直抵达悬崖半中腰，却是穹窿状没有丝毫缝隙，不再是手脚的力量所能及的了。此时南山和西面的集市上空，雨势很大，考虑上边既没有裂缝，脚下灌木草丛很多，雨水潮湿，枝条纠结，益加难以落脚。急忙跳下悬崖下山，三里，来到山脚，又走二里，越过山岭，到佛力司旅店中吃饭。居民苏姓，世代靠种田读书起家，靠考明经科成为贡生的有三四人。见有客人来，都聚过来一起观看，讲说此峰高悬陡削，从来没有登上去的路。几年前，峰侧有一棵古树，他家的三个仆人祷告后登山，用梯子、粗绳一层层转上去，备尝各种危险，然而只到达树在的地方，也未登上峰顶，从此后便无人问津。下午，在雨中从佛力司返回来，共走了十里路，仍两次渡江后抵达白沙湾，歇息在船中。

佛力司之南，山益开拓，内虽尚余石峰离立，而外俱绵山亘岭，碧簪玉笋之森罗，北自桂林，南尽于此。闻平乐以下，四顾皆土山，而巉厉之石，不挺于陆而藏于水矣。盖山至此而顽，水至此而险也。

【译文】
　　佛力司的南面，山体益加开阔，里边虽然还有残余的石峰独立，可外围都是绵亘的山岭，似碧玉簪白玉笋般地森然罗列，北边起自桂林，南面尽于此地。听说平乐府以下，四面环顾的都是土山，而险峻危峭的岩石，不挺拔于陆上却藏在水中。大体上山势至此便圆浑起来，水势至此却险恶起来了。

与静闻永诀日记

　　《与静闻永诀日记》是徐霞客在广西南宁与静闻诀别的日记。时在崇祯十年（1637）九月二十二、二十三两日，见《粤西游日记三》。

　　静闻，"禅诵垂二十年"，刺血写成《法华经》，发愿供鸡足山，与徐霞客结伴同行。自六月初八在桂林得病，牵延数月，途中拖着病体转移。徐霞客不可能停息游展，又要安排照顾病人，旅途的艰辛超乎平时。南宁崇善寺相别，大概双方都有永诀的预感，难舍难分，趁候舟未发，别后又回，再再不已。该文写得委婉缠绵，细腻曲折，情深意切，是徐霞客抒情性散文的名篇。后来，静闻于九月二十四日去世，"分袂未几，遂成永诀"。徐霞客悲痛至极，写了《哭静闻禅侣》诗六首："别时已恐无时见，几度临行未肯行。""可怜濒死人先别，未必浮生我独还！含泪痛君仍自痛，存亡分影不分关。"徐霞客的诗，更多的是歌颂静闻矢志不移、舍己为人、保护环境等优良品质，道出了他们友谊的基础。他重回南宁，决心完成静闻的遗愿，排除重重困难，把静闻的遗骨一直带到鸡足山安葬，事见《粤西游日记四》。静闻墓在鸡足山文笔峰下，是大理白族自治州重点文物保护单位。徐霞客与静闻生死不渝的友谊，正是徐霞客和静闻崇高品质的反映。

丁丑九月二十二日^①　余往崇善寺别静闻^②，遂下太平舟^③。余守行李，复令顾仆往候。是晚泊于建武驿前天妃宫下。

【注释】

①丁丑：指崇祯十年，即1637年。

②崇善寺：据调查，在今南宁一中处。

③太平：明置太平府，在今崇左市江州区。崇左改市前，县治长期称为太平镇。

【译文】

丁丑年九月二十二日　我前往崇善寺与静闻告别，便下了去太平府的船。我守着行李，再命令顾仆去侍候。这天晚上停泊在建武驿前的天妃宫下。

二十三日　舟不早发。余念静闻在崇善畏窗前风裂，云白屡许重整，而犹不即备。余乘舟未发，乃往梁寓携钱少许付静闻，令其觅人代整。时寺僧宝檀已归，能不避垢秽，而客僧慧禅、满宗又为整簟蔽风^①，迥异云白。静闻复欲索余所买布履、衡茶，意甚恳。余语静闻："汝可起行，余当还候。此何必索之今日乎！"慧禅亦开谕再三，而彼意不释。时舟已将行，且闻宝檀在天宁僧舍，余欲并取梁钱悉畀之^②，遂别之出。同梁主人觅得宝檀，宝檀慨然以扶危自任。余下舟，遂西南行。四里，转西北，又四里，泊于窑头。

【注释】

①簟（diàn）：作障蔽之用的竹席。

②畀（bì）：给予。

【译文】

二十三日　船早上不开。我挂念静闻住在崇善寺畏惧窗前裂洞漏进的风，云白屡次答应重新修整，可仍然不马上办。我乘的船不开，便前去梁家寓所带了少量钱交给静闻，让他找人代为修整。此时寺中的和尚宝檀已归来，能够不避污秽之物，而客居的僧人慧禅、满宗又代为修整竹席遮风，与云白完全不同。静闻又想要我买的布鞋、衡阳的茶叶，意思十分恳切。我对静闻说："你能起床行走时，我将回来问候你。这些东西何必在今天要得到手呢！"慧禅也再三开导，但他的心愿不消。此时船已出发，而且听说宝檀在天宁寺的僧房中，我打算一并把梁家寓所中的钱取来全数交给他，便告别静闻出来。同姓梁的房主人找到宝檀，宝檀慷慨地把扶助病危之人看作自己的责任。我下了船，于是向西南行。行四里，转向西北，又行四里，停泊在窑头。

时日色尚高，余展转念静闻索鞋、茶不已，盖其意犹望更生，便复向鸡足，不欲待予来也。若与其来而不遇，既非余心；若预期其必死，而来携其骨，又非静闻心。不若以二物付之，遂与永别，不作转念，可并酬峨眉之愿也。乃复登涯东行，出窑头村①，二里，有小溪自西北来，至此东注，遂渡

其北，复随之东。又二里，其水南去入江。又东行
一里，渡白衣庵西大桥，入崇善寺，已日薄崦嵫②。
入别静闻，与之永诀。亟出，仍西越白衣庵桥，共
五里过窑头，入舟已暮，不辨色矣。

【注释】

①窑头村：今作"上尧"，在南宁市西部，邕江东岸。
②日薄崦嵫（yānzī）：日已西下。崦嵫，山名，在今
甘肃天水市西境，古人常用以指日落的地方。

【译文】

此时天色还早，我辗转想着静闻索要鞋子、茶叶的事，
想个不停，大概他的意思仍指望再活下去，便可重新走向
鸡足山，不想等我回来了。如果回来时与他不相遇，完全
不是我的心愿；如果预期他必死，而回来带他的骨灰，又
不是静闻的心愿。不如把两样东西送给他，便与他永别，
不考虑转回来，可一并实现我去峨眉山的愿望。于是重新
登上岸往东行，出了窑头村，行二里，有条小溪自西北流
来，到此地后向东流注，于是渡到溪北，再顺着溪流往东
走。又行二里，那溪水向南流去汇入江中。又东行一里，
走过白衣庵西边的大桥，进入崇善寺，已是日薄西山了。
进寺辞别静闻，与他永别。急忙出寺，仍向西越过白衣庵
桥，共五里走过窑头，进到船上已经天黑，辨不清颜色了。

游白水河瀑布日记

　　崇祯十一年（1638）三月二十七日，徐霞客自广西进入贵州。四月十四日离开贵阳，取滇黔大道西行。四月二十三日游白水河瀑布。《游白水河瀑布日记》见《黔游日记一》。

　　白水河瀑布今名黄果树瀑布，为我国最大的瀑布。徐霞客赏白水河瀑布经过发现、震撼、细赏三个过程，用水声的变化，担夫的提示，将瀑布越拉越近，在远近个别的位置，展示瀑布不同的形态。初为远景，"遥闻水声轰轰"，"但见其上横白阔数丈，翻空涌雪，而不见其下截"。"复闻声如雷"，至悬坠处侧身下瞰，则"捣珠崩玉，飞沫反涌，如烟雾腾空，势甚雄厉"。后绕到对崖望水亭，"正面揖飞流，奔腾喷薄之状，令人可望不可即也"。变换位置，设法接进，反复赏玩，徐霞客赏景的独到于此可见，《徐霞客游记》写景构思、运笔之精妙亦于此可见。

　　该日下午，徐霞客攀陟在关岭守御所的丛山中，所见马跑泉、哑泉、关索岭、关索庙等皆与关索有关。"索为关公子，随蜀丞相诸葛南征，开辟蛮道至此。"这是今关岭布依族苗族自治县命名的由来，徐霞客留心作了记录。

二十三日　雇短夫遵大道南行。二里，从陇头东望双明西岩，其下犹透明而东也。洞中水西出流壑中，从大道下复西入山麓，再透再入，凡三穿岩腹，而后注于大溪。盖是中洼壑，皆四面山环，水必透穴也。又南逾阜，四升降，共四里，有堡在南山岭头。路从北岭转而西下，又二里，有草坊当路，路左有茅铺一家。又西下，升陟陇壑，共七里，得聚落一坞，曰白水铺①，已为中火铺矣。又西二里，遥闻水声轰轰，从陇隙北望，忽有水自东北山腋泻崖而下，捣入重渊，但见其上横白阔数丈，翻空涌雪，而不见其下截，盖为对崖所隔也。复逾阜下半里，遂临其下流，随之汤汤西去，还望东北悬流，恨不能一抵其下。担夫曰："是为白水河。前有悬坠处，比此更深。"余恨不一当其境，心犹慊慊②。随流半里，有巨石桥架水上，是为白虹桥。其桥南北横跨，下辟三门，而水流甚阔，每数丈，辄从溪底翻崖喷雪，满溪皆如白鹭群飞，"白水"之名不诬矣。度桥北，又随溪西行半里，忽陇箐亏蔽，复闻声如雷，余意又奇境至矣。透陇隙南顾，则路左一溪悬捣，万练飞空，溪上石如莲叶下覆，中剜三门，水由叶上漫顶而下，如鲛绡万幅③，横罩门外，直下者不可以丈数计，捣珠崩玉，飞沫反涌，如烟雾腾空，势甚雄厉，所谓"珠帘钩不卷，匹练挂遥峰"，俱不足以拟其壮也。盖余所见瀑布，高峻数倍者有之，而从无此阔而大者，但从其上侧身下瞰，不免神悚。而担夫曰："前有望水亭，可憩也。"瞻其亭，犹在对崖之上，遂从其侧西南下，复度峡南上，共一里余，跻西崖之巅。其亭乃覆茅所为，盖昔望水亭旧址，今以按君道经，恐其停眺，故编茅为之耳。其处正面揖飞流，奔腾喷薄之状，令人可望而不可即也④。停憩久之，从亭南西转，涧乃环山转峡东南去，路乃循崖拾级西南下。

【注释】

①白水铺：今仍称"白水"或"白水河"，在镇宁县西境，打帮河稍东的公路旁。

②慊慊（qiàn）：遗憾。

③鲛绡（jiāoxiāo）：传说中鲛人所织的绡，亦泛指名贵凉爽的薄纱。

④"奔腾"二句：白水河即今打帮河。以上描述的即黄果树瀑布群，为我国最大的瀑布群。在打帮河上，瀑漫层叠，滩潭连续，有九级十八布之称。其中黄果树瀑布高67米，宽60米。奔流直泻犀牛潭，规模最大，最为壮观。它的上段还有三级，下段还有五级，千姿百态，各具特色。高滩瀑布高120米，为区内最高的瀑布。陡坡塘瀑布宽105米，高23米，为区内最宽的瀑布。螺狮滩瀑布盘旋层叠，滩漫最长，形成螺旋状瀑布群。大树崖瀑布为三级断崖瀑布，仅谷底一级即高55米。伏流口瀑布，河水

从槽状溶潭倾泻入地下，落差 75 米。千层崖瀑布系河水冲刷成数百层石级状悬崖，瀑流如从高石坎上沿级而下。游丝瀑如细丝嫋嫋，为季节性小瀑布。还有罕见的洞内瀑布。黄果树瀑布区岩溶现象十分突出，俗称"十山九空"。水帘洞、伏牛洞、观音洞、者斗洞为其中四大名洞。洞内千奇百怪，亦各有特点。该瀑布群位于今镇宁、关岭两县间，滇黔公路边的黄果树街附近，有观瀑亭、望水厅可供凭眺。新辟的五百多道石级，可直达犀牛潭边。

【译文】

二十三日 雇了个短途挑夫后顺着大道往南行。二里路，从陇头向东望双明洞的西岩，其下仍然向东透着亮光。洞中的水向西淌出流到壑谷之中，从大道下方再向西流入山麓，两次渗出两次流入，总共三次穿流过石山腹，然后注入大溪中。大概是这里中间下洼成壑谷，四面都是山环绕，水流必得透过洞穴才能外泄。又向南越过山阜，四次上登四次下降，共走四里，有土堡在南山岭头。路从北岭转向西下走，又行二里，有座茅草牌坊位于路中，路左边有一家茅草店铺。又向西下走，登涉在土垄壑谷之间，共七里，遇到一个在山坞中的村落，叫白水铺，已经是中火铺了。又往西行二里，远远听见水声轰轰隆隆响，从山垄的缺缝朝北望去，忽见有河水自东北山窝往山崖下倾泻，捣入重重的深渊，只见它上半截横着白色的水流，宽有数丈，如涌雪翻空，却见不到它的下半截，因被对面的山崖挡住了。再越过山阜下走半里，便面临瀑布的下游，顺着浩浩荡荡的水流向西走去，回头望东北方悬挂着的激流，我恨不得到它下面去看一看。挑夫说："这是白水河。前边有河水从高处悬空下坠的地方，比这里更深。"我恨不能亲临其境一次，心里仍很遗憾。顺着水流走了半里，有座巨大的石桥架在水上，这是白虹桥。此桥呈南北向横跨河上，下面开有三个桥洞，可水流十分宽阔，每个桥洞有几丈宽，流水时时从河底越过石崖溅起雪白的浪花，满河都似白色的鹭鸶成群飞翔，"白水"的名字不假啊。过到桥北，又沿河水向西行半里，忽然山垄亏缺，深箐蔽日，又听见如雷的水声，我料想又到了一处奇景。透过山垄的缺缝回头南望，只见道路左边有一条河流悬空冲捣而下，如万条白色的丝绢飞舞在空中，河上的岩石如荷叶一样下覆，中部似刀剜的三个洞，水流从荷叶上漫过顶部泄下，如万匹薄纱，横罩在洞外，一直下泻的距离不能用丈来计算，似冲捣珍珠，如玉屑迸溅，水沫飞溅，波涛回涌，如烟雾腾空，气势极其雄壮迅猛，所谓"珠帘钩不卷，匹练挂遥峰"的诗句，都不足以用来比拟它的壮观。大体上我所见过的瀑布，比它高峻几倍的有过，却从没见过这样又宽又大的，仅从瀑布上方侧身向下俯瞰，就不免神魄悚然。而挑夫说："前面有个望水亭，可以休息。"远望那亭子，还在对面山崖上，便从瀑布西南侧往下走，再越过峡底往南上山，共走一里多，登上西面山崖的顶端。这亭子是茅草盖成的，大概是从前望水亭的旧址，现在因为巡按大人要路过，恐怕他要停下来眺览，所以用茅草搭成亭子。此处正可面对着飞流致礼，奔腾喷薄的样子，令人可望而不可即。停留休息了很久，从亭子南向西转，山涧绕山转峡往东南方流去，路则沿着山崖上的石阶往西南下山。

又升陟陇壑四里，西上入坞，有聚落一区在东山下，曰鸡公背。土人指其东南峰上，有洞西北向，外门如竖而内可容众，有"鸡公"焉，以形似名也。其洞东透前山，而此坞在其后，故曰"背"。余闻之，乃贾勇先登，冀一入其内。比登，只有一道西南上，随之迤逦攀跻，竟无旁岐。已一里，登岭头矣，是为鸡公岭。坳中有佛宇。问洞何在，僧指在山下村南，已越之而上矣。担夫亦至，遂逾岭西向下，半里，抵壑中。又半里，有堡在南陇，曰太华哨①。又西上岭，逾而西，又一里，乃迤逦西南下，甚深。始望见西界遥峰，自北而南，屏立如障，与此东界为夹，互相颉颃②；中有溪流，亦自北而南，下嵌壑底③。望之而下，一下三里，从桥西度，是为关岭桥。越桥，即西向拾级上，其上甚峻。二里，有观音阁当道左④，阁下甃石池一方，泉自其西透穴而出，平流池中，溢而东下，是为马跑泉，乃关索之遗迹也。阁南道右，亦有泉出穴中，是为哑泉，人不得而尝焉。余勺马跑，甘冽次于惠，而高山得此，故曰奇也，但与哑泉相去不数步，何良楛之异如此⑤！由阁南越一亭，又西上者二里，遂陟岭脊，是为关索岭。索为关公子，随蜀丞相诸葛南征，开辟蛮道至此。有庙，肇自国初，而大于王靖远，至今祀典不废。越岭西下一里，有大堡在平坞中，曰关岭铺，乃关岭守御所所在也⑥。计其地犹在山顶，虽下，未及三之一也。至才过午，夫辞去，余憩肆中。

【注释】

①太华哨：今作"大花哨"，在关岭县东境，打帮河与坝陵河间的公路边。

②颉颃（xiéháng）：不相上下，相抗衡。

③"中有溪流"三句：此溪今称"坝陵河"，自北而南流入打帮河。

④观音阁：即双泉寺，清代又称"龙泉寺"，在关索岭东半山，古驿道北侧，现仅存石基。马跑泉出自半山，流经寺旁。

⑤楛（kǔ）：恶劣。

⑥关岭守御所：即今关岭布依族苗族自治县。

【译文】

又跋涉在山垄壑谷间四里，向西上坡走入一个山坞，有一片村落在东山下，叫鸡公背。当地人指点在村东南的山峰上，有个朝向西北的山洞，外边的洞口如一道竖缝，而洞内可以容纳许多人，其中有"鸡公"，因为形状相似起的名。此洞往东通到前山，而这个山坞在洞后，所以叫"背"。我听说这话，便鼓足勇气率先登山，希望进洞去看看。等到爬山，发现山上只有西南面一条路，顺着这条路曲曲折折地攀登，两旁竟然没有岔道。走了一里，便登上岭头，这就是鸡公岭。山坳中有佛寺。询问洞在哪里，僧人指点在山下村子的南边，我们已经超过山洞走上来了。挑夫也到了，于是越过山岭向西下山，半里，到了壑谷中。又走半里，有堡在南边的山垒上，叫太华哨。又向西上岭，越岭往西走，又是一里，便弯弯曲曲地向西南下山，山谷很深。这才望见西面远处的一列山峰，自北往南，如屏障一样矗立着，与这边东面一列山相夹而立，互相抗衡；其中有溪流，也是自北往南流，镶嵌下边在壑谷底。遥望溪流下山，一下就是三里，从桥上过到西边，这就是关岭桥。过了桥，马上向西沿石阶上登，石阶非常陡峻。行二里，有观音阁位于路左，阁下边用石块砌成一个方形池塘，泉水自池塘西头透过小孔流出，平缓地流于池中，溢出水池往东流下去，这是马跑泉，是关索的遗迹。阁南边路右侧，也有泉水从小孔中流出，这是哑泉，人不能喝这水。我舀了马跑泉水喝，甘甜清凉的滋味比惠泉差一点儿，然而高山上能有这泉水，本来就是奇事了，但是与哑泉相距不到几步远，为何好坏相差如此之大！由观音阁往南走过一个亭子，又往西上山二里，随即登上岭脊，这就是关索岭。关索是关公的儿子，跟随蜀国丞相诸葛亮南征，开辟蛮区的道路来到此地。建有神庙，始建于开国初期，而由王靖远扩建，至今祭祀之礼没有废除。越过山岭向西下行一里，有个大堡在平坦的山坞中，叫关岭铺，是关岭守御所的所在地。估计此地还在山顶，虽然地势低下，但到山脚还不到三分之一呢。到关岭铺才过中午，挑夫告辞走了，我在旅店歇息。

游盘江桥日记

　　《游盘江桥日记》是徐霞客在滇黔大道上经过盘江桥一段行程的记录。时在崇祯十一年（1638）四月二十五日，见《黔游日记二》。

　　此处"盘江"指北盘江。徐霞客对北盘江的关注已有些时日，在此能有机会亲履北盘江上的铁索桥，为他的旅游增色，更成为他考察的重点。他对该桥建桥的缘起、形制、结构、环境状况、重要作用等皆有详细、精确的记录，兼及其他铁索桥建桥历史的考证。他以此处所见北盘江的水色、水质与黄河及"三见此流"的情况作比较，后来，他又以北盘江与澜沧江及它们的铁索桥作比较。徐霞客经常应用比较法进行地理研究，此处的北盘江和北盘江铁索桥成为他进行比较研究的标本。

　　这一天的旅途生活，徐霞客还有其他收获。《徐霞客游记》中曾多次提到大象，但在这里，他亲眼看见了经过驯化的象群。沿途以"钦取入京"炫耀的地方官，引起徐霞客的非议，为我们提供了研究徐霞客思想的资料。

戊寅四月二十五日^①　晨起，自鼎站西南行。一里余，有崖在路右，上下各有洞，洞门俱东南向，而上洞尤空阔，以高不及登。路左鑿泉已成涧，随之南半里，山回鑿尽，脊当其前，路乃上跻，水则自其下入穴。盘折二里，逾坳脊，是为梅子关。越关而西，路左有峡，复坠坑而下，东西径一里，而西复回环连脊。路循其上平行而西，复逾脊，始下陟。二里，又盘坞中山西南转，二里，复西北上，一里，是为黄土坝^②。盖鼎站之岭，至此中降，又与西岭对峙成峡，有土山中突而连属之，其南北皆坠峡下，中踞若坝然，其云黄土坝者以此。有数家倚西山而当其坳，设巡司以稽察焉。又上逾岭脊，共五里为白云寺^③。于是遂西南下，迤逦四里，途中扛担络绎，车骑相望，则临安道母忠，以钦取入京也^④。司道无钦取之例，其牌如此，当必有说。按母，川人，本乡荐^⑤，岂果有卓异特达圣聪耶？然闻阿迷之僭据未复^⑥，而舆扛之纷纭实繁，其才与操，似俱可议也。又至坞底，西北上一里，为新铺^⑦。由铺西稍逾岭头，遂直垂垂下。

【注释】

①戊寅：指崇祯十一年，即1638年。

②黄土坝：今作"黄土坡"，又称"黄丰"，在关岭县西境公路旁。

③白云寺：今称"白云"，又作"白英哨"，在黄土坡

稍西的公路旁。

④钦取：皇帝取用。

⑤乡荐：明代每三年一次在各省举行的科举考试称"乡试"，乡试取中为举人者，称"领乡荐"。

⑥僭（jiàn）据：僭越名位，分裂割据。

⑦新铺：今名同，在关岭布依族苗族自治县西隅。

【译文】

戊寅年四月二十五日　清晨起床，自鼎站往西南行。一里多路，有山崖在路右，上下各有一个洞，洞口都朝向东南，而上洞尤其空阔，因为太高来不及上登。路左壑谷中的泉水已变成了山涧，顺着山涧往南走半里，山体回绕，壑谷到了尽头，山脊挡在前方，路便上升而去，涧水却从山下流入洞穴中。盘旋曲折地走了二里，越过山坳上的山脊，这是梅子关。过关往西行，路左有个山峡，又下坠成坑谷，东西直径有一里，而西面又回绕过来与山脊相连。道路沿着峡上平缓地向西行，又越过山脊，这才向下跋涉。二里路，又绕着坞中之山往西南转，二里，再向西北上山，一里，即是黄土坝。大致鼎站的山岭，到此处从中下降，又与西岭对峙成峡谷，有座土山在峡中突起并与它相连，土山南北都下坠到峡中，盘踞在中央宛如堤坝一样，它被称为黄土坝就是因为这个原因。有几户人家背靠西山挡在山坳之间，设了巡检司以便稽查。又往上越过岭脊，共走五里是白云寺。从此便向西南下走，逶迤四里，途中扛轿挑担的络绎不绝，车马相望，是临安道道员母忠，被皇帝启用进京去。司、道一级的官吏没有皇帝直接征用的成例，他的行道牌上如此写着，肯定有其他解释。据查，母忠是四川人，本来是乡荐出身，难道果然是有卓越特异的政绩传到皇帝的耳朵里吗？但是听说阿迷州的非法割据还未收复，可挑担抬轿喧喧嚷嚷的实在太繁华，此人的才能与操守，似乎都可以议论。又来到坞底，往西北上行一里，是新铺。由铺西稍走一些越过岭头，便垂直下山而去。

五里，过白基观。观前奉真武，后奉西方圣人，中颇整洁。时尚未午，驼骑方放牧在后，余乃入后殿，就净几，以所携纸墨，记连日所游；盖以店肆杂沓，不若此之净而幽也。僧檀波，甚解人意，时时以茶蔬米粥供。下午，有象过，二大二小，停寺前久之。象奴下饮，濒去，象辄跪后二足，又跪前二足，伏而候升。既而驼骑亦过，余方草记甚酣，不暇同往。又久之，雷声殷殷^①，天色以云幕而暗，辞檀波，以少礼酬之，固辞不受。

【注释】

①殷殷：震动声。

【译文】

五里，路过白基观。观中前殿供奉着真武大帝，后殿供奉着佛祖，观中十分整洁。此时还未到中午，马帮正在后面放牧，我便进入后殿，就着洁净的几案，用携带着的纸墨，记下连日来游过的地方；这是因为旅店中太杂乱，不如这里清洁幽静。僧人檀波，十分了解别人的心意，时时供给一些茶水蔬菜米粥。下午，有大象路过，两大两小，停在寺前很长时间。赶象的奴仆下来饮水，临去时，大象就先跪下后面的两条腿，又跪下前面的两条腿，伏着等候站起来。不久马帮也过去了，我在草记游程兴头正浓，来不及一同走。又过了很久，雷声隆隆，天色由于云层遮蔽而暗下来，辞别檀波，用少许礼金酬谢他，他坚决推辞不肯接受。

初，余以为去盘江止五里耳，至是而知驼骑所期旧城，尚在盘江上五里，亟为前趋。乃西向直下三里，有枯涧自东而西，新构小石梁跨之，曰利济桥。越桥，度涧南，又西下半里，则盘江沸然，自北南注。其峡不阔而甚深，其流浑浊如黄河而甚急。万山之中，众流皆清，而此独浊，不知何故？余三见此流：一在武宣入柳江，亦甚浊，一在三镇北罗木渡，则清；一在此，复浊。想清乃涸时也。

【译文】

起初，我以为离盘江只有五里路了，来到这里才知道与马帮约定的旧城，还在盘江之上五里处，急忙往前赶路。于是向西一直下行三里，有条干枯的山涧自东延向西，新建的小石桥横跨在涧上，叫利济桥。过了桥，来到山涧南面，又往西下走半里，就见到波涛汹涌的盘江，自北往南流注。盘江峡谷不宽但却非常深，水流浑浊如黄河而且十分湍急。在万山之中，众多的河流都是清的，可唯独此江浑浊，不知是什么缘故？我三次见到此条江流：一次是从武宣进入柳江时，也是十分浑浊；一次在三镇以北的罗木渡，则是清的；一次在此处，又浑浊起来。想来水清是在干涸之时。

　　循江东岸南行，半里，抵盘江桥①。桥以铁索，东西属两崖上为经，以木板横铺之为纬。东西两崖，相距不十五丈，而高且三十丈，水奔腾于下，其深又不可测。初以舟渡，多漂溺之患；垒石为桥，亦多不能成。崇祯四年，今布政朱②，名家民，云南人。时为廉宪③，命安普游击李芳先四川人④。以大铁链维两崖，链数十条，铺板两重，其厚仅八寸，阔八尺余，望之飘渺，然践之则屹然不动，日过牛马千百群，皆负重而趋者。桥两旁，又高维铁链为栏，复以细链经纬为纹。两崖之端，各有石狮二座，高三四尺，栏链俱自狮口出。东西又各跨巨坊。其东者题曰"天堑云航"，督部朱公所标也；其西者题曰"□□□□"，傅宗龙时为监军御史所标也⑤。傅又竖穹碑，题曰"小葛桥"，谓诸葛武侯以铁为澜沧桥，数千百载，乃复有此，故云。余按，"渡澜沧，为他人"乃汉武故事⑥，而澜沧亦无铁桥；铁桥故址在丽江⑦，亦非诸葛所成者。桥两端碑刻祠宇甚盛，时暮雨大至，不及细观。度桥西，已入新城门内矣。左转瞰桥为大愿寺。西北循崖上，则新城所环也。自建桥后，增城置所，为锁钥之要云。闻旧城尚在岭头五里，急冒雨竭蹶跻级而登。一里半，出北门。又北行半里，转而西，逶迤而上者二里，雨乃渐霁。新城内所上者峻，城外所上者坦。西逾坳，循右峰北转，又半里，则旧城悬岭后冈头矣。入东门，内有总府镇焉。其署与店舍无异。早晚发号用喇叭，声亦不扬，金鼓之声无有也。青崖总兵姓班，三汊总兵姓商，此间总兵姓胡。添设虽多，而势不尊矣。是夜，宿张斋公家；军人也。

【注释】

①盘江桥：在今晴隆、关岭两县交界的北盘江上，经过多次重修，现为铁梁吊桥。长 42 米，宽 4.2 米，高约 30 米。桥基为明代所建，分两级，第二级两边各有拱式排洪桥，高 5 米，宽 4 米，枯水季节，下一级露出水面约 25 米。两岸石刻"盘江飞渡"、"铁锁盘江"、"力挽长河"等尚存十余处。其西约一公里处有明代连云城的街市遗址。

②布政：即布政使，为各省的最高行政长官。

③廉宪：明代各省设提刑按察使，主管一省的司法。因元代有肃政廉访使，与按察使职掌略同，故按察使亦尊称"廉宪"。

④游击：明代边区守军设有游击将军，分掌驻地的防守应援。

⑤傅宗龙（？—1641）：字仲纶，号括苍，又号云中，昆明人。万历中进士，初为铜梁知县，崇祯中历任贵州巡按、四川巡抚、兵部尚书。后因镇压明末农

民起义而死。

⑥渡澜沧，为他人：《华阳国志·南中志》载："孝武时，通博南山，度兰仓水、耆溪，置巂唐、不韦二县，徙南越相吕嘉子孙宗族实之，因名不韦，以彰其先人恶。行人歌之曰：'汉德广，开不宾，渡博南，越兰津，渡兰仓，为他人。'渡兰仓水以取哀牢地，哀牢转衰。"兰仓水即今澜沧江。

⑦铁桥：唐时有铁桥，为吐蕃所建，在今玉龙县西北塔城关附近的金沙江上，为云南通往西藏的交通要道，当时的铁桥节度和铁桥城皆因此得名。

【译文】

沿盘江东岸往南行，半里，到达盘江桥。桥身使用铁链，东西两头连接在两端的山崖上作为纵向的桥体，用木板横向铺在铁链上。东西两边的山崖，相距不足十五丈，可高处将近三十丈，江水奔腾于桥下，水深不可测。当初用船摆渡，多有漂没溺水的灾难发生；用石块垒砌成桥，也多半不能建成。崇祯四年，现在的朱布政使，名叫朱家民，是云南人。当时任提刑按察使，命令安普的游击将军李芳先是四川人。用大铁链系在两边山崖上，铁链有几十条，铺木板两层，板厚仅八寸，宽八尺多。远望去，桥身飘荡深远，但踩在桥上却岿然不动，每日过往的牛马千百群，都是载着重物往前赶路的。桥的两旁，又拴着高高的铁链作为栏杆，再用细链子纵横连成网络。两边山崖，各有两尊石狮子，高约三四尺，作栏杆用的链子全部从狮子口中出来。东西两头又各自横跨有巨大的牌坊。那东面的牌坊题写着"天堑云航",是总督朱公题写的;那西边的一座题为"□□□□",是傅宗龙当时任监军御史时题写的。傅宗龙又竖立了一块圆石碑,题为"小葛桥",意思是说武侯诸葛亮用铁链造了澜沧江桥,历数百千年,这才又有了此桥,所以这样题。我考证,"渡澜沧为其他人"是汉武帝时的旧事,而且澜沧江上也没有铁索桥;铁索桥的旧址在丽江,也不是诸葛亮建成的。桥两端的碑刻祠堂庙宇很多,此时暮雨骤降,来不及细看。过到桥西,已经进入新城门内了。转向左边俯瞰大桥,旁边是大愿寺。往西北沿着山崖上登,就是新城环绕的地方了。自从建桥以后,增建了城池设置了卫所,成为军事重镇所在的要地了。听说旧城还在五里以外的岭头,急忙冒雨竭力跌跌撞撞地沿着石阶上登。一里半,出了北门。又往北行半里,转向西,弯弯曲曲向上走了二里路,雨才停,天渐渐放晴。从新城内上山的路陡峻,城外上山的路平缓些。向西穿越山坳,沿右边的山峰转向北走,又是半里,就见旧城高悬在岭后的山冈头上了。进了东门,城内有总兵府镇守。总兵府衙与客店的房舍没有什么差别。早晚发号令用喇叭,声音也不洪亮,锣鼓之声是没有的。青崖城的总兵姓班,三汊河的总兵姓商,这里的总兵姓胡。增设的总兵虽然很多,可权势不尊贵。这天夜里,住宿在张斋公家;是军人。

游太华山记

　　昆明太华山又称"碧鸡山"，因在昆明西南、滇池西岸，元代以来也称"西山"。该山是滇池风景名胜区的主要景点，自古及今都是登山揽海的胜地。北段为层叠的土山，山深林密；南段为陡峭的石山，雄阔壮美；山腰开发较早，寺庵列布。

　　崇祯十一年（1638）五月初十日，徐霞客从滇南胜境关进入云南，驻足昆明，以后在滇东、滇南追踪南盘江转了一圈。《游太华山记》是徐霞客游昆明西山的游记，见《滇游日记一》。徐霞客游太华山的时间约在这一年的六月。

　　明代的通达条件与今不同。徐霞客乘小船横渡草海，在高峣登陆，谒太史祠，以后游山腰的华亭寺、太华寺、罗汉崖；从千步崖下到龙门村，沿湖岸往南考察金线泉；又攀上小石林，寻黑龙池，登绝顶。徐霞客搜寻之广，游屐之全，令后来者叹为观止，《游太华山记》成为古代记西山最详尽的游记名篇。"如蜂房燕窝，累累欲堕"的建筑群，"到此始扩然全收水海之胜"的景致，至今依然在目。但所记的滇池珍味"金线鱼"、西山"绝遗"野牡丹已十分罕见。徐霞客的旅游考察，启发后世扩大了西山旅游开发的范围。近年，昆明园林局从龙门附近打隧道通到山顶，人们可以追寻徐霞客的足迹，游览"石葶骈丛"的小石林，登临美女峰。

出省城①，西南二里下舟，两岸平畴夹水。十里田尽，萑苇满泽②，舟行深绿间，不复知为滇池巨流，是为草海。草间舟道甚狭，遥望西山绕臂东出，削崖排空，则罗汉寺也。又西十五里抵高峣③，乃舍舟登陆。高峣者，西山中逊处也。南北山皆环而东出，中独西逊，水亦西逼之，有数百家倚山临水，为迤西大道④。北上有傅园，园西上五里，为碧鸡关，即大道达安宁州者。由高峣南上，为杨太史祠⑤，祠南至华亭、太华，尽于罗汉，即碧鸡山南突为重崖者。盖碧鸡山自西北亘东南，进耳诸峰由西南亘东北，两山相接，即西山中逊处，故大道从之，上置关，高峣实当水埠焉。

【注释】

①省城：指明代云南布政司治所云南府城，附郭县昆明，即今昆明市区。

②萑（huán）苇：长成后的芦苇。

③高峣（yáo）：旧称"高峣渡"。今名同，在滇池西岸西山脚下，但已失去水陆交通码头的作用。从昆明到滇西的公路从旁边经过。

④迤（yǐ）西：明时云南有迤东和迤西之分，为地区名。以昆明为中心，迤东包括今滇东及滇南，迤西即今滇西。清初在此基础上设迤东道和迤西道，乾隆年间又从迤东道中分出迤南道，专管滇南。清代成为政区名，这就是通常所称的"三迤"。至今人

们仍以"三迤"称呼滇东、滇西和滇南。

⑤杨太史：即杨慎（1488—1559），字用修，号升庵。新都人，现新都桂湖建有杨升庵纪念馆。明武宗时，杨升庵殿试第一，授翰林院修撰，人称"杨状元"、"杨太史"。世宗初，因议朝政，被廷杖，谪戍云南永昌卫。杨升庵在滇三十五年（1524—1559），足迹遍及云南主要地区，著述甚多，保存了不少有关云南的诗文及历史资料。云南人民怀念他，至今还有不少关于他的传说和遗物。杨升庵在云南住得较久的地方要算昆明高峣，他的住处名叫"碧峣精舍"或"海庄"。后人于此建祠纪念，即杨太史祠。光绪七年（1881）改名"升庵祠"。杨太史祠在今徐霞客小学与普贤寺之间，居高临下，背山面水，憩览甚适。近年经过整修，普贤寺并入，建立杨升庵纪念馆和徐霞客纪念馆，为省级重点文物保护单位。

【译文】

从省城昆明出发，往西南走二里后上船，两岸耕地平整，夹水延伸。船行十里就看不到农田，水中长满芦苇，船航行在芦苇丛中，还感觉不到滇池这个大湖，这就是草海。芦苇之间的航道十分狭窄，遥望西山，像张开的手臂绕向东边伸出去，陡峭的崖壁排空耸立，那是罗汉寺。又往西航行十五里抵达高峣，于是离开船上岸。高峣是西山中部的低凹处。南部、北部的山都绕向东边伸出去，只有中部往西收缩，水也向西紧逼，有数百家人靠山临水而居，是去滇西大路的必经之地。从高峣往北上有傅园，从傅园往西上五里，为碧鸡关，是通到安宁州的大路。从高峣往南上，有杨太史祠，从杨太史祠往南到华亭寺、太华寺，最后到罗汉寺，就是碧鸡山向南突出、山崖重叠的地方。大致碧鸡山从西北横贯东南，进耳等山峰从西南横贯东北，两道山交接的地方，就是西山中部低凹处，所以大路从这里经过，在上面设置关卡，高峣实际上是水陆码头。

余南一里，饭太史祠。又南过一村，乃西南上山，共三里，山半得华亭寺①。寺东向，后倚危峰，草海临其前。由寺南侧门出，循寺南西上，南逾支陇入腋，共二里，东南升岭，岭界华亭、太华两寺中而东突者。南逾岭，西折入腋凑间，上为危峰，下盘深谷，太华则高峙谷东，与行处平对。然路必穷极西腋，后乃东转出。腋中悬流两派坠石窟，幽峭险仄，不行此径不见也。转峡，又东盘山嘴，共一里，俯瞰一寺在下壑，乃太平寺也。又南一里，抵太华寺②。寺亦东向，殿前夹墀皆山茶③，南一株尤巨异。前廊南穿庑入阁，东向瞰海。然此处所望犹止及草海，若漾漾浩荡观，当更在罗汉寺南也。

【注释】

①华亭寺：相传大理时善阐侯高家曾在华亭寺原址修建别墅，高家的后人给此山取名"华亭山"，名称沿用到现在。元代修建了圆觉寺，明代即称"华亭

寺"。

②太华寺:《明一统志》云南府寺观:"太华寺,在太华山顶,元赛典赤建,俯瞰滇池。僧佛财于寺中建为高阁,本朝都督沐晟为匾曰'一碧万顷'。"太华寺在明代为西山最大的寺院,此阁即指一碧万顷阁。该寺环境清幽,至今仍以茶花、玉兰、桂花等名花取胜。

③墀(chí):台阶。

【译文】

　　我往南上一里,在杨太史祠吃饭。又往南走过一个村庄,就往西南上山,一共走了三里,来到山腰的华亭寺。华亭寺正面朝东,背靠陡峰,前方对着草海。从寺南边的侧门出去,沿着寺南往西上,往南越过分支陇冈进入山谷,一共二里,往东南登岭,这就是在华亭寺、太华寺之间向东突出的山岭。往南越过岭,转西进入山腋会聚处,路上面是陡峰,路下面盘绕深谷,太华寺高高峙立在山谷东边,和路平行相对。然而必须走完山谷西侧,然后才往东转出山谷。山谷中悬挂着两股飞流,坠入石窟,幽深、峻峭、惊险、狭窄,不走此路是见不到的。转出峡谷,又往东绕过山口,一共走了一里,往下看到一座寺庙在下面的壑谷中,是太平寺。又往南走一里,到太华寺。太华寺也是正面朝东,殿前的石阶两旁都是山茶花树,靠南的一棵大得出奇。从前廊往南穿过厢房进入一碧万顷阁,阁向东俯瞰滇池。但这里还只能看到草海,如果要领略浩浩荡荡的滇池大观,应当还要去到罗汉寺南面。

遂出南侧门，稍南下，循坞西入。又东转一里半，南逾岭。岭自西峰最高处东垂下，有大道直上，为登顶道。截之东南下，复南转，遇石峰嶙峋南拥。辄从其北，东向坠土坑下，共一里，又西行石丛中。一里，复上蹑崖端，盘崖而南，见南崖上下，如蜂房燕窝，累累欲堕者，皆罗汉寺南北庵也①。披石隙稍下，一里，抵北庵，已出文殊岩上，始得正道。由此南下，为罗汉寺正殿；由此南上，为朝天桥。桥架断崖间，上下皆嵌崖，此复崭崖中坠。桥度而南，即为灵官殿，殿门北向临桥。由殿东侧门下，攀崖蹑峻，愈上愈奇，而楼、供纯阳。而殿、供元帝。而阁、供玉皇。而宫，名抱一。皆东向临海，嵌悬崖间。每上数十丈，得斗大平崖，辄杙空架隙成之。故诸殿俱不巨，而点云缀石，互为披映，至此始扩然全收水海之胜②。南崖有亭前突，北崖横倚楼，楼前高柏一株，浮空漾翠。并楼而坐，如倚危樯上，不复知有崖石下藉也。抱一宫南削崖上，杙木栈，穿石穴，栈悬崖树，穴透崖隙，皆极险峭。度隙，有小楼粘石端，寝龛炊灶皆具。北庵景至此而极。返下朝天桥，谒罗汉正殿。殿后崖高百仞③。崖南转折间，泉一方渟崖麓，乃朝天桥进缝而下者，曰勺冷泉。南逾泉，即东南折，其上崖更崇列，中止漾坪一缕若腰带，下悉陨阪崩崖，直插海底，坪间梵宇仙宫，雷神庙、三佛殿、寿佛殿、关帝殿、张仙祠、真武宫。次第连缀。真武宫之上，崖愈杰竦，昔梁王避暑于此④，又名避暑台，为南庵尽处，上即穴石小楼也。更南，则庵尽而崖不尽，穹壁覆云，重崖拓而更合⑤。南绝壁下，有猗兰阁址。

【注释】

①罗汉寺：正殿及南庵今已不存。北庵即今三清阁建筑群。

②水海：滇池被海埂分为两部分。北部即草海，明时又称"西湖"，湖水较浅，湖面较小。南部即水海，又称"外海"或"昆阳海"，湖水较深，湖面宽广。

③仞（rèn）：古代长度单位，各时期标准有变化，周制为八尺，汉制为七尺，东汉末则为五尺六寸。

④梁王：元代封在云南地区的皇族，他们经常以皇帝的代理人身份在云南进行统治，甚至干预和监督行省的一切事务，在王府管辖范围内享有绝对权力。

⑤"更南"四句：今西山自旧石室（凤凰台）以南，还有从绝壁上凿出的数百公尺曲折蜿蜒的隧道和慈云洞、云华洞、达天阁等石室，总称"龙门石刻"。系清代贫穷道士吴来清及附近数十户石工，从乾隆四十六年（1781）至咸丰三年（1853），在前后七十二年内冒着生命危险断断续续开凿出来的，成为西山风景最精彩的部分。

【译文】

于是从南边的侧门出寺，稍稍往南下，顺着山坞往西进去。又转东走一里半，往南越岭。岭从西部山峰最高处向东垂下来，有大路一直上去，是登上峰顶的路。横穿大路往东南下，再转南，遇见石峰嶙峋、往南簇拥。于是从石峰北面，向东坠下土坑，一共走了一里，又往西走进石头丛中。一里，又往上从崖边攀登，盘绕着崖往南走，看见南边的崖上崖下，蜂房燕窝般的建筑，层层叠叠，像要坠落，那都是罗汉寺的南庵和北庵。穿过石缝稍向下，一里，到北庵，不久出到文殊岩上，才走上正路。从这里往南下去，是罗汉寺正殿；从这里往南上，是朝天桥。桥架在断崖之间，上下都是险崖，这里又山崖断开、中部下坠。过桥往南走，就到了灵官殿，殿门朝北对着桥。从殿东的侧门下去，攀崖壁登峻道，越往上越奇妙，又有楼、供奉纯阳祖师。又有殿、供奉元始天尊。又有阁、供奉玉皇大帝。又有宫，名抱一宫。都朝东正对滇池，镶嵌在悬崖之中。每向上攀登几十丈，便有一块斗大的平台在崖间，于是就在这空间架木建成庙宇。所以各个殿都不大，但白云崖石点缀，彼此映衬，到这里才视野开阔，观览到了整个滇池外海的胜境。南崖边有间亭子向前突出去，北崖边有楼房横列，楼前有一棵高大的柏树，碧绿的枝叶飘浮在空中。傍楼而坐，如同乘坐在高悬的船上，再也感觉不出还有崖石在下面支撑着呢。抱一宫南面陡峭的崖壁上，钉有木桩，铺成栈道，穿通石洞，栈道悬在崖上的树木中，石洞穿透崖间的缝隙，都极其险阻峻峭。穿过缝隙，有座小楼像粘在石崖边，住处、神龛、炊具都有。北庵的景物到这里才结束。往回走，下朝天桥，到罗汉寺正殿拜佛。殿后的山崖有百仞高。山崖南面的转折处，有方方的一汪泉水汇聚在崖脚，是从朝天桥山缝中涌出后流下来的，名勺冷泉。往南越过泉水，立即转向东南，从这里往上山崖更加高耸，只有一缕像腰带一样的平地绕在半山中，往下全是坍塌的斜坡、崩裂的崖壁，直插入滇池底，小平地上的佛寺神宇、仙人宫殿，雷神庙、三佛殿、寿佛殿、关帝殿、张仙祠、真武宫。依次连着排列。真武宫之上，山崖愈加耸立奇特，从前梁王在这里避暑，又名避暑台，是南庵的尽头，上面是辟石而建的小楼。再往南，则庵尽而崖不尽，崖壁高耸，白云覆盖，重重的山崖分开后又合拢。南头绝壁下，有猗兰阁旧址。

还至正殿，东向出山门，凡八折，下二里抵山麓，有村氓数十家①，俱网罟为业②。村南即龙王堂，前临水海。由其后南循南崖麓，村尽波连，崖势愈出，上已过猗兰旧址。南壁愈拓削，一去五里，黄石痕挂壁下，土人名为挂榜山。再南则崖回嘴突，巨石垒空嵌水折成壡③，南复分接屏壁，雄峭不若前，而兀突离奇，又开异境。三里，下瞰海涯，舟出没石隙中，有结茅南涯侧者，亟悬仄径下，得金线泉。泉自西山透腹出，外分三门，大仅如盎④，中崆峒，悉巨石敧侧，不可入。水由盎门出，分注海。海中细鱼溯流入洞，是名"金线鱼"。鱼大不逾四寸，中腴脂，首尾金一缕如线，为滇池珍味。泉北半里，有人石洞，洞门东瞰大海，即在大道下，崖倾莫可坠，必迁其南，始得透迤入，即前所望石中小舟出没处也。门内石质玲透，裂隙森柱，俱当明处。南入数丈辄暗，觅炬更南，洞愈崇拓。共一里，始转而分东西向，东上三丈止，西入窈窕莫极。惧火炬不给，乃出。

【注释】

①"有村氓"句：此即今山邑村，又称"龙门村"。从三清阁门口到龙门村足有石阶千级，此路称为"千步崖"。

②网罟（gǔ）：渔网。这里代指捕鱼业。

③璺（wèn）：裂罅，破而未离称为"璺"。

④盎（àng）：古代的一种腹大口小的器皿。

【译文】

回到正殿，往东从山门出去，共转八道弯，向下走了二里抵达山麓，有数十家村民居住在这里，都以捕鱼为业。村南是龙王堂，堂前正对滇池外海。从龙王堂背后往南顺着南崖麓过去，村庄尽头处水波连接山崖，山崖的气势更加突出，上面已经过了猗兰阁旧址。南壁更加宽大、陡峭，一直延伸五里，黄色的石痕悬挂在崖壁下部，当地人称为挂榜山。再往南则崖壁曲折环绕，山嘴突出，巨石凌空垒起，嵌入水中，断开裂缝。往南和屏风般的崖壁忽分忽接，雄伟、峻峭比不上前面，但高耸离奇，又别开异境。走三里，往下俯瞰滇池岸边，船只在石缝中出没，南岸旁边建有茅草房，赶快从又陡又窄的小路下去，找到了金线泉。泉水从西山腹部穿出，外面分为三道门，每道门只有盎那么大，中间是空洞，但全是倾斜的巨石，不能进去。泉水从盎大的门流出，分别注入滇池。滇池中的一种小鱼溯流进入洞中，名叫"金线鱼"。金线鱼的大小不超过四寸，体形略胖，首尾之间有一缕金线，是滇池的珍贵美味。金线泉北部半里处，有个大石洞，洞口向东俯瞰滇池外海，就在大路下面，石崖倾覆而没有地方能够下去，必须绕到洞南，才得以迂回进入，就是先前所看到的小船在石缝中出没的地方。洞内石质玲珑剔透，裂隙和石柱森列，都在亮处。往南进数丈就黑暗了，寻到火把后再往南进去，洞更高、更开阔。共进去一里，才转而分成朝东朝西方向，往东上去三丈就到底了，往西进则很幽深而无法穷尽。担心火把不够，于是出洞。

上山返抱一宫。问山顶黑龙池道，须北向太华中，乃南转。然池实在山南金线泉绝顶，以此地崖崇石峻，非攀援可至耳。余辄从危崖历隙上，壁虽峭，石缝多棱，悬跃无不如意。壁纹琼葩瑶茎，千容万变，皆目所未收。素习者惟牡丹，枝叶离披，布满石隙，为此地绝遘[1]，乃结子垂垂，外绿中红，又余地所未见。土人以高远莫知采鉴，第曰山间野药，不辨何物也。攀跻里余，遂蹑巅，则石萼鳞鳞，若出水青莲，平散竟地。峰端跣侧锷而南，惟西南一峰最高。行峰顶四里，凌其上，为碧鸡绝顶[2]。顶南石萼骈丛，南坠又起一突兀峰，高少逊之[3]，乃南尽海口山也。绝顶东下二里，已临金线泉之上，乃于耸崖间观黑龙池而下。

【注释】

①绝遘（gòu）：绝难遇见的。

②碧鸡绝顶：西山绝顶海拔2511米，比滇池水面高出625.5米，为昆明周围诸山的最高点。有片石萼，今俗称"小石林"。

③逊（xùn）：差，不如。

【译文】

上山回到抱一宫。询问去山顶黑龙池的路，必须向北到太华山中部，才能往南转。而黑龙池其实在山南金线泉的最高顶上，因为这里山崖崇高、石壁陡峻，不是攀援能够到达的。我于是从陡直的崖壁间踩着裂隙往上爬，崖壁虽然陡峭，但石缝棱角突出，悬空着往上跃没有不如意的时候。崖壁缝隙中有一种花，如同琼花玉茎，形态千变万化，都是前所未见的。我一向熟悉的只有牡丹，枝叶散乱，布满石缝，在这里是绝难遇见的，而此花结子下垂，外绿中红，又是我家乡所见不到的。当地人因为山高路远而不知道采摘鉴赏，只认为是山间野药，分不清是什么品种。往上攀爬一里多，就登上了山顶，于是鱼鳞状的石萼，像出水的青莲花，均匀地撒得满地都是。踩着峰头侧边的石头往南，惟有西南的一峰最高。在峰顶上走了四里，登上最高处，是碧鸡山绝顶。顶南石萼丛丛排排，南边坠下去的地方又突起一座陡峰，比碧鸡山绝顶稍低，是南边尽头处海口的山。从绝顶上往东下二里，已经到达金线泉的上面了，于是在高耸的山崖间观看黑龙池后下山。

随笔二则

《随笔二则》是徐霞客在云南省城及滇南调查采访的学术笔记，约写成于崇祯十一年（1638）的六月到八月初以前。见《滇游日记一》。

第一则记明代开国勋臣沐英的后代、世袭镇守云南总兵官、黔国公骄横不法的劣迹。沐氏世守云南，与明朝在云南的统治相始终。明代史料载沐氏事迹甚多，但对沐启元的暴虐，诸书未提及或叙述笼统。与这些互相印证，证明徐霞客的记录真实可信。当时正是沐氏作威作福的年代，作为一位正直学者的记录，《徐霞客游记》提供的史料十分难能可贵。

第二则记阿迷州土官普名胜危害滇南的始末。阿迷州在今云南开远。普名胜又作"普名声"。万历四十二年（1614）"初犹屯阿迷境"，后十余年"遂驻州城"。崇祯四年（1631），明军合剿，"卒不下"。崇祯五年（1632）至七年（1634），势益大，先后西围临安府（今建水），攻石屏州，东攻三乡县（今邱北境），北破宁州（今华宁），南攻鲁白城，"沙土司等十三长官悉服属之"。徐霞客于普名胜死后仅四年，穿行在普名胜曾蹂躏的地区，各处仍伤痍遍地，普名胜之妻万氏"威行远近"。"至今临安不敢一字指斥，旅人询及者，辄掩口相戒，府州文移，不过虚文。"在这样的环境中搜集整理的采访记录，是官书和正史不可能反映的，也是有关普名胜之乱最早的调查报告，有很高的史料价值。徐霞客通过普名胜之乱揭露了朝政的腐朽无能。他的史评中肯而犀利。

黔国公沐昌祚卒^①，孙启元嗣爵。邑诸生往祭其祖，中门启，一生翘首内望，门吏杖箠之。多士怒，亦箠其人，反为众桀奴所伤，遂诉于直指金公^②。公讳瑊，将逮诸奴，奴耸启元先疏诬多士。事下御史，金逮奴如故。启元益嗔^③，征兵祭纛^④，环直指门，发巨炮恐之，金不为动。沐遂掠多士数十人，毒痛之，囊其首于木。金戒多士毋与争，急疏闻。下黔督张鹤鸣勘，张奏以实。时魏珰专政，下调停旨，而启元愈猖狂不可制。母宋夫人惧斩世绪，泣三日，以毒进，启元陨，事乃解。宋夫人疏请，孙稚未胜爵服，乞权署名，俟长赐袭。会今上登极^⑤，怜之，辄赐敕实授。即今嗣公沐天波，时仅岁一周支也^⑥。

【注释】

①黔国公：沐英为明朝开国勋臣之一，受封为西平侯，后其子孙又进封为黔国公，世袭镇守云南总兵官。他们不但与省的地方机构没有直接隶属关系，甚至"骄凌三司"，"虐害小民"，横行云南，庄田遍布全省，时称"黔府"或"沐府"。

②直指：意即指事而行，挺直不阿。汉武帝派遣直指使者，衣绣衣，持节发兵，有权诛杀不力的官员。

③益嗔（chēn）：更加生气。

④纛（dào）：古时军队或仪仗队的大旗。

⑤今上登级：指朱由检当皇帝，年号崇祯，时在1628年。

⑥岁一周支:"支"指地支,古人用十二地支计年,"岁一周支"即一轮地支,为十二岁。

【译文】

黔国公沐昌祚去世,孙沐启元继承爵位。城里的众儒生去祭吊沐启元的祖父,中门打开,有一人抬头朝门内看,守门的官吏竟用杖打他。儒生们愤怒了,也打守门人,反而被沐府凶暴的奴仆所打伤,于是儒生到朝廷直接派来的官员金公那里诉说。金公名瑊,他打算逮捕那些奴仆,奴仆怂恿沐启元先上疏诬告众儒生。事情告到监察御史处,金公照旧逮捕奴仆。沐启元更加生气,调动军队、祭奠军旗,包围了金公的衙门,发射大炮恐吓金公,金公不为此而动摇。沐启元于是拷打数十名儒生,残害他们,用木枷夹他们的头。金公告诫众儒生不要和沐启元争,急忙上疏,让朝廷知道。朝廷下令贵州省总督张鹤鸣核实,张鹤鸣据实上奏。当时魏忠贤专政,下了调停的旨令,因而沐启元更加猖狂,不能控制。他的母亲宋夫人害怕断送世代相传的爵禄,哭泣了三天,用毒药毒死了沐启元,事情才得以缓解。宋夫人上疏请求,孙子年幼,无法胜任爵禄地位,请暂时署名,等长大后再赐他继承爵位。时逢崇祯皇帝继位,可怜沐昌祚的孙子,于是下令授以实爵。就是现在继黔国公爵的沐天波,他继承爵位时才十二岁。

普名胜者①,阿迷州土寇也②。祖者辂,父子为乱三乡、维摩间。万历四十二年,广西郡守萧以裕,调宁州禄土司兵合剿③,一鼓破之,辂父子俱就戮，始复维摩州④，开三乡县⑤。时名胜走阿迷，宁州禄洪欲除之。临安守梁贵梦、郡绅王中丞抚民，畏宁州强，留普树之敌，曲庇名胜。初犹屯阿迷境，后十余年，兵顿强，残破诸土司，遂驻州城，尽夺州守权。崇祯四年，抚臣王忼忧之，裹毡笠，同二骑潜至州，悉得其叛状，疏请剿。上命川、贵四省合剿之。石屏龙土司兵先薄漾田，为所歼。三月初八日，王中丞亲驻临安，布政周士昌统十三参将⑥，将本省兵万七千人，逼沈家坟。贼命黎亚选扼之，不得进，相持者二月。五月初二日，亚选自营中潜往为名胜寿，醉返营。一童子泄其事于龙。龙与王土司夜劫之，遂斩黎；进薄州城，环围四月，卒不下。时州人廖大亨任职方郎⑦，贼恃为奥援，潜使使入京纵反间，谓普实不叛，王抚起衅徼功，百姓悉糜烂。于是部郎疏论普地不百里，兵不千人，即叛可传檄定，何骚动大兵为？而王宫谕锡衮、杨庶常绳武⑧，各上疏言宜剿。事下枢部议。先是王抚疏名胜包藏祸心已久，前有司养疽莫发奸，致成难图蔓草，上因切责前抚、按。而前抚闵洪学已擢冢宰⑨，惧勿能自解，即以飞语怂恿大司马⑩。大司马已先入部郎言，遂谓名胜地不当一县，抚、按比周，张大其事势，又延引日月，徒虚糜县官饷⑪。疏上，严旨逮忼及按臣赵世龙。十月十五日，抚、按俱临安就逮。十二月十八，周士昌中铳死⑫，十三参将悉战没。五年正月朔，贼悉兵攻临安，诈郡括万金犒之，受金，攻愈急。迨十六，城垂破，贼忽退师，以何天衢袭其穴也。天衢，江右人，居名胜十三头目之一，见名胜有异志，心不安，妻陈氏力劝归中朝，天衢因乞降，当道以三乡城处之，今遂得其解围力。后普屡以兵攻三乡，各相拒，无所胜，乃退兵，先修祖父怨于宁州。方攻宁时，洪已奉调中原，其母集众目，人犒五金、京青布二，各守要害，贼不得入。后洪返，谓所予太重，责之金，诸族目悉解体。贼谍之，乘之入，洪走避抚仙湖孤山^⑬，州为残破。岁余，洪复故土，郁郁死。贼次攻石屏州，及沙土司等十三长官，悉服属之。志欲克维摩州南鲁白城，即大举。鲁白城在广南西南七日程，临安东南九日程，与交趾界，城天险，为白彝所踞。名胜常曰："进图中原，退守鲁白，吾无忧矣。"攻之三年，不能克。七年九月，忽病死。子福远，方九岁。妻万氏，多权略，威行远近。当事者姑以抚了局，酿祸至今，自临安以东、广西以南，不复知有明官矣！至今临安不敢一字指斥，旅人询及者，辄掩口相戒，府州文移，不过虚文。予过安庄，见为水西残破者，各各有同仇志，不惜为致命；而此方人人没齿无怨言，不意一妇人威略乃尔！南包沙土司，抵蒙自县^⑭；北包弥勒州^⑮，抵广西府；东包维摩州，抵三乡县；西抵临安府：皆其横压之区。东唯三乡何天衢，西唯龙鹏龙在田^⑯，犹与抗斗，余皆闻风慑伏⑰。有司为之笼络，仕绅受其羁靮者⑱，十八九。王伉以启衅被逮，后人苟且抚局，举动如此，朝廷可谓有人乎！夫伉之罪，在误用周士昌，不谙兵机⑲，弥连数月，兵久变生耳。当时止宜责其迟，留策其后效。临敌易帅且不可，遽就军中逮之，亦太甚矣！嗟乎！朝廷于东西用兵，事事如此，不独西南彝也！

【注释】

①普名胜：即普名声。《明史·云南土司传一》载："普维藩者，与宁州禄氏构兵，师歼焉。维藩子名声，幼育于官，既长，有司俾继父职。名声收拾旧部，勇于攻战，从讨奢安有功，仍授土知州。渐骄恣。崇祯五年（1632），御史赵洪范按部，名声不出迎。已，出戈甲旗帜列数里。洪范大怒。谋之巡抚王伉，请讨，得旨。官军进围州城，名声恐，使人约降，而阴以重贿求援于元谋土官吾必奎。时官军已调必奎随征，必奎与名声战，兵始合，佯败走。官军望见，遂大溃，布政使周士昌战死。朝廷以起衅罪伉，逮治，而名声就抚。然骄恣益甚，当事者颇以为患。已而广西知府张继孟道出阿迷，以计毒杀之。"崇祯七年（1634）张继孟用计毒杀于弥勒息宰，其妻万氏改嫁王弄山副长官沙定洲。

②阿迷州：隶临安府，治今云南开远市。《盘江考》又作"阿弥州"。

③宁州：隶临安府，即今云南华宁县。

④维摩州：隶广西府，治今云南砚山县北境的维摩。道光《云南通志》卷三十五引旧《云南通志》载，维摩新废州城"在丘北西阿宁乡，明崇祯四年（1631）徙州治于北，康熙九年（1670）州废城存"。明末维摩州治在今云南邱北县下寨马头山的旧城。

⑤三乡县：《明史·地理志》载，维摩州"西有三乡城，万历二十二年（1594）筑"。万历四十二年（1614）正式开三乡县。三乡城在今邱北县治稍西下寨马头山的新城。

⑥周世昌：《明史·云南土司传》作"周士昌"。参将：明在边区军事要地设参府，分守各路。主持参府的统兵官即参将，又称"参戎"，位在总兵、副总兵之下，无定员。

⑦职方郎：明代于兵部设职方司，掌管疆域图籍、军制、城隍、镇戍、简练、征讨等事。职方司的长官称"职方郎"。

⑧王宫谕锡衮：即王锡衮，云南禄丰人，官至大学士，明末为沙定州所执杀。杨庶常绳武：即杨绳武，字念尔，云南弥勒人，崇祯时中进士，选庶常授监察御史，官至兵部侍郎。

⑨擢（zhuó）：提升。冢宰：周官名，为"六卿"之首。后世小称吏部尚书为"冢宰"。

⑩飞语：没有根据的流言，或恶意的诽谤。大司马：汉武帝时改太尉置大司马，为全国军事首脑。后来

则用作高级武官的专称，明代亦别称"兵部尚书"为"大司马"。

⑪县官：朝廷，官府。

⑫铳（chòng）：古代的一种火器。

⑬孤山：《读史方舆纪要》卷一一五载："海瀛山，在府东南，特起湖中，四壁如削，凭虚视下，竞秀争流，一名孤山。"又名"环玉山"。今仍称"孤山"，位于抚仙湖南部。面积0.55平方公里。其上原来殿阁甚多，后毁于战火，近年重建亭阁，为风景胜地。

⑭蒙自县：隶临安府，即今云南蒙自市。

⑮弥勒州：隶广西府，即今云南弥勒市。

⑯龙鹏：今作"龙朋"，在云南石屏县北境。

⑰慑伏：慑于威势而屈服。

⑱靮（dí）：马缰绳。

⑲谙（ān）：熟悉。

【译文】

普名胜是阿迷州的土匪。其祖父者辂，和儿子在三乡县、维摩州一带作乱。万历四十二年，广西府知府萧以裕，调集宁州禄土司的军队，合兵围剿，一下子就打败叛军，者辂和儿子一起被杀，朝廷才恢复维摩州，设置三乡县。当时普名胜逃到阿迷州，宁州土司禄洪打算除掉他。临安府知府梁贵梦、府中的乡绅王抚民，担心宁州土司强大，留下普名胜可以与宁州土司对立，便曲意包庇普名胜。开始普名胜还屯住在阿迷州边境，之后十余年，普名胜的兵力很快强大，消灭了众多的土司，于是驻进州城，夺取了阿迷州的全部政权。崇祯四年，巡抚王伉担忧，裹着毡子斗笠，和两名骑手潜入阿迷州，全部得知了普名胜叛乱的情况，上疏请求围剿。崇祯皇帝命令四川、贵州等四省合兵围剿。石屏州龙土司的军队首先逼近漾田，被普名胜所歼灭。三月初八日，王巡抚亲自驻扎临安府，布政使周士昌统领十三位参将，率领云南省的军队一万七千人，逼近沈家坟。叛军命令黎亚选阻扼官军，周士昌不能前进，双方相持了两个月。五月初二日，黎亚选从军队中潜回去为普名胜祝寿，喝醉酒后返回军营。一个年轻人把此事泄露给龙土司。龙土司和王土司连夜强攻，于是杀掉黎亚选；进逼阿迷州城，包围了四个月，最终没能攻下。当时阿迷州人廖大亨担任职方郎，叛军依靠他为有力的靠山，暗中派使者到京城肆意地提供假情况，说普名胜其实没有叛乱，王巡抚挑起争端以邀功，百姓全都被摧残。于是兵部职方郎上疏，说普名胜的土地不到百里，军队不到千人，即使反叛也可以用一道命令传檄平定，何必调动大批军队去打？而宫谕王锡衮、庶常杨绳武，分别上疏说应当围剿。此事下达中枢部门议论。在这之前，王巡抚上疏说普名胜包藏祸心由来已久，前任长官像生毒疮怕痛而不割一样，没有揭发其奸邪，导致形成野草蔓延难除的形势，皇上因此严词谴责前任巡抚、巡按御史。而前任巡抚闵洪学已提升为吏部尚书，害怕无法自我辩解，就用流言怂恿兵部尚书。兵部尚书已经先听到兵部职方郎的话，于是认为普名胜的地域抵不上一个县，巡抚、巡按御使互相勾结，扩大事态，又拖延时间，只会白费朝廷粮饷。此疏上奏，朝廷严令逮捕巡抚王伉、巡按御史赵世龙。十月十五日，巡抚、巡按御史在临安府被捕。十二月十八日，周士昌中火器而死，十三名参将全部战死。崇祯五年正月初一，叛军调全部军队攻临安府，欺骗临安府搜刮一万两银子犒劳他们，接到银两后，攻府城更加急迫。到十六日，府城即将被攻破，叛军忽然退兵，那是因为何天衢偷袭了他们的巢穴。何天衢是江西省人，是普名胜的十三头目之一，看到普名胜心怀异志，内心不安，妻子陈氏竭力劝他归顺朝廷，何天衢于是请求投降，当权者将他安置在三乡县城，现在就靠他的力量解除了包围。后来普名胜多次率领军队进攻三乡县城，双方相持不下，普名胜不能取胜，才退兵，去找宁州土司报祖父、父亲之仇。正要攻宁州时，土司禄洪已奉命调往中原，他的母亲招集众头目，犒劳每人五两银子、两匹京城的青布，要他们守卫要道，叛军不能攻入。后来禄洪返回，认为给得太多，索回银两，各部族的头目全都离心离德。叛军刺探到此情况，乘机攻入宁州，禄洪逃到抚仙湖孤山避难，宁州被攻破。过了一年多，禄洪恢复了故土，忧郁而死。叛军接着进攻石屏州，以及沙土司等十三个长官司，这些地区全都臣服于普名胜。普名胜立志要攻克维摩州南部的鲁白城，于是大举进攻。鲁白城在广南府西南，有七天的路程，在临安府东南，有九天的路程，和交趾接界，依傍天险筑城，被白彝盘踞。普名胜常说："进图谋中原，退死守鲁白，我就没有后顾之忧了。"攻了三年，没能攻克。崇祯七年九月，普名胜忽然病死。儿子普福远才九岁。妻子万氏擅长权术谋略，威势通行远近。当权的人姑且用安抚的方法了结局势，酿成的灾祸延续到现在，从临安府以东、广西府以南，人们不知道还有明朝的官员了！至今临安府不敢对此事指责一句，旅客询问到此事，总是掩口戒备，府、州的公文下达，不过是一纸虚文。我过安庄时，看到被水西土司残害的人，人人都有报仇的共同志向，不惜为此而献出生命；而这里人人闭口无怨言，想不到一个妇人的威势、谋略竟然如此！往南包括沙土司，抵达蒙自县；往北包括弥勒州，抵达广西府；往东包括维摩州，抵达三乡县；往西抵达临安府：都是万氏横行压迫的地区。东边只有三乡县的何天衢，西边只有龙鹏的龙在田，还能与万氏抗争，其余的都闻风丧胆，慑于威势而屈服。地方官被万氏笼络，官吏、乡绅受万氏束缚的，达十分之八九。王伉因为挑起争端的罪名被捕，后来的官苟且安抚了事，如此举动，能认为朝廷有人吗！王伉的过失，在于误用周士昌，不通用兵的谋略，战争长达数月，用兵时间一久要发生变故的。当时只应当责备王伉用兵迟缓，应留下来，督促他，看以后的表现。面对敌人更换主帅尚且不行，何况突然到军中逮捕主帅呢，太过分了！唉！朝廷对周边用兵事事如此，不只是对西南地区的少数民族如此啊！

黄草坝札记

　　《黄草坝札记》是徐霞客在黄草坝所写的札记，见《滇游日记二》。崇祯十一年（1638）八月，徐霞客从云南重返贵州，二十八日完成了追踪南盘江的考察，又"竟日守雨"，有暇坐下来整理他的研究心得，一次就写了十条札记，涉及地理、历史、时政诸方面，思想深刻，结论精辟。

　　黄草坝在今贵州兴义市。这些札记涉及黄草坝的内容最多，包括当时黄草坝的辖属范围、经济状况、与四邻诸土司的复杂关系等，是有关兴义历史的最早的专题记录，具有很高的史料价值。在普安十二营中，"钱赋之数则推黄草坝"为首，"其地田塍中辟，道路四达，人民颇集，可建一县"。徐霞客对黄草坝的评价被后来的历史所证明，他提出的设县标准具有普遍意义。

　　徐霞客在黄草坝结束了追踪南盘江的考察，他对南盘江的认识又前进了一步。但是他对南北盘江汇流处、南盘江下游与右江的关系仍作了错误的判断。

　　徐霞客综合自己穿梭考察的结果，比较了广西、贵州、云南三省山水的特点和它们之间的地区差异，还就"笼"、"隆"两字的命名提出了自己的见解。他综述广西与云南间三条交通线的走向、当时的通塞状况，并对所经过的山险、溪渡作了比较，为研究明末西南交通史所必读。

　　徐霞客在这一带了解到了田州、安隆、泗城、广南诸土司间的纷争，加上他在贵州了解到安邦彦叛乱的遗害，在滇南目睹普名胜叛乱的残破，终于喊出了反对土司制度的心声："土司糜烂人民，乃其本性……"

二十八日　晨雨不止。衣湿难行，俟炙衣而起。终日雨涔涔也①。是日此处马场，人集颇盛。市中无他异物，惟黄蜡与细笋为多。乃煨笋煮肉，竟日守雨。

【注释】

①涔涔（cén）：雨水不断地往下流。

【译文】

二十八日　早晨雨还没停。衣服潮湿而难以启程，等烤干衣服才能动身。一整天都是雨淋淋的。黄草坝今天逢马场，来赶集的人很多。集市上没有其他罕见的物品，只有黄蜡和细笋最多。于是煨笋煮肉，一整天坐等雨停。

黄草坝土司黄姓，加都司衔。乃普安十二营长官司之属。十二营以归顺为首，而钱赋之数则推黄草坝，土地之远则推步雄焉①。

【注释】

①步雄：今作"布雄"，在贵州兴义市南境。

【译文】

黄草坝土司姓黄，加给都司头衔。是普安州十二营长官司的下属。十二营长官司以归顺营排列第一，但缴纳钱赋的数量则首推黄草坝营，土地的广阔则首推步雄营。

黄草坝东十五里为马鼻河①，又东五十里抵龙光②，乃广西右江分界；西二十里为步雄，又西五十里抵江底③，乃云南罗平州分界④；南三十里为安障⑤，又南四十里抵巴吉⑥，乃云南广南府分界⑦；北三十里为丰塘⑧，又北二十里抵碧洞，乃云南亦佐县分界⑨。东西南三面与两异省错壤，北去普安二百二十里。其地田塍中辟，道路四达，人民颇集，可建一县；而土司恐夺其权，州官恐分其利，故莫为举者。

【注释】

①马鼻河：今作"马别河"，又称"清水河"，在兴义市东境，从北往南流入南盘江。河边有聚落称"马别桥"，又称"马岭"，公路从此经过。

②龙光：今作"龙广"，在贵州安龙县西隅。

③江底：指今黄泥河边的老江底，有别于公路边的新江底，在贵州兴义市西隅，这一段黄泥河亦称"江底河"。

④罗平州：元代罗雄州。明万历十五年（1587）更名"罗平州"，隶曲靖府，在今罗平县治罗雄镇。

⑤安障：今作"安章"，在兴义市南境。

⑥巴吉：今作"巴结"，在兴义市东南隅，南盘江北岸，为贵州少有的产糖要地。

⑦广南府：即今云南广南县。

⑧丰塘：今作"枫塘"，在兴义市西北隅。

⑨亦佐县：隶曲靖府，治今云南富源县南境富村稍南，

今仍名"亦佐"。

【译文】

黄草坝东边十五里处是马鼻河，再往东五十里到达龙光，与广西省右江道分界；西边二十里处是步雄，再往西五十里抵达江底，与云南省罗平州分界；南边三十里处是安障，再往南四十里抵达巴吉，与云南省广南府分界；北边三十里处是丰塘，再往北二十里抵达碧洞，与云南省亦佐县分界。黄草坝东、西、南三面与两个省交错接壤，北面距离普安州二百二十里。其中有广阔的田地，道路四通八达，人口较为集中，可以设置一个县；但土司担心自己的权力被剥夺，州官担心自己的利益被分走，所以没有谁愿举办这事。

黄草坝东南，由龙光、箐口、者恐、板屯、坝楼、以上俱安隆土司地。其土官自天启初为部人所杀，泗城以孙代署之。八蜡、者香①，俱泗城州地。下田州，乃昔年大道。自安隆无土官，泗城代署，广南以兵争之，据其大半，道路不通，实由于此。

【注释】

①箐口：今名同，在兴义市东南隅。者恐：今称"上者孔"，在安龙县南隅，南盘江北岸。板屯：今名同，在册亨县西隅，南盘江边。坝楼：清代称"北楼"，在今广西隆林各族自治县东，冷水河流入南盘江处。

【译文】

黄草坝东南边，经过龙光、箐口、者恐、板屯、坝楼、以上各处都是安隆土司的领地。安隆土官从天启初年被族人所杀以来，泗城州任用其孙子代管。八蜡、者香，都是泗城州的辖地。到达田州，是从前的大路。自从安隆长官司没有土官，泗城州代管后，广南府凭借武力争夺，占据了安隆土司的大半领地，道路不通，其实就是因为这种情况。

按盘江自八达、与罗平分界。巴泽、河格、巴吉、兴隆、那贡①，以上俱安隆土司地，今俱为广南有。抵坝楼，遂下八蜡、者香。又有一水自东北来合，土人以为即安南卫北盘江，恐非是。安南北盘，合胆寒、罗运、白水河之流，已东南下都泥，由泗城东北界，经那地、永顺，出罗木渡，下迁江。则此东北来之水，自是泗城西北界山箐所出，其非北盘可知也。于是遂为右江。再下又有广南、富州之水，自者格、亦安隆土司属，今为广南据者。葛阆、历里俱泗城州地。来合②，而下田州，此水即志所称南旺诸溪也。二水一出泗城西北，一出广南之东，皆右江之支，而非右江之源；其源惟南盘足以当之。胆寒、罗运出于白水河，乃都泥江之支，而非都泥江之源；其源惟北盘足以当之。各不相紊也。

【注释】

① 兴隆：《游记·盘江考》又作"兴龙"，即今安龙县

东部的兴隆。那贡：今作"纳贡"，在隆林县北隅，南盘江南岸。

②者格：今作"者厄"，在广南县北隅，驮娘江从广南进入广西壮族自治区处。葛阆：即今富宁县东隅的谷拉。南旺诸溪应为今驮娘江、西洋江、谷拉河等水道。

【译文】

考察盘江流经八达彝寨、贵州省与罗平州的分界处。巴泽、河格、巴吉、兴隆、那贡，以上各处都是安隆土司的领地，如今都被广南府占有。到达坝楼，于是流往八蜡、者香。还有一条河从东北流过来汇合，当地人认为是从安南卫流来的北盘江，恐怕并非如此。安南卫的北盘江，汇合胆寒、罗运、白水河各条水后，已往东南流入都泥江，顺着泗城州东北部，流经那地、永顺，从罗木渡流出，到达迁江县。那么这条从东北流过来的河，自然是从泗城州西北部的山箐中流出，它不是北盘江是显而易见的。从这里盘江就称为右江。再往下又有广南府、富州的水，从者格、也是安隆土司的领地，如今被广南府占有。葛阆、历里都是泗城州的辖地。流过来汇合，然后流到田州，这条河是志书上所称的南旺诸溪。两条河一是源出泗城州西北，一是源出广南府的东部，都是右江的支流，而不是右江的源头；右江的源头只有南盘江能够充当。胆寒、罗运水从白水河流出，是都泥江的支流，而不是都泥江的源头；都泥江的源头只有北盘江能够充当。各条水道并不互相混乱。

按云南抵广西间道有三：一在临安府之东，由阿迷州、维摩州、本州昔置干沟、倒马坡、石天井、阿九、抹甲等哨，东通广南。每哨拨陆凉卫百户一员、军兵十五名、民兵十五名把守。后州治湮没，哨悉废弛。见有《府志》可考。抵广南富州，入广西归顺、下雷，而出驮伏，下南宁。此余初从左江取道至归顺，而卒阻于交彝者也，是为南路。一在平越府之南①，由独山州丰宁上下司，入广西南丹、河池州，出庆远。此余后从罗木渡取道而入黔、滇者也，是为北路。一在普安之南、罗平之东，由黄草坝，即安隆坝楼之下田州，出南宁者。此余初徘徊于田州界上，人皆以为不可行，而久候无同侣，竟不得行者也，是为中路。中路为南盘入粤出黔之交；南路为南盘漾滇之始，与下粤之末；北路为北盘经黔环粤之会。然此三路今皆阻塞。南阻于阿迷之普，富州之李、沈，见《广西小纪》。归顺之交彝；中阻于广南之蚕食，田州之狂狫②；北阻于下司之草窃，八寨之伏莽。既宦辙之不敢入③，亦商旅之莫能从。惟东路由沅、靖而越沙泥④，多黎人之恐州⑤，为今人所趋。然怀远、沙泥，亦多黎人之恐。且迁陟湖南，又多历一省矣。

【注释】

①平越府：《明史·地理志》："万历二十九年（1601）
　四月置平越军民府于卫城，以播州地益之，属贵州

布政司。”平越府设置较晚，与平越卫同城，治今贵州福泉市。

②狂狺（yín）：狗狂叫。

③宦辙：官府的车轮碾过的痕迹。此指封建中央派去的流官。

④沅：明为州，治今湖南芷江县。沙泥：今作"沙宜"，在广西三江侗族自治县东北隅。

⑤多黎人之恐州：黎人，此指侗族。侗族分布在今贵州、湖南、广西三省交界一带。

【译文】

考察从云南省进入广西省有三条路：一条在临安府东面，经过阿迷州、维摩州、维摩州从前设置过干沟、倒马坡、石天井、阿九、抹甲等哨，往东通到广南府。每个哨由陆凉卫派一名百户长、十五名官兵、十五名民兵把守。后来州治被毁灭，这些哨全被废了。《府志》上有记载可寻。抵达广南府富州，进入广西省归顺州、下雷州，然后从驮伏出去，到达南宁府。这是我当初准备从左江道取道至归顺州，但最终被交彝阻隔的路，是南路。一条在平越府南面，经过独山州的丰宁上、下长官司，进入广西省南丹州、河池州，再出到庆远府。这是我后来从罗木渡取道后进入黔、滇的路，是北路。一条在普安州南面、罗平州东面，经过黄草坝，沿着安隆长官司的坝楼到达田州，再出到南宁府。这是我当初在田州边界上徘徊不定，人人都认为是不能走，因而等了很久找不到旅伴同行，最终没能走成的路，是中路。中路是南盘江流入广西省、流出贵州省的交界处；南路是南盘江开始绕流云南省、最后流到广西省所过的地区；北路是北盘江流经贵州省、环绕广西省的会合处。然而这三条路如今都阻塞不通。南路受阻于阿迷州的普氏，富州的李氏、沈氏，见《广西小纪》。归顺府的交彝；中路受阻于广南府的蚕食兼并，田州的狂妄；北路受阻于丰宁下长官司的草野盗贼，八寨潜藏的盗匪。既然政府派去的流官不敢进入这些地区，商人旅客也没有谁愿从这几条路走。只有东路顺着沅州、靖州并越过沙泥，人多对黎人恐惧，是今天人们所走的路。然而怀远县、沙泥一带，也常对黎人恐惧。而且绕路进入湖南省，又要多走一个省。

黄草坝东一百五十里为安笼所，又东为新城所，皆南与粤西之安隆、泗城接壤。然在黔曰"笼"，在粤曰"隆"，一音而各异字，一处而各异名，何也？岂两名本同一字，传写之异耶？按安庄之东，大路所经，亦有安笼箐山，与安笼所相距四百里，乃远者同而近者异，又何耶？大抵黔中多用"笼"字，粤中多用"隆"字，如隆安县之类。故各从其地，而不知其地之相近，其取名必非二也。

【译文】

黄草坝东边一百五十里处是安笼所，再往东是新城所，其南部都和广西省西部的安隆长官司、泗城州接壤。然而在黔叫"笼"，在粤叫"隆"，一个音却是两个不同的字，一处地方却有两个不同的名称，是什么原因呢？会不会是两处地名本来用的是同一个字，因传抄而导致各异呢？考察安庄以东，大路所经过的地方，也有安笼箐山，和安笼所相距四百里，离得远的地名相同，而离得近的地名相异，又是什么原因呢？大抵贵州省中多用"笼"字，广西省中多用"隆"字，如隆安县之类。所以地名各从其所属省份，而不知道安笼所、安隆司两地相近，取名不必两样。

　　黄草坝著名黔西，而居聚阛阓俱不及罗平州[①]；罗平著名迤东，而居聚阛阓又不及广西府。此府、州、营、堡之异也。闻澄江府湖山最胜[②]，而居聚阛阓亦让广西府。临安府为滇中首郡，而今为普氏所残，凋敝未复，人民虽多，居聚虽远，而光景止与广西府同也。

【注释】

①阛阓（huánhuì）：街市。

②澄江府：治河阳，明代作澄江府，即今澄江县。

【译文】

　　黄草坝著称于贵州省西部，但居民、集市都赶不上罗平州；罗平州著称于云南省东部，但居民、集市又赶不上广西府。这就是府、州、营、堡之间的差异。听说澄江府的湖泊山川最佳妙，但居民、集市也逊于广西府。临安府是滇中第一郡，但如今被普名胜所摧残，还没从衰败中恢复过来，人口虽然多，居住地区虽然广大，但情景只和广西府相同。

迤东之县，通海为最盛；迤东之州，石屏为最盛；迤东之堡聚，宝秀为最盛；皆以免于普祸也。县以江川为最凋，州以师宗为最敝，堡聚以南庄诸处为最惨①，皆为普所蹂躏也。若步雄之龙、侬争代，黄草坝之被閧于龙、沙②，沙乃步雄龙氏之妇翁。安隆土司之纷争于岑、侬。岑为广西泗城，侬为广南府。今广南势大，安隆之地为占去八九矣。土司糜烂人民，乃其本性，而紊及朝廷之封疆，不可长也。诸彝种之苦于土司糜烂，真是痛心疾首，第势为所压，生死惟命耳，非真有恋主思旧之心，牢不可破也。其所以乐于反侧者，不过是遗孽煽动。其人不习汉语，而素昵彝风，故勾引为易。而遗孽亦非果有殷之顽、田横之客也，第跳梁伏莽之奸，藉口愚众，以行其狡猾耳。

【注释】

①南庄：今名同，在建水县北的公路旁。

②閧（hòng）：哄闹，争端。

【译文】

滇东的县，通海最为兴盛；滇东的州，石屏最为兴盛；滇东的堡聚，宝秀最为兴盛；都是由于没遭受普名胜祸害的缘故。县以江川最为凋零，州以师宗最为衰败，堡聚以南庄等处最为凄惨；都是因为遭受了普名胜蹂躏。以至于步雄龙土司、侬土司互相取代的斗争，黄草坝被龙土司、沙土司互相争夺，沙氏是步雄龙氏的岳父。安隆土司的岑氏、侬氏纷争。岑氏在广西泗城州，侬氏在广南府。如今广南府势力强大，安隆长官司的领地，被侬氏占领了十分之八九。土司糜烂人民，是土司的本性，而且扰乱朝廷的边疆，是不能助长的。各部彝人遭受土司蹂躏糟踏的痛苦，真是令人痛心疾首，只是为土司权势所迫，生死只有看命了，并非真的怀着恋主思旧之心而牢不可破。彝人乐于反叛的原因，不过是受残渣余孽煽动。这些人不熟习汉语，却向来和彝风彝人相亲近，所以勾引彝人反叛容易。但残渣余孽也并非真的拥有商殷遗民、田横门客那样顽固不化、宁死不屈的部众，他们只不过靠跳梁小丑、潜伏盗贼一类的奸邪之徒，凭借口舌愚弄民众，并施以狡猾的手段罢了。

所度诸山之险，远以罗平、师宗界偏头哨为最；其次则通海之建通关^①，其险峻虽同，而无此荒寂；再次则阿迷之中道岭，沈家坟处。其深杳虽同，而无此崇隘；又次则步雄之江底东岭，其曲折虽同，而无此逼削。若溪渡之险，莫如江底，崖削九天，堑嵌九地^②，盘江朋圃之渡^③，皆莫及焉。

【注释】
①建通关：《续修通海县志》载：建通关"在县南二十里通海、建水分界处，设塘设铺"。
②九天：高不可测的九重天上。九地：极深的九层地底。
③朋圃：明代又作"彭堡"、"溯普"，即今朋普，在弥勒市南境。

【译文】

所越过的众多险山，远以罗平州、师宗州交界处的偏头哨最险要；其次是通海县建通关，其险峻虽然和偏头哨相同，却不像那样荒凉空寂；再次是阿迷州的中道岭，沈家坟那里。其幽深、沉寂虽然和偏头哨相同，却没有那种高耸、狭窄；再其次是步雄的江底寨东岭，其曲折虽然和偏头哨相同，却没有那种陡峭。至于一路上所渡过的溪水之险，则没有一处比得上江底寨，那里悬崖峭壁高插九重天，峡谷沟壑嵌进九层地，盘江上的朋圃渡口，都赶不上。

粤西之山，有纯石者，有间石者，各自分行独挺，不相混杂。滇南之山①，皆土峰缭绕，间有缀石，亦十不一二，故环洼为多。黔南之山②，则界于二者之间，独以逼笮见奇。滇山惟多土，故多壅流成海，而流多浑浊。惟抚仙湖最清③。粤山惟石，故多穿穴之流，而水悉澄清。而黔流亦界于二者之间。

【注释】

①滇南："云南省"的别称。云南简称"滇"，又位于国土南部，故称"滇南"。现多称云南南部为滇南，与滇东、滇西对应，含义已有变化。

②黔南："贵州省"的别称。贵州省本称"黔"，又位于国土南部，故称"黔南"。

③抚仙湖：《寰宇通志》澄江府山川载："抚仙湖，在府城南，周围二百余里，一名罗伽湖，又名青鱼戏

月湖，渟滀清澈，而其中多石，鱼难网。东流入盘江。"抚仙湖又称"澄江海"，在今澄江县南，面积212平方公里，南北长30公里，东西宽2.3—11.3公里，湖岸线长约90公里，平均水位海拔1720米，平均水深87米，最深处达151.5米，是云南第三大湖，也是云南最深的湖。湖水碧绿，透明度大，能见度达水下4—5米深。

【译文】

广西省的山，有的完全是石峰，有的是土石相间，各自分开排列、单独挺立，不互相混杂。云南省的山，都是层层环绕的土峰，其中有石峰点缀的，也不到十分之一二，所以山中有很多环洼。贵州省的山，则介于二者之间，唯独以陡峭、高耸见奇。云南省的山土多，所以经常塌落下来堵塞溪流，形成湖泊，而且溪流大多浑浊。只有抚仙湖最清。广西省的山只有石头，所以有很多从洞穴穿流出来的河流，而且河水全都清澈见底。而贵州省河流的清浊也介于二者之间。

丽江从教日记

　　《丽江从教日记》是徐霞客丽江游记中的一篇。时在崇祯十二年（1639）二月，初九日准备，初十日进行，见《滇游日记七》。

　　徐霞客在丽江作为中原文化的代表，受到丽江府土官木增的崇敬和盛情款待。他不辞辛劳，为木增的《云薖淡墨》集编订加工，为木增的《山中逸趣》集写跋，为木增写信推荐内地名士。徐霞客也成为备受尊敬的木氏家塾的名师。在他离开丽江境的前一天，木增又安排了一次拜师礼，恳请徐霞客为其第四个儿子木宿评习作、写范文。这天的日记详记了这一别开生面的拜师、谢师全过程。

　　文中还记录了丽江东坝和西坝的山水大势，既有蜿蜒的远山，又有就洼傍坎的近庐，桃花柳色，宛如一幅清丽的水墨画。所记山茶巨树，足为云南山茶花的代表。述及牦牛的经济价值及牦牛、大象的地理分布，有重要的科学价值。所记出痘者皆徙至九和，与初八日"是方极畏出痘"的札记参酌，可了解明代天花的传染发病及徙避办法，有重要的医学价值。所记还有新年正月祭天、农业实行轮作制、民族情况、气候特点、北岩异彩等。徐霞客给后世留下了一份精粹的明末丽江风物志。

初九日　大把事复捧礼仪来致谢，酬校书之役也。铁皮褥一，黄金四两。再以书求修《鸡山志》，并恳明日为其四子校文木家院①，然后出关。院有山茶甚巨，以此当折柳也。余许之。是日仍未霁，复憩通事楼。

【注释】

①木家院：在今丽江古城区南８公里漾西村，又称"万德宫"。今存门楼、过厅及北厢。

【译文】

初九日　大把事又捧着礼物来致谢，酬劳校书的工作。铁皮褥子一床，黄金四两。木公又写信请我编撰《鸡山志》，并恳请明天到木家院为第四子改文章，然后出关。木家院有很大的山茶，用山茶送别代替折柳。我答应了。这一天天气仍然没晴，还在通事的楼上休息。

其俗新正重祭天之礼。自元旦至元宵后二十日，数举方止。每一处祭后，大把事设燕燕木公。每轮一番，其家好事者费千余金，以有金壶八宝之献也。

【译文】

这里的风俗新年正月重视祭天的礼仪。从元旦到元宵后的二十天内，举行数次才结束。每一次祭天后，大把事设宴宴请木公。每轮完一遍，那些好事的人家要花费一千多两银子，因为要祭献金壶八宝。

其地田亩，三年种禾一番。本年种禾，次年即种豆菜之类，第三年则停而不种。又次年，乃复种禾。

【译文】

这里的土地，粮食作物三年轮种一次。当年种禾，次年就种豆菜之类，第三年则休耕不种。又到次年，才再种禾。

其地土人皆为麽些[①]。国初汉人之戍此者，今皆从其俗矣。盖国初亦为军民府，而今则不复知有军也。止分官、民二姓，官姓木，初俱姓麦，自汉至国初。太祖乃易为木。民姓和，无他姓者。其北即为古宗。古宗之北，即为吐蕃。其习俗各异云。

【注释】

①麽些：又作“磨些”、“磨沙”，即今纳西族。

【译文】

这里的土著居民都是麽些。本朝初年到这里戍守的汉人，如今都随当地的习俗了。因为本朝初年也是军民府，如今则不再知道还有军人了。只分官姓和民姓，官姓为木，最初都姓麦，从汉代到本朝初年。太祖皇帝时才改为姓木。民姓为和，没有其他的姓。丽江府北边就是古宗。古宗的北边就是吐蕃。他们的习俗各不相同。

古宗北境雨少而止有雪，绝无雷声。其人南来者，至丽郡乃闻雷，以为异。

【译文】

古宗北部边境雨少而只有雪，绝对没有打雷声。古宗人往南方来，到丽江府才听到雷声，认为是奇异的事。

丽郡北，忠甸之路有北岩，高阔皆三丈，崖石白色而东向。当初日东升，人穿彩服至其下，则满崖浮彩腾跃，焕然夺目，而红色尤为鲜丽，若镜之流光，霞之幻影。日高则不复然矣。

【译文】

丽江府北，去忠甸的路上有北岩，高、宽都有三丈，崖石白色而且面向东方。每当旭日东升，人们穿着彩色衣服来到北岩下，于是整块崖石上就会浮彩腾跃，焕然夺目，而且红色尤其鲜艳美丽，如同镜子的流光，彩霞的幻影。太阳升高后则不再是这样了。

初十日　晨餐后，大把事复来候往木家院。通事具骑，而大把事忽去，久待不至，乃行。东向半里，街转南北，北去乃象眠山南垂，通安州治所托①，南去乃大道。半里，过东桥，于是循溪南岸东南行。三里，有柳两三株，在路右塍间，是为土人送行之地。其北有坞，东北辟甚遥。盖雪山之支，东垂南下者两重，初为翠屏、象眠，与解脱、十和一夹而成白沙坞；再为吴烈东山，与翠屏、象眠再夹而成此坞，其北入与白沙等。其北度脊处，即金沙江逼雪山之麓而东者。东山之外，则江流南转矣。脊南即此坞，中有溪自东山出，灌溉田畴更广。由此坞东北逾脊渡江，即香罗之道也②。坞中溪东南与玉河会于三生桥之东，又有水西南自文笔山沿南山而东转，随东圆冈之下，经三生桥而东与二水会，于是三水合而成漾共江之源焉。东员冈者③，为丽郡东南第一重锁钥。盖有大脊自西来，穹为木家院后高峰大脊，从此南趋鹤庆。其东下者为邱塘关，其东北下者，环转而为此冈，直逼东山之麓，束三水为一，沿东山南下而出邱塘东峡，自七和、冯密而达鹤庆。冈首回环向郡，南山之溪经其下，巩桥度之，曰三生桥。桥北有二坊，两三家为守者。自柳塘至此，又五里矣。其北皆良畴，而南则登坡焉。一里，升坡之巅，平行其上。右俯其坡内抱，下辟平坞，直北接郡治，眺其坡，斜削东下，与东山夹溪南流。坡间每有村庐，就洼傍坎，桃花柳色，罨映高下④。三里，稍下就洼，有水成痕，自西而东下于溪。又南逾一坡，度板桥而南，则木家院在是矣。

①通安州：为丽江军民府附郭，与丽江府同点，在今丽江市古城区。

②香罗：明设香罗甸长官司，隶云南永宁府，治所在今四川木里县西北。

③东员冈：上句作"东圆冈"。冈北今有东元桥，位置约即明代三生桥。

④罨（yǎn）映：掩映，彼此掩覆而衬托。罨，通"掩"。

【译文】

初十日　早饭后，大把事又来恭候我们前往木家院。通事备好马，而大把事忽然离去，等了很久都没来，于是出发。向东走半里，街道转成南北走向，往北去是象眠山南垂，通安州治所所在地，往南去是大路。半里，过东桥，于是顺溪水南岸往东南行。三里，有两三棵柳树，在路右边的田间，这是当地人送行的地方。北面有山坞，往东北方敞开得很远。原来雪山的支脉，东垂往南延伸为两层，第一层为翠屏山、象眠山，和解脱林、十和院首先夹成白沙坞；第二层为吴烈东山，和翠屏山、象眠山又夹成这道山坞，其北部入口处和白沙坞平行。山坞北面翻越山脊的地方，则金沙江逼近雪山麓后就向东流了。东山之外，则江水转向南流。脊南就是这道山坞，坞中有东山流出的溪水，灌溉田地的范围很广。从这道坞往东北翻越山脊过江，就是去香罗甸长官司的路。坞中的溪水往东南流到三生桥东与玉河汇合，又有西南流来的水从文笔山沿南山向东转，顺东圆冈而下，经过三生桥然后往东流与二水汇合，于是三股水合成漾共江的源头。东圆冈是丽江府东南第一军事要地。有主峰山脉从西边伸来，穹隆为木家院背后的高峰大脉，从这里往南伸向鹤庆府。往东延伸的是邱塘关，往东北延伸的，环绕为此东圆冈，直逼东山之麓，约束三股水为一股水，沿东山往南流然后出邱塘关东峡，经过七和、冯密然后到鹤庆府。冈首回绕对着府治，南山的溪水从下面流过，建巩桥度溪，名三生桥。桥北有二座坊，两三家人守着。从柳塘到这里，又走了五里。北面都是良田，而南面则登坡。一里，登上坡顶，在顶上平行。往右俯视其坡内抱，坡下敞开平坦的山坞，一直向北延伸，和府治相接，眺望其坡，斜斜地往东削下去，和东山夹住溪水往南流。坡间处处有村舍，就着洼地，傍靠着坎，桃花红、柳色绿，高高低低地掩映着。三里，渐渐下到洼地，有流水痕迹，从西往东流下溪中，又往南翻越一道坡，过木桥然后往南，于是就到木家院了。

先是途中屡有飞骑南行，盖木公先使其子至院待余，而又屡令人来，示其款接之礼也。途中与通事者辄唧唧语，余不之省。比余至，而大把事已先至矣，迎入门。其门南向甚敞，前有大石狮，四面墙垣之外，俱巨木参霄。甫入，四君出迎，入门两重，厅事亦敞。从其右又入内厅，乃拜座进茶。即揖入西侧门，搭松棚于西庑之前，下藉以松毛，以示重礼也。大把事设二卓，坐定，即献纸笔，袖中出一小封，曰："家主以郎君新进诸生，虽事笔砚，而此中无名师，未窥中原文脉，求为赐教一篇，使知所法程，以为终身佩服。"余颔之。拆其封，乃木公求余作文，并为其子斧正[1]。书后写一题曰："雅颂各得其所。"余与四君，即就座拈毫[2]，二把事退候阶下。下午，文各就。余阅其作，颇清亮。二把事复以主命求细为批阅。余将为举笔，二把事曰："馁久矣，请少迟之。后有茶花，为南中之冠，请往一观而就席。"盖其主命也，余乃从之。由其右转过一厅，左有巨楼，楼前茶树，盘荫数亩，高与楼齐。其本径尺者三四株丛起，四旁萎蕤下覆甚密[3]，不能中窥。其花尚未全舒，止数十朵，高缀丛叶中，虽大而不能近觑。且花少叶盛，未见灿烂之妙，若待月终，便成火树霞林，惜此间地寒，花较迟也。把事言，此树植与老把事年相似，屈指六十余。余初疑为数百年物，而岂知气机发旺，其妙如此。已还松棚，则设席已就。四君献款，复有红毡、丽锁之惠[4]。二把事亦设席坐阶下，每献酒则趋而上焉。四君年二十余，修皙清俊[5]，不似边陲之产，而语言清辨可听，威仪动荡，悉不失其节。为余言北崖红映之异。时余欲由九和趋剑川[6]，四君言："此道虽险而实近，但此时徙诸出豆者在此[7]，死秽之气相闻，而路亦绝行人，不若从鹤庆便。"肴味中有柔猪、氂牛舌[8]，俱为余言之，缕缕可听。柔猪乃五六斤小猪，以米饭喂成者，其骨俱柔脆，全体炙之，乃切片以食。氂牛舌似猪舌而大，甘脆有异味。惜余时已醉饱，不能多尝也。因为余言，其地多氂牛，尾大而有力，亦能负重，北地山中人，无田可耕，惟纳氂牛银为税。盖鹤庆以北多氂牛，顺宁以南多象，南北各有一异兽，惟中隔大理一郡，西抵永昌、腾越，其西渐狭，中皆人民，而异兽各不一产。腾越之西，则有红毛野人，是亦人中之氂、象也。抵暮乃散。二把事领余文去，以四君文畀余，曰："灯下乞细为削抹，明晨欲早呈主人也。"余颔之。四君送余出大门，亦驰还郡治，仍以骑令通事送余。东南二里，宿村氓家。余挑灯评文，就卧其西庑。

【注释】

①斧正：请人修改文章的客气话。

②拈毫：执笔。

③葳蕤（ruí）：又作"薉蕤"，形容草木茂盛枝叶下垂的样子。

④红毡：经过精细加工染为红色的羊毛毡，是纳西族羊毛毡中最精美的一种。丽锁：即丽江铜锁，为纳西族的生活必需品和工艺美术纪念品。用铜制成，色泽金黄，造型奇巧，并镌刻有精美图案。

⑤修皙：即修长而白皙，身体瘦高，皮肤白净。

⑥九和：今作"九河"，在玉龙县西境，石鼓以南。剑川：明为剑川州，隶鹤庆军民府，治今剑川县治金

华镇。

⑦出豆：同"出痘"，即传染病天花。

⑧氂（máo）：牦牛。

【译文】

在这之前，途中常常有快马往南走，原来木公先派他的儿子到木家院等待我，而且又多次命令人来，指示其款待的礼节。途中来的人和通事就说民族语言，我听不懂。等我到达时，大把事已经先到了，迎接我进门。门朝南，十分宽敞，门前有大石狮，四周墙垣之外，都是高耸入云的巨树。刚一进门，四君出来迎接，进了两道门，客厅很宽敞。从客厅右边又进入内厅，才行礼入座进茶。很快又请进西侧门，在西厢房前搭松棚，地下用松毛铺垫，以表示重礼。大把事设置两张桌子，坐定后，立即献上纸笔，从袖中取出一个小信封，说："我家主人因为他的儿子刚刚考入学宫，虽然从事写作，但这里没有名师指导，不能看到中原的文章风格，请为他赐教一篇，让他知道章法格式，以使他终身不忘。"我点头同意。拆开信封，是木公请我写文章，并为他的儿子修改文章。信后写有一个标题："雅颂各得其所。"我把题目交给四君，立即就座执笔，二把事退到台阶下恭候。下午，我和四君的文章都写好了，我阅读他的文章，很清爽明快。二把事又把主人的命令告知，请细心为四君批阅。我准备为他提笔修改，二把事说："饿久了，请稍微等一会儿改。后面有茶花，为云南省第一，请去观赏一番然后入席。"大概是他主人的命令，我于是听从。从松棚右转过一间厅，左边有高楼，楼前的茶树，盘绕遮盖了数亩地，高和楼平行。直径一尺的茶树分出三四株，茂盛的枝叶垂向四周，覆盖得十分严密，看不到中间。茶花还没完全开，只有几十朵，高高地缀在丛密的枝叶中，虽然大却不能近看。而且花少叶多，看不到红花灿烂的美景，如果等到月底，便成为火树霞林，可惜这里气候寒冷，花开得比较晚。把事说，这棵树和老把事的年纪相似，屈指计算有六十多年了。我当初怀疑是几百年的树，却哪里知道是气机发达兴旺，长得如此的好。不久回到松棚，而宴席已经摆好。四君殷勤地向客人敬酒，又有红毡、丽锁作为赠礼。二把事亦设了座位坐在台阶下，每次敬酒就急忙上前。四君二十多岁，身材瘦高，皮肤白净，很清秀英俊，不像边疆土生土长的人，而且说话清楚动听，礼仪举止都得体。他对我说北岩映红影的奇异现象。当时我想从九和去剑川州，四君说："这条路虽然险要但实际上近，只是现在迁徙那些出天花的人到九和，到处是死亡和污秽的气味，因而路上行人断绝，不如从鹤庆府走方便。"美味中有柔猪、牦牛舌，四君都对我解释，一条一条地很动听。柔猪是五六斤重的小猪，是用米饭喂成的，它的骨头全都柔软、脆嫩，整只烘烤，然后切成片吃。牦牛舌和猪舌相似但大，甜脆而有奇特的味道。可惜当时我已经酒足饭饱，不能多尝。并且对我说，这个地方牦牛很多，牦牛尾巴大而且有力气，也能驮负重物，北部的山里人，没有田可耕，就缴纳牦牛银作为税。大致鹤庆府以北牦牛多，顺宁府以南大象多，南北各有一种异兽，只是中间隔着大理府，往西到永昌府、腾越州，其西渐渐狭隘，其中都有人，却不再有各种异兽了。

腾越州以西，则有红毛野人，是人群中如同牦牛、大象一样奇异的一类。宴席到傍晚才散。二把事把我的文章拿走，把四君的文章交给我，说："请在灯下细心为他修改，明天早晨准备早早呈报主人。"我点头答应。四君送我出大门，也骑马赶回府治，仍然让通事送我骑马回去。往东南走二里，住在村民家。我点灯评改文章，在西厢房睡觉。

游茈碧湖日记

　　《游茈碧湖日记》是崇祯十二年（1639）二月徐霞客游茈碧湖逐日所记，见《滇游日记七》。

　　茈碧湖在浪穹县，因洱海发源于县境，近代改名"洱源"。长堤将湖分为两半，北为深海，有水溢出，称"洱源海"；南为浅湖，水面较宽，称"茈碧湖"。长堤为揽景游憩的胜地，堤上有著名的九炁台温泉及真武阁点缀。徐霞客于二月十八、十九、二十连续三天畅游茈碧湖，考察九炁台温泉，自然和人文皆有涉历，可谓尽兴，对茈碧湖的山光水色称羡不已。"平湖浩然，北接海子，南映山光，而西浮雉堞，有堤界其中"，"四山环翠，中阜弄珠，又西子之所不及也"。这是徐霞客考察高原湖泊的典型例子，也是《徐霞客游记》的写景名篇。

　　从明末至今，茈碧湖缩小了不少，浅水区已全部成陆。用《徐霞客游记》的翔实记录与茈碧湖的现状进行比较，可以探索该湖的变化情况。洱源被誉为"热水城"，《徐霞客游记》对该县的温泉多有记载，近年洱源的温泉正逐步获得开发。

十八日　昧爽促饭，而担夫逃矣。久之，店人厚索余赀，为送浪穹。遂南行二里，过一石桥，循东山之麓而南，七里，至牛街子①。循山南去，为三营大道；由岐西南，过热水塘，行坞中，为浪穹间道。盖此地已为浪穹、鹤庆犬牙错壤矣。于是西南从支坡下，一里，过热水塘②，有居庐绕之。余南行塍间，其坞扩然大开。西南八里，有小溪自东而西注。越溪又南，东眺三营③，居庐甚盛，倚东山之麓，其峰更崇；西望溪流，逼西山之麓，其畴更沃；过此中横之溪，已全为浪穹境矣。三营亦浪穹境内，余始从鸡山闻其名，以为山阴也，而何以当山之南？至是而知沐西平再定佛光寨，以其地险要，特立三营以控扼之。土人呼"营"为"阴"，遂不免与会稽之邻县同一称谓莫辨矣④。

【注释】

①牛街子：今仍名"牛街"，在洱源县北境。

②热水塘：云南俗称"温泉"为"热水塘"。此处专指牛街温泉。该温泉至今仍存，在牛街稍南的公路边。

③三营：今名同，在洱源县北境。

④"土人呼'营'"二句：明置绍兴府，山阴、会稽两县同为其附郭县，治所皆在今浙江绍兴市。

【译文】

十八日　天亮时催促吃饭，但挑夫逃走了。很久，店主人多要我的钱，为我送行李到浪穹县。于是往南行二里，过一座石桥，沿东山麓往南走，七里，到牛街子。沿山往南去，是到三营的大路；从岔路向西南，过热水塘，在坞中行走，是到浪穹县的小路。原来这里已经是浪穹县、鹤庆府犬牙交错的接壤地带了。于是往西南顺着一支坡下，一里，经过热水塘，有民房环绕。我往南从田间走，山坞豁然大开。往西南走八里，一条小溪从东向西流。越过小溪又往南走，向东眺望三营，居家很兴盛，傍靠在东山麓，那里山峰更高大；向西眺望溪流，紧逼西山麓，那里土地更肥沃；越过这条横穿山坞的小溪，已经完全属于浪穹县境了。三营也在浪穹县境内，我最初在鸡足山听到三营之名，以为是山阴，但为什么位于山南呢？到了这里才知道，西平侯沐英第二次平定佛光寨，因为其地险要，专门建立三营来控制。当地人读"营"为"阴"声，于是不免与绍兴府会稽相邻的山阴县称谓相同、不能分辨了。

又南十里，则大溪自西而东向曲①。由其西，有木桥南北跨之，桥左右俱有村庐。南度之，行溪之西三里，溪复自东而西向曲。又度桥而行溪之东三里，于是其溪西逼西山南突之嘴，路东南陟陇而行。四里，则大溪又自西而东向曲，有石梁南跨之，而梁已中圮，陟之颇危。梁之南，居庐亦盛，有关帝庙东南向，是为大屯。屯之西，一山北自西大山分支南突，其东南又有一山，南自东大山分支北突，若持衡之针，东西交对，而中不接。大溪之水北捣出洞鼻之东垂，又曲而南环东横山之西麓，若梭之穿其隙者。两山既分悬坞中，坞亦若界而为二。

【注释】

①大溪：即今潞茨河。

【译文】

又往南走十里，大溪从西向东弯曲。沿大溪往西走，有木桥南北横跨溪上，桥左右都有村舍。往南过桥，从溪西岸走三里，溪水又从东向西弯曲。又过桥从溪东岸走三里，于是溪水向西紧逼西山往南突的山口，道路向东南登陇而行。四里，则大溪又从西往东弯曲，石桥南北横跨溪上，但桥中间已经坍塌，过桥较危险。桥南住家也兴盛，有座东南向的关帝庙，这是大屯。大屯西，一道山北边从西部大山分出支脉往南耸起，其东南又有一道山，南边从东部大山分出支脉往北耸起，像保持平衡的针，东西交错相对，但中间不相连。大溪水往北冲向出洞鼻的东垂，又转向南，环绕东部横山的西麓，像梭子那样从山缝穿过。两道山既然分别悬立在坞中，山坞也像被分为两部分。

于是又西南行塍间，三里，转而西，三里，过一小石梁，其西则平湖浩然，北接海子，南映山光，而西浮雉堞，有堤界其中，直西而达于城。乃遵堤西行，极似明圣苏堤，虽无六桥花柳，而四山环翠，中阜弄珠，又西子之所不能及也。湖中鱼舫泛泛，茸草新蒲，点琼飞翠，有不尽苍茫、无边潋滟之意，湖名"茈碧"，有以也。西二里，湖中有阜中悬，百家居其上。南有一突石，高六尺，大三丈，其形如龟。北有一回冈，高四尺，长十余丈，东突而昂其首，则蛇石也。龟与蛇交盘于一阜之间，四旁沸泉腾溢者九穴，而龟之口向东南，蛇之口向东北，皆张吻吐沸，交流环溢于重湖之内。龟之上建玄武阁，以九穴环其下，今名九炁台①。余循龟之南，见其腭中沸水，其上唇覆出，为人击缺，其水热不可以濯。有僧见余远至，遂留饭，且及夫仆焉。其北蛇冈之下，亦新建一庵，余以入城急，不暇遍历。

【注释】

①九炁（qì）台：今名九气台温泉，在洱源县城东郊九气台村，水温达76℃，可烫熟鸡蛋。当地群众并从温泉沟道上刮取天生磺。村周围今已成陆。真武阁今存，为大理白族自治州重点文物保护单位。炁，同"气"。

【译文】

于是又往西南从田间走，三里，转向西，三里，过一座小石桥，桥西是浩荡的平湖，北边和浪穹海子相连，南边映衬山色，而西边城墙耸立，湖中有堤为界，堤一直往西通到城。于是顺堤往西行，堤和西湖的苏堤极其相似，虽然没有六桥花柳，但四周青山环绕，湖中的小岛如珠串，又是西湖所赶不上的。湖中渔船泛泛，新长出的蒲草毛茸茸的，点琼飞翠，有不尽苍茫、无边激滟的意境，湖名"芷碧"，真是名副其实啊。往西走二里，湖中有小岛悬在中央，岛上有上百户人家居住。岛南有一块石头突起，六尺高，三丈长，形状如龟。岛北有一道迂回的山冈，四尺高，十多丈长，东端突起如昂首，是蛇石。龟和蛇交错盘踞在一岛之间，四周有九个沸泉腾溢的洞穴，而龟口向东南，蛇口向东北，都张着口喷吐沸泉，泉水在湖内交流环溢。龟石上建有玄武阁，因为下面环绕着九个洞穴，如今名九炁台。我沿着龟石南，看见龟腭中泉水沸腾，龟上唇覆盖突出，被人敲缺了，水很热，不可以洗涤。有个僧人看见我远道而来，就留我吃饭，而且连挑夫、顾仆一道。岛北蛇冈下，也新建了一座庵，我因为急着进城，无暇遍游。

由台西复行堤间，一里，度一平桥，又二里，入浪穹东门①。一里，抵西山之下，乃南转入护明寺，憩行李于方丈。寺东向，其殿已久敝，僧方修饰之。寺之南为文昌阁，又南为文庙，皆东向，而温泉即洋溢于其北。既憩行李，时甫过午，入叩何公巢阿，一见即把臂入林，欣然恨晚，遂留酌及更②，仍命其长君送至寺宿焉。何名鸣凤，以经魁初授四川郫县令③，升浙江盐运判官。尝与眉公道余素履，欲候见不得。其与陈木叔诗，有"死愧王紫芝，生愧徐霞客"之句，余心愧之，亦不能忘。后公转六安州知州，余即西游出门。至滇省，得仕籍④，而六安已易人而治；讯东来者，又知六安已为流寇所破，心益忡忡。至晋宁，会教谕赵君⑤，为陆凉人，初自杭州转任至晋宁，问之，知其为杭州故交也，言来时从隔江问讯，知公已丁艰先归。后晤鸡足大觉寺一僧，乃君之戚，始知果归，以忧离任，即城破，抵家亦未久也。

【注释】

①浪穹：明为县，隶邓川州，即今洱源县。

②更（gēng）：古代夜间计时的单位，一夜分为五更，每更约两小时。"及更"就是直到天黑后打更。

③经魁：科举制度以五经取士，每经各取一名为首，称为"经魁"。郫县：隶成都府，即今四川郫县。

④仕籍：官吏的名册。

⑤教谕：县学中主持祭祀和考试、教育和管束生徒的学官。

【译文】

从九炁台西往堤上走，一里，过一座平桥，又走二里，进入浪穹县城东门。走了一里，到达西山下，于是往南转进护明寺，把行李放在方丈中。寺向东，大殿已经敞坏了很长时间。僧人正在修整。寺南部是文昌阁，再南是文庙，都向东，而温泉就从寺北部流出。放置行李后，时间刚过中午，进城拜访何公巢阿，一见面就握着我的手臂请进去，大家喜悦万分，相见恨晚，于是留我饮酒到天黑打更时，然后让他的长子送我到寺中住宿。何公叫何鸣凤，最初以经魁的身份被任命为四川省郫县知县，后提升为浙江省盐运判官。曾经和眉公说起我平凡质朴的履历，想探望而没能如愿。他写给陈木叔的诗有"死愧王紫芝，生愧徐霞客"的句子，我觉得惭愧，也不能忘怀。后何公升任六安州知州，我就出门往西远游。到云南省后，看到官吏的名册，而六安知州已经换人担任；问东部来的人，又知道六安州已经被流寇攻破，心中更加忧虑。到晋宁州时，见到学师赵君，赵君是陆凉州人，当初从杭州转到晋宁州任职，问后，知道是何公在杭州的故交，他说来就任时在与六安州隔江相对的地方打听，得知何公因父母去世已经先回来了。后来我在鸡足山大觉寺见到一个僧人，是何公的亲戚，于是知道何公真的回来了，因父母去世而离任服丧，六安州城就被攻破了，到家也没多久。

十九日　何君复具餐于家，携行李入文庙西庑，乃其姻刘君匏石读书处也。上午，何君具舟东关外，拉余同诸郎四人登舟。舟小仅容四人，两舟受八人，遂泛湖而北①。舟不用楫，以竹篙刺水而已。渡湖东北三里，湖心见渔舍两三家，有断埂垂杨环之。何君将就其处，结楼缀亭，绾纳湖山之胜，命余豫题联额，余唯唯。眺览久之，仍泛舟西北，二里，遂由湖而入海子。南湖北海，形如葫芦，而中束如葫芦之颈焉。湖大而浅，海小而深，湖名茈碧，海名洱源。东为出洞鼻，西为刷头村，北为龙王庙，三面山环成窝，而海子中溢，南出而为湖。海子中央，底深数丈，水色澄莹，有琉璃光穴从水底喷起，如贯珠联璧，结为柱帏，上跃水面者尺许，从旁遥觑水中之影，千花万蕊，喷成珠树，粒粒分明，<u>丝丝不乱</u>，所谓"灵海耀珠"也。山海经谓洱源出罢谷山，即此。杨太史有《泛湖穷洱源》遗碑没山间，何君近购得之，将为立亭以志其胜焉。从海子西南涯登陆，西行田间，入一庵，即护明寺之下院也。何君之戚，已具餐庵中，为之醉饱。下午，仍下舟泛湖，西南二里，再入小港，何君为姻家拉去，两幼郎留侍，令两长君同余还，晚餐而宿文庙西庑。

【注释】

①遂泛湖而北：此水体明代称"浪穹海子"，又称"宁湖"、"明河"，即今茈碧湖。《明一统志》大理府山川："明河（即）宁湖，在浪穹县西北五里，周回五十里，水色如镜。"现湖面 8 平方公里，一般水深 10—20 米，最深处 32 米，平均水位海拔 2056 米。

【译文】

十九日　何君又在家备下饭，我带着行李来到文庙西厢房，是他的姻亲刘匏石君读书的地方。上午，何君在东关外准备了船，拉我和他的四个儿子上船。船小，仅能容下四个人，两张船共八个人，于是往北游湖。船不用桨划，只是用竹篙撑水就行了。往东北在湖中行三里，湖心有两三家渔舍，有断埂垂杨环绕着，何君准备就在这个地方建盖楼房，点缀亭阁，收揽湖光山色的美景，让我预先题写对联匾额，我答应了。观览了很久，然后荡舟往西北行，二里，就从湖进入海子。南面是湖北面是海，像葫芦形状，而中部狭窄处犹如葫芦的细处。湖大而水浅，海小而水深，湖名茈碧，海叫洱源，东边出到洞鼻，西边是刷头村，北边是龙王庙，三面环山，形成深窝，而海水从其中溢出，往南流出去形成湖。海子中央，海底有数丈深，水色清莹，放射出琉璃的光芒，洞穴从水底喷起，如一串串联贯的珍珠美玉，结为水柱帏幕，往上跃出水面一尺多，从旁边遥观水中的影像，千花万蕊，喷成珍珠树，粒粒分明，丝丝不乱，是所说的"灵海耀珠"的景色。《山海经》说洱源发源于罢谷山，就是这里。杨太史的《泛湖穷洱源》遗碑埋没在山中，何君最近收购到，准备为碑立亭以标明这一佳境。从海子西南岸登陆，往西从田中走，进入一座庵，是护明寺的下院。何君的亲戚，已经在庵中准备了午餐，饭饱酒足。下午，仍然上船游湖，往西南行二里，又驶入小港，何君被姻亲家拉去，两个小儿子留下来陪着，让两个大儿子和我一起返回，晚饭后住在文庙西厢房。

二十日　何君未归，两长君清晨候饭，乃携盒抱琴，竟堤而东，再为九氖台之游。拟浴于池，而浴池无覆室，是日以街子[①]，浴者杂沓，乃已。遂由新庵掬蛇口温泉，憩弄久之，仍至九氖台，抚琴命酌。何长君不特文章擅藻，而丝竹俱精[②]。就龟门泉瀹鸡卵为餐，味胜于汤煮者。已而寺僧更出盒佐筯，卜午乃返。西风甚急，何长君抱琴向风而行，以风韵弦，其声泠泠，山水之调，更出自然也。

【注释】

①街子：方言，市集。

②丝竹：对弦乐器与竹制管乐器的总称。

【译文】

二十日　何君没回来，两个大儿子一清早就等候我吃饭，于是携带食盒，怀抱琴，往东走完湖堤，第二次去游九疁台。计划到池里沐浴，但浴池没有房屋覆盖，这一天因为是街子天，沐浴的人很多，于是不去沐浴。就去新庵戏蛇口温泉，休息、玩耍了很久，仍然到九疁台，弹琴小饮。何君的长子不仅擅长文章辞藻，而且精通弦乐器、管乐器。就着龟口的泉水煮鸡蛋作为午餐，味道比用水煮得好。不一会儿，寺里的僧人又拿出食盒助酒，下午才返回。西风很急，何君的长子抱着琴迎风走，让风来和弦，琴发出山水之音，更显得自然。

游大理日记

　　崇祯十二年（1639）三月，徐霞客在大理盘桓十余天。《游大理日记》为其中三天的日记，见《滇游日记八》。

　　大理汇聚了苍山、洱海之胜，自然生态优美；作为古都，文化底蕴丰厚。徐霞客的游赏对这两大优势有深刻的印象。三月十二日，徐霞客从三塔寺缘山南下游清碧溪，当晚住感通寺。十三日，遍游感通寺诸院及波罗岩，取大道往北穿过大理城回。十四日，游三塔寺，欣赏诸文物及大理石。清碧溪是苍山十八溪之一，三潭迭现，水石争奇，纤尘不染，素以水胜。徐霞客沉醉在这深山美景中，不慎跌入深潭。他晒干衣裤，又继续缘崖攀升，左览右观，流连忘返。在大理众多的寺庙中，以三塔寺和感通寺为代表。三塔寺最古，感通寺明代最盛。《徐霞客游记》对两寺的规模、建筑布局、重点文物等皆有详记，还记载了感通茶、龙女树、大理石等特产。徐霞客赞美大理石说："从此丹青一家，皆为俗笔，而画苑可废矣！"对大理石极品的评价令人向往。

十二日　觉宗具骑挈餐，候何君同为清碧溪游①。出寺即南向行，三里，过小纸房，又南过大纸房。其东即郡城之西门，其西山下即演武场。又南一里半，过石马泉。泉一方在坡坳间，水从此溢出，冯元成谓其清冽不减慧山。甃为方池，其上有废址，皆其遗也。志云："泉中落日照见有石马，故名。"又南半里，为一塔寺②，前有诸葛祠并书院。又南过中和、玉局二峰。六里，渡一溪，颇大。又南，有峰东环而下。又二里，盘峰冈之南，乃西向觅小径入峡。峡中西望，重峰罨映，最高一峰当其后，有雪痕一派，独高垂如匹练界青山，有溪从峡中东注，即清碧之下流也。从溪北蹑冈西上，二里，有马鬣在左冈之上，为阮尚宾之墓。从其后西二里，蹑峻凌崖。其崖高穹溪上，与对崖骈突如门，上耸下削，溪破其中出。从此以内，溪嵌于下，崖夹于上，俱逼仄深窅③。路缘崖端，挨北峰西入，一里余，马不可行，乃令从者守马溪侧，顾仆亦止焉。

【注释】

①清碧溪：在下关西北13公里处，从感通寺西北侧取小道进入山箐，约1小时可达。为点苍山18溪中风光最美的一溪，有上、中、下三潭，水清如碧玉，纤尘不染，澄潭飞瀑相映成趣，恍若桃源。溪水东流出谷，灌农田千顷，俗称"德溪"。

②一塔寺：《明一统志》大理府寺观："弘圣寺，在点苍山

七峰麓，中有塔高二十丈，又名一塔寺。"此塔今存。

③逼仄（zè）：狭窄。深窅（yǎo）：深邃貌。

【译文】

十二日　觉宗备好马匹带上午饭，等候何君一同去游清碧溪。出寺后马上向南行，三里，走过小纸房，又往南经过大纸房。村东就是府城的西门，村西的山下就是演武场。又向南一里半，经过石马泉。一池泉水在坡坳之间，水从此处溢出去，冯元成认为泉水的清冽不比慧山的泉水差。砌成方池，池上有废弃的基址，都是冯元成的遗迹。志书说："落日下泉水中照见有石马，所以这样起名。"又往南半里，是一塔寺，寺前有诸葛祠和书院。又向南经过中和、玉局两座山峰。六里，渡过一条溪水，水很大。又向南，有山峰向东方环绕而下。又走二里，绕过峰下山冈的南边，于是向西寻找小径走入峡谷。从峡中朝西望，重重山峰互相掩映，最高的一座山峰位于峡谷后方，有积雪的痕迹，独自高高下垂，如一匹白绢隔断了青山，有溪水从峡谷中往东流注，这就是清碧溪的下游。从溪北踏着山冈向西上登，二里，有坟丘在左面山冈之上，是阮尚宾的坟墓。从墓地后向西行二里，踏着峻岭登上山崖。这座山崖高高隆起在溪流上，与对面的山崖并立前突如门扇，上边高耸下面陡削，溪流冲破其中流出去。从此处以内，溪流深嵌在下方，山崖夹立于头顶上，全都狭窄倾斜，幽深杳渺。路沿着山崖顶端，紧靠着北面的山峰向西进去，一里多路，马不能再走，只得命令随行的人在溪边守马，顾仆也停在这里。

余与巢阿父子同两僧溯溪入。屡涉其南北，一里，有巨石蹲涧旁，两崖巉石，俱堆削如夹。西眺内门，双耸中劈，仅如一线，后峰垂雪正当其中，掩映层叠，如挂幅中垂，幽异殊甚。觉宗辄解筐酌酒，凡三劝酬。复西半里，其水捣峡泻石间，石色光腻，文理灿然，颇饶烟云之致。于是盘崖而上，一里余，北峰稍开，得高穹之坪。又西半里，自坪西下，复与涧遇。循涧西向半里，直逼夹门下，则水从门中突崖下坠，其高丈余，而下为澄潭。潭广二丈余，波光莹映，不觉其深，而突崖之槽，为水所汩，高虽丈余，腻滑不可着足。时余狃之不觉，见二僧已逾上崖，而何父子欲从涧北上，余独在潭上觅路不得。遂蹑峰槽，与水争道，为石滑足，与水俱下，倾注潭中，水及其项。亟跃而出，踞石绞衣。攀北崖，登其上，下瞰余失足之槽，虽高丈余，其上槽道曲折如削，腻滑尤甚；即上其初层，其中升降，更无可阶也。再逾西崖，下觑其内有潭，方广各二丈余，其色纯绿，漾光浮黛，照耀崖谷，午日射其中，金碧交荡，光怪得未曾有。潭三面石壁环窝，南北二面石门之壁，其高参天，后面即峡底之石，高亦二三丈；而脚嵌颡突，下与两旁联为一石，若剖半盎，并无纤隙透水潭中，而突颡之上，如檐覆潭者，亦无滴沥抛崖下坠；而水自潭中辄东面而溢，轰倒槽道，如龙破峡。余从崖端俯而见之，亟攀崖下坠，踞石坐潭上，不特影空人心，觉一毫一孔，无不莹彻。亟解湿衣曝石上，就流濯足，就日曝背，冷堪涤烦，暖若挟纩。何君父子亦百计援险至，相叫奇绝。

【译文】

我与何巢阿父子连同两个和尚逆溪深入。多次涉到溪水的南北两岸，一里，有巨石蹲在山涧旁，两侧山崖上高险的山石，全都陡削地堆积着如同夹道。往西眺望里面的门扇，双双高耸，当中劈开，仅如一条线，后面山峰上下垂的积雪正当其中，互相掩映，层层叠叠，如挂在墙上的条幅垂在中央，特别幽雅奇异。觉宗总是解下竹筐斟酒，共劝饮了三次。再向西走半里，溪水捣入峡中奔泻在岩石间，石头的颜色光洁细腻，花纹灿烂，颇富于烟云的意态。从这里绕着山崖上走，一里多，北面的山峰略微敞开，找到一块高高隆起的平地。又向西半里，从平地向西下走，再次与山涧相遇。顺着涧水向西半里，径直逼近夹立的石门下，就见水从石门中突立的石崖上下泻，石崖高一丈多，而下方是澄澈的深潭。水潭宽二丈多，波光晶莹映照，不觉得水深，而突立石崖上的沟槽，被迅急的水流冲刷，高处虽然仅有一丈多，滑腻光溜得不能落脚。当时我只顾玩水没有察觉，见两个和尚已翻越到上面的石崖上，而何家父子想从山涧北边上登，我独自一人在水潭上找路，找不到。于是踩着峰上的沟槽上走，与水流争道，被石头滑倒，与流水一起冲下来，倾注在深潭中，水没及脖子。急忙跳出水，坐在岩石上绞去衣服上的水。攀着北边的山崖，登到它上边，下瞰我失足跌倒的沟槽，虽然高仅一丈多，它上面的沟槽水道，曲曲折折，如像刀削出来一般，尤其滑腻光溜；即使上到它的第一层，那中间上上下下，也没有可以踩踏之处了。再翻越西面的山崖，向下看去，山崖内有水潭，长宽各有二丈多，水色纯绿，波光荡漾，碧玉浮动，照耀在山崖峡谷之中，中午的艳阳照射在水中，金碧交辉，流波激荡，光怪陆离得未曾有过。水潭三面的石壁环成一个窝，南北两面石门的石壁，高耸入天空中，后面就是峡底的岩石，高处也有两三丈；可石脚下嵌上面前突，下边与两旁联结为一块岩石，像剖开的半个瓦瓮，并无丝毫缝隙漏水到潭中，前突的崖石之上，如屋檐覆盖在水潭上的地方，也没有水滴从石崖上抛洒下落；然而水从潭中总是向东面溢出去，轰鸣着倒入沟槽水道之中，如天龙冲破峡谷。我从山崖顶端俯身见到此景，急忙攀着山崖坠落下来，坐在潭边的岩石上，不仅山影使人心荡去一切杂念，觉得每一根汗毛每一个毛孔，无不晶莹透彻。连忙脱下湿衣服晒在石上，就着流水洗脚，就着阳光晒脊背，冷得足以洗去烦恼，暖得好似怀抱着丝棉被。何君父子也千方百计攀援险途来到，互相高叫奇绝。

久之，崖日西映，衣亦渐干，乃披衣复登崖端，从其上复西逼峡门，即潭左环崖之上。其北有覆崖庋空，可当亭榭之憩，前有地如掌，平甃若台，可下瞰澄潭，而险逼不能全见。既前，余欲从其内再穷门内二潭，以登悬雪之峰。何君辈不能从，亦不能阻，但云："余辈当出待于休马处。"余遂转北崖中垂处，西向直上。一里，得东来之道，自高穹之坪来，遵之曲折西上，甚峻。一里余，逾峡门北顶，复平行而西半里，其内两崖石壁，复高骈夹起，门内上流之间，仍下嵌深底。路旁北崖，削壁无痕，不能前度，乃以石条缘崖架空，度为栈道者四五丈，是名阳桥，亦曰仙桥。桥之下，正门内之第二潭所汇，为石所亏蔽，不及见。度桥北，有叠石贴壁间。稍北，叠石复北断，乃趁其级南坠涧底。底有小水，蛇行块石间，乃西自第一潭注第二潭者。时第二潭已过而不知，只望涧中西去，两崖又骈对如门，门下又两巨石夹峙，上有石平覆如屋而塞其后，覆屋之下，又水潴其中，亦澄碧渊渟①，而大不及外潭之半。其后塞壁之上，水从上涧垂下，其声潺潺不绝，而前从块石间东注二潭矣。余急于西上，遂从涧中历块石而上。涧中于是无纤流，然块石经冲涤之余，不特无污染，而更光腻，小者践之，巨者攀之，更巨者则转夹而梯之。上瞩两崖，危矗直夹，弥极雄厉。渐上二里，碉石高穹，滑不能上，乃从北崖转陟箐中。崖根有小路，为密箐所翳，披之而行。又二里，闻人声在绝壁下，乃樵者拾枯枝于此，捆缚将返，见余，言前已无路，不复可逾。余不信，更从丛篁中披陟而西上。其处竹形渐大，亦渐密，路断无痕。余莽披之，去巾解服，攀竹为绹。复逾里余，其下壑底之涧，又环转而北，与垂雪后峰，又界为两重，无从竟升。闻清碧涧有路，可逾后岭通漾濞，岂尚当从涧中历块耶？

【注释】

①渊渟（tíng）：深水潭。

【译文】

很久之后，山崖上阳光西射，衣服也渐渐干了，于是披上衣服再登上山崖顶端，从那上面再向西逼近峡中的石门，就在水潭左边环绕的山崖之上。它北边有下覆的石崖平架在空中，可以当作亭台楼榭来休息，前方有块如手掌样的地方，平平地砌得好像高台，可以下瞰澄碧的水潭，但险要狭窄的地势不能见到全貌。不久向前走，我想从里面再去游石门内的两个水潭，并上登积雪高悬的山峰。何君这帮人不能跟随，也不能阻挡我，只是说："我们出去在马匹休息的地方等候。"我于是转过北面山崖中垂之处，向西径直上走。一里，遇上东来的路，从高高隆起的平地而来，沿着这条路向西曲折上登，非常陡峻。一里多，越过峡中石门北边的顶上，再往西平行半里，这以内两侧山崖的石壁，又并排相夹高高耸起，石门内山涧上游之间，底部仍然深深下嵌。路旁北面的山崖，陡削的石壁上没有裂痕，不能越到前方，就用石条沿着山崖架空，横架为栈道，有四五丈长，这里名叫阳桥，也称为仙桥。桥下边，正是石门内第二个水潭积水的地方，被岩石遮蔽着，来不及见到。过到桥北，有叠垒的石阶贴在石壁上。稍向北走，叠垒的石阶在北边又断了，就趁着岩石叠成的台阶向南下坠到涧底。涧底有小溪，蛇一样流淌在石块间，是从西边第一个水潭流注到第二个水潭中的水流。此时第二个水潭已经错过但不知道，只是望着涧中向西走去，两面的山崖并排相对如像门扇，门下又有两块巨石夹立对峙，上边有块岩石平平地覆盖着如同屋子，但堵住了后面，覆盖的石屋下边，又有水积在其中，也是澄碧的深水潭，只是大处不到外边水潭的一半。它后边堵塞的石壁之上，水流从上边的山涧中垂下来，水声潺潺不绝，然后在前方石块间向东注入第二个深潭去了。我急于向西上登，就从山涧中经过石块上走。涧中从这里起没有纤细的水流，然而石块经过冲刷洗涤之后，不但没有污泥沾染，而且更加滑腻光溜，小些的踩着它走，大些的攀过它走，更大的就转过相夹之处攀登。从上边远望两侧的山崖，危崖矗立，笔直相夹，更加雄伟壮丽。慢慢上登二里，涧中的岩石高大穹隆，光滑得不能上去，只好从北边的山崖上转而登到山箐中。山崖脚下有条小路，被浓密的竹丛遮住了，分开竹丛前行。又走二里，听见有人声在绝壁下，是打柴的人在此地拾枯枝，捆好后即将返回去，见到我，说起前边已经无路，不再能翻越过去。我不信，再拨开成丛的竹林从陡坡往西上爬。此处竹子的形体渐渐大起来，也渐渐浓密起来，路断了，毫无踪迹。我不着边际地拨开竹丛，去掉头巾脱下衣服，抓住竹子当作绳索，又穿越了一里多。脚下壑谷底的山涧，又环绕着转向北，与后面积雪下垂的山峰，又隔为两层，无法径直上登。听说过清碧涧有路，可以翻越后岭通到漾濞，莫非还是应当从山涧中经由石块走么？

时已下午，腹馁甚，乃亟下；则负刍之樵，犹匍匐箐中。遂从旧道五里，过第一潭，随水而前，观第二潭。其潭当夹门逼束之内，左崖即阳桥高横于上，乃从潭左攀磴隙，上阳桥，逾东岭而下。四里至高穹之坪，望西涧之潭，已无人迹，亟东下沿溪出，三里至休马处。何君辈已去，独留顾仆守饭于此，遂啜之东出。三里半，过阮墓，从墓右下渡涧，由涧南东向上岭。路当南逾高岭，乃为感通间道；余东逾其余支，三里，下至东麓之半。牧者指感通道，须西南逾高脊乃得，复折而西南上跻，望崖而登，竟无路可循也。二里，登岭头，乃循岭南西行。三里，乃稍下，度一峡，转而南，松桧翳依，净宇高下，是为宕山①，而感通寺在其中焉。

【注释】

①宕山：《明一统志》作“荡山”，又称“上山”。《元混一方舆胜览》大理路崇圣寺条载：“又西南有上山寺，幽雅之趣非云南诸寺比。”“感通寺”又称“上山寺”，元代已很著名。

【译文】

此时已是下午，饥肠辘辘，于是急忙下山；就见背负柴草的樵夫，仍爬行在山箐中。于是从原路返回五里，经过第一个深潭，顺水向前走，观看了第二个水潭。这个水潭正当夹立的石门里边，左边石崖上阳桥高高横在上方，于是从水潭左边攀着石缝中的石磴，登上阳桥，越过东岭下走。四里后来到高高隆起的平地，望见西涧中的水潭旁，已没有人的踪迹，连忙往东下走沿着溪流出来，三里路来到马匹休息的地方。何君一帮人已经离开，单独留下顾仆在此守着饭，于是吃了饭向东出山。三里半，经过阮尚宾的墓，从墓右侧下渡过涧水，由涧南向东上岭。路应该向南翻越高大的山岭，是去感通寺的捷径；我往东越过它的余脉，三里，下到东麓的半中腰。牧人指点，去感通寺的路，必须向西南越过高大的山脊才能到达，就又折向西南上走，望着山崖上登，居然无路可走了。二里，登上岭头，就沿着山岭南侧向西行。三里，才稍稍下走，越过一条峡谷，转向南，松柏密蔽依稀，佛寺高低错落，这就是宕山，而感通寺就在山中了。

盖三塔、感通，各有僧庐三十六房，而三塔列于两旁，总以寺前山门为出入；感通随崖逐林，各为一院，无山门总摄，而正殿所在，与诸房等，正殿之方丈有大云堂，众俱以"大云堂"呼之而已。时何君辈不知止于何所，方逐房探问。中一房曰斑山，乃杨升庵写韵楼故址，初闻何君欲止此，过其门，方建醮设法于前①，知必不在，乃不问而去。后有人追至，留还其房。余告以欲觅同行者，其人曰："余知其所止，必款斋而后行。"余视其貌，似曾半面，而忘从何处，谛审之，知为王赓虞，乃卫侯之子，为大理庠生，向曾于大觉寺会于遍周师处者也。今以其祖母忌辰，随其父来修荐于此，见余过，故父子相谂^②，而挽留余饭焉。饭间，何君亦令僧来招。既饭而暮，遂同招者过大云堂前北上，得何君所止静室，复与之席地而饮。夜月不如前日之皎。

【注释】

①醮（jiào）：僧道为除灾去鬼而设的道场。

②谂（shěn）：知悉。

【译文】

三塔寺、感通寺，各有僧舍三十六房，而三塔寺的僧房排列在两旁，全部以寺前的山门作为出入口；感通寺的僧房顺着山势依着树林，各自辟为一院，没有山门统摄，而且正殿所在的地方，与各处僧房一样高，正殿的方丈有处大云堂，僧众全以"大云堂"来称呼而已。此时不知何君一帮人住在什么地方，就挨房打听。其中一房名叫斑山，是杨升庵写韵楼的故址，起初听说何君打算住在此处，经过门口，正有在门前设坛念经做法事的，心知必定不在，便不问就离开了。后边有人追上来，挽留返回他房中。我告诉他想要去找同行的人，那人说："我知道他们住的地方，一定要招待斋饭后再走。"我看他的容貌，似乎曾见过一面，但忘了是在什么地方，仔细审视他，知道是王赓虞，是卫侯的儿子，大理府学的生员，从前曾在大觉寺遍周禅师处会过面。今天因为是他祖母去世的祭日，跟随他父亲来此施斋做法事，见我路过，父子俩都认出了我，便挽留我吃饭。吃饭时，何君也命令僧人来召唤。饭后天便黑了，于是同来召唤的僧人经过大云堂前边向北往上走，找到何君居住的静室，再与他席地坐下饮酒。夜里月光不如前一天那样皎洁。

十三日　与何君同赴斋别房，因遍探诸院。时山鹃花盛开，各院无不灿然。中庭院外，乔松修竹，间以茶树①。树皆高三四丈，绝与桂相似，时方采摘，无不架梯升树者。茶味颇佳，炒而复曝，不免黝黑。已入正殿，山门亦宏敞。殿前有石亭，中立我太祖高皇帝赐僧无极《归云南诗》十八章②，前后有御跋。此僧自云南入朝，以白马、茶树献，高皇帝临轩见之，而马嘶花开，遂蒙厚眷。后从大江还故土，帝亲洒天葩，以江行所过，各赋一诗送之，又令诸翰林大臣皆作诗送归。今宸翰已不存③，而诗碑犹当时所镌者。李中谿《大理郡志》以奎章不可与文献同辑④，竟不之录。然其文献门中亦有御制文，何独诗而不可同辑耶？殿东向，大云堂在其北。僧为瀹茗设斋。

【注释】

①茶树:《明一统志》大理府物产:"感通茶，感通寺出，味胜他处产者。"《滇略·产略》将感通茶与太华茶相比，结论是:"点苍感通寺之产过之，值亦不

廉。"

②太祖高皇帝：即明太祖朱元璋（1328—1398）。

③宸（chén）翰：皇帝的亲笔文字。宸，帝王的宫殿，引申为帝王的代称。翰，文字、文词。

④奎章：帝王的手笔。

【译文】

十三日　与何君一同去别的僧房赴斋宴，因而探遍了诸处寺院。这个季节山鹃花盛开，各寺院无处不鲜艳灿烂。中庭院外边，高大的苍松修长的翠竹中，间杂着茶树。茶树都有三四丈高，与桂树非常相似，此时正在采摘，无处不是架梯子爬在树上的人。茶的味道很美，炒后再晒，色泽不免黝黑。走入正殿后，山门也十分宏伟宽敞。殿前有座石亭子，亭中立着我朝太祖高皇帝赐给僧人无极的十八首《归云南诗》，前后都有高皇帝写的跋。这个僧人从云南入朝，用白马、茶树进贡，高皇帝到轩廊中接见他，当即白马嘶鸣茶花开放，于是受到厚爱。后来从长江返回故乡，皇帝亲自抛撒鲜花，要沿江走过的地方，各赋一诗送给他，又命令翰林院的诸位大臣都作诗送他回归。今天皇帝手写的文章已不存在，但诗碑还是当时所镌刻的。李中谿的《大理郡志》认为帝王的诗不能与文献一同辑录，竟然不收录它。不过他的文献类中也有皇帝写的文章，为何唯独诗就不能一同辑录呢？正殿面向东方，大云堂在它的北边。僧人为我沦来茶摆上斋饭。

已乃由寺后西向登岭，觅波罗岩。寺后有登山大道二：一直上西北，由清碧溪南峰上，十五里而至小佛光寨，疑与昨清碧溪中所望雪痕中悬处相近，即后山所谓笔架山之东峰矣；一分岐向西南，溯寺南第十九涧之峡，北行六里而至波罗岩。波罗岩者，昔有赵波罗栖此，朝夕礼佛，印二足迹于方石上，故后人即以"波罗"名。波罗者，乃此方有家道人之称。其石今移大殿中为拜台。时余与何君乔梓骑而行。离寺即无树，其山童然。一里，由岐向西南登。四里，逾岭而西，其岭亦南与对山夹涧为门者。涧底水细，不及清碧，而内峡稍开，亦循北山西入。又一里，北山有石横叠成岩，南临深壑。壑之西南，大山前抱，如屏插天，而尖峰齿齿列其上，遥数之，亦得十九，又苍山之具体而微者。岩之西，有僧构室三楹，庭前叠石明净，引水一瓮贮岩石下，亦饶幽人之致。僧瀹茗炙面为饵以啖客。久之乃别。

【译文】

过后，就由寺后向西登岭，去找波罗岩。寺后有两条登山的大道：一条一直向西北延伸，由清碧溪的南峰上去，十五里后到达小佛光寨，怀疑与昨天在清碧溪中望见的雪迹悬在中央的地方接近，就是后山中所谓的笔架山的东峰了；一条分开岔向西南，溯寺南第十九条山涧的峡谷，往北行六里后到波罗岩。波罗岩这地方，从前有个赵波罗居住在此，朝夕拜佛，印下两个脚印在方形岩石上，所以后人就用"波罗"来起名。"波罗"一词，是这地方对有家室的僧人的称呼。那块岩石如今移到大殿中作为跪拜用的石台。此时我与何君父子骑马前行。离开寺就没有树，这里的山光秃秃的。一里，由岔路向西南登山。四里，越岭往西走，这里的山岭也是向南与对面的山夹住山涧形成门的样子。洞底的水流很细，赶不上清碧溪，而里面的峡谷稍微开阔些，也是沿着北山向西延伸进去。又行一里，北山上有岩石横着垒成岩洞，南边面临深深的壑谷。壑谷的西南方，大山向前环抱，如屏风样高插天空，而且有一齿齿的尖峰排列在山上，远远数了数，也是有十九座山峰，这又是苍山具体而微之处了。岩洞的西边，有僧人建了三间房子，庭前叠垒的岩石明丽洁净，引了一坑水贮存在岩石下，也让人产生幽思的情趣。僧人煮了茶用面做成饼来给客人吃。很久之后才道别。

从旧路六里，过大云堂，时觉宗相待于斑山，乃复入而观写韵楼。楼已非故物，今山门有一楼，差可以存迹。问升庵遗墨，尚有二扁，寺僧恐损剥，藏而不揭也。僧复具斋，强吞一盂而别。其前有龙女树。树从根分挺三四大株，各高三四丈，叶长二寸半，阔半之，而绿润有光，花白，小于玉兰，亦木莲之类而异其名。时花亦已谢，止存数朵在树杪，而高不可折，余仅折其空枝以行。

【译文】

从原路返回六里，经过大云堂，此时觉宗等候在斑山，就再次进门观览写韵楼。楼已不是原有的建筑物，今天山门上有一座楼，略微可以保存一点儿遗迹。打听杨升庵遗下的墨迹，还有两块匾，寺中的僧人害怕损伤剥落，收藏起来不肯揭开。僧人又准备了斋饭，勉强吞下一钵盂后告别。楼前有棵龙女树。树从根部分枝生出三四棵大枝，各自高三四丈，树叶长二寸半，宽处是长处的一半，而碧绿润泽有光，花是白色，比玉兰花小，也是木莲一类的植物但名字不同。此时花也已凋谢，只留下几朵在树梢上，但高不可折，我仅折下树上的空枝就走了。

于是东下坡，五里，东出大道，有二小塔峙而夹道；所出大道，即龙尾关达郡城者也。其南有小村曰上睦①，去郡尚十里。乃遵道北行，过七里、五里二桥②，而入大理郡城南门③。经大街而北，过鼓楼，遇吕梦熊使者，知梦熊不来，而乃郎已至。以暮不及往。乃出北门，过吊桥而北，折而西北二里，入大空山房而宿。

【注释】

①上睦：今作"上末"。
②七里桥：今名同。五里桥：今名同。皆在大理南境，从南往北依次排列于下关至大理古城的公路附近。
③大理：明置大理府，治太和，即今大理古城。方正

的城垣和整齐的街道，至今还大体保持了明清时期的面貌。

【译文】

从这里向东下坡，五里，向东走上大道，有两座小塔夹住道路耸峙；所走上的大道，就是从龙尾关到府城的路。塔南边有个小村子叫上睦，离府城还有十里。于是顺着大道往北行，经过七里桥、五里桥两座桥，而后走入大理府城的南门。经过大街往北走，路过鼓楼，遇上吕梦熊的使者，了解到吕梦熊不来了，但他的儿子已抵达。因为天晚来不及前去。于是走出北门，过到吊桥北边，转向西北行二里，进入大空山房住下。

十四日　观石于寺南石工家。何君与余各以百钱市一小方。何君所取者，有峰峦点缀之妙；余取其黑白明辨而已①。因与何君遍游寺殿。是寺在第十峰之下，唐开元中建，名崇圣。寺前三塔鼎立，而中塔最高，形方，累十二层，故今名为三塔②。塔四旁皆高松参天。其西由山门而入，有钟楼与三塔对，势极雄壮；而四壁已颓，檐瓦半脱，已岌岌矣。楼中有钟极大，径可丈余，而厚及尺，为蒙氏时铸③，其声闻可八十里。楼后为正殿，殿后罗列诸碑，而中谿所勒黄华老人书四碑俱在焉。其后为雨珠观音殿，乃立像铸铜而成者，高三丈。铸时分三节为范，肩以下先铸就而铜已完，忽天雨铜如珠，众共掬而熔之，恰成其首，故有此名。其左右回廊诸像亦甚整，而廊倾不能蔽焉。自后历级上，为净土庵，即方丈也。前殿三楹，佛座后有巨石二方，嵌中楹间，各方七尺，厚寸许。北一方为远山阔水之势，其波流潆折，极变化之妙，有半舟庋尾烟汀间。南一方为高峰叠嶂之观，其氤氲浅深，各臻神化。此二石与清真寺碑趺枯梅④，为苍石之最古者。清真寺在南门内，二门有碑屏一座，其北趺有梅一株，倒撇垂趺间。石色黯淡，而枝痕飞白，虽无花而有笔意。新石之妙，莫如张顺宁所寄大空山楼间诸石，中有极其神妙更逾于旧者。故知造物之愈出愈奇，从此丹青一家，皆为俗笔，而画苑可废矣。张石大径二尺，约五十块，块块皆奇，俱绝妙着色山水，危峰断壑，飞瀑随云，雪崖映水，层叠远近，笔笔灵异，云皆能活，水如有声，不特五色灿然而已。其后又有正殿，庭中有白山茶一株，花大如红茶，而瓣簇如之，花尚未尽也。净土庵之北，又有一庵，其殿内外庭除，俱以苍石铺地，方块大如方砖，此亦旧制也；而清真寺则新制以为栏壁之用焉。其庵前为玉皇阁道院，而路由前殿东巩门入，绀宫三重，后乃为阁，而竟无一黄冠居守，中空户圮，令人怅然。

【注释】

①"观石"五句：此即大理特产的大理石，明代称"点苍石"、"苍石"，或"文石"，当地人又称"础石"。《明一统志》大理府物产载：点苍石，"点苍山出，

其石白质青，文有山水草木状，人多琢以为屏"。杨慎《滇程记》载：点苍山"五台峰怪石是产，巧出灵陶，文有云树人骑，是砑屏障"。以花纹不同，大理石又分彩花、水墨花、纯白石三大类，是精致的玩赏装饰品及优良的建筑材料，至今北京故宫和承德避暑山庄还有当年皇帝享用的大理石镶嵌的屏风及桌椅。现大理石厂产品已有六十多种，远销十多个国家。

② "是寺"八句：崇圣寺三塔迭经风雨地震，一直保存到现在，为全国重点文物保护单位。中塔称"千寻塔"，高 69.13 米，方形十六层，每层的高度和宽度自下而上逐渐收缩，为中空密檐式砖塔，建于唐代。北塔、南塔各高 42.19 米，皆为八角形十层实心砖塔，建于晚唐或五代。

③ 蒙氏：《蛮书》卷三："蒙舍，一诏也，居蒙舍川，在诸部落之南，故称南诏也。姓蒙。"正德《云南志》蒙化府建置沿革："乐进求时有细奴逻者，亦哀牢之裔，耕于蒙化巍山之下，因号蒙氏，部属渐盛。"蒙氏系南诏统治家族，自元以来，亦称南诏统治时期为"蒙氏时"。

④ 跗（fū）：碑下的石座。

【译文】

十四日　在寺南的石匠家观赏石头。何君与我各用一百文钱买了一小方块。何君选中的，有峰峦点缀在上边的美妙之处；我选了其中黑白分明容易分辨的而已。于是与何君遍游寺中的殿宇。这座寺院在第十座山峰之下，唐代开元年间建造，名叫崇圣寺。寺前的三塔像鼎足一样矗立，中间的塔最高，方形，重叠十二层，所以今天称为三塔。塔的四旁全是高大的松树耸入空中。寺西由山门进去，有钟楼与三塔相对，气势极其雄伟壮丽；但四面的墙壁已经坍塌，屋檐上的瓦片有一半脱落，已岌岌可危了。楼中有口铜钟非常大，直径大约有一丈多，而壁厚达一尺，是蒙氏时期铸造的，钟声可在八十里外听到。钟楼后是正殿，殿后罗列着许多碑，而李中谿所刻的黄华老人书写的四块碑都在其中。碑后是雨珠观音殿，用铜铸成的立像，高三丈。铸造时分为三段制成模子，肩以下先铸成而铜就已用完，忽然间天上落下如珠子一样的铜雨，众人一道用手把铜珠捧来熔化，恰好完成了铜像的头部，所以有了这个名字。殿左右回廊中的众神像也十分整齐，但回廊倒塌得不能遮蔽风雨了。从后边沿石阶上去，是净土庵，就是方丈的住处了。前殿有三开间，佛座后边有两块巨石，嵌在中间两根柱子之间的墙上，各七尺见方，厚一寸左右。靠北一块有远山阔水的气势，其中流水波涛潆回曲折，极尽变化的妙趣，有些如小船只停靠在烟霭绿洲之间。南边的一块是高峰重峦叠嶂的景观，它那弥漫的云烟深浅有别，各自达到出神入化的境界。这两块石板与清真寺中枯梅纹的碑座，是大理石中最古老的东西。清真寺在南门内，二门内有一座屏风样的石碑，碑座朝北的一面上有一棵梅花，倒垂飘拂在石座上。石质颜色黯淡，但树枝的痕迹却露出丝丝白色，虽然无花却有绘画的意境。新采石头中美妙的，没有比得上顺宁张知府寄放在大空山楼中的诸石的了，其中有极其神妙更超过旧石的。因此了解到造物主的创造是越来越奇妙，从此以后，画家的绘画全是俗笔，而画坛可以废除了。姓张的石头大的直径有二尺，约有五十块，块块都很奇特，全是绝妙的着色山水画，高峻的山峰下临绝壑，飞瀑追逐着云雾，积雪的山崖映入水中，层层叠叠，远近疏朗有致，笔笔画得灵妙奇异，云气都能活，流水如有声，不仅仅是五彩灿烂而已。前殿后边又有正殿，庭院中有一棵白山茶，花的大小如红山茶，而且花瓣成簇也像红山茶，花还没有开完。净土庵的北边，又有一座寺庵，佛殿内外的庭院石阶，全是用大理石铺地，方形的石块大小如方砖，这也是旧时制成的；但清真寺则是新制成的，用大理石来作栏杆墙壁。此庵前边是玉皇阁道院，而路要由前殿东边的拱门进去，有殿宇三层，后边就是楼阁，但是居然没有一个道士留守，庙中空空，门户倒塌，令人怅怅不快。

越高黎贡山日记

崇祯十二年（1639）四月，徐霞客从保山向更西的边陲挺进。《越高黎贡山日记》记录了其中一段的旅途生活，见《滇游日记九》。

从保山到腾冲，必须渡怒江，翻越高黎贡山。古代怒江的瘴疠，高黎贡山的高险，被视为畏途。唐樊绰《蛮书》载河赕贾客谣曰："冬时欲归来，高黎共上雪。秋夏欲归来，无那穿赕热。春时欲归来，平中络赂绝。"徐霞客沿途细心省度是否会有瘴气，但却不怕瘴疠，无所畏惧。"余正当孟夏，亦但饭而不酒，坐舟中，棹流甚久，亦乌睹所云瘴母哉。""从来言暴雨多瘴，亦未见有异也。"徐霞客攀越高黎贡山，随着一步步登顶，他心潮激荡，"忆诸葛武侯、王威宁骥之前后开疆，方威远政之独战身死，往事如看镜，浮生独倚岩，慨然者久之"！

四月十一、十二两天，徐霞客连续渡过怒江和龙川江。他对怒江作了考察，怒江独流入海的判断是正确的。过龙川江，他又开始了对大金沙江（今伊洛瓦底江）水系的考察，写了一条有关龙川江的札记。徐霞客是考察高黎贡山的先行者，从此他对高黎贡山的认识逐步深入。返程途中，他发现高黎贡山也是雨屏，"关名分水，实分阴晴也。"后来在保山上江，他又考察记录了高黎贡山东坡石城的原始森林。

十一日　鸡鸣起，具饭。昧爽，从村西即北向循西大山行。随溪而北，渐高而陟崖，共八里，为石子哨，有数家倚西山之东北隅。又北二里，乃盘山西转，有峡自西而东，合于枯飘北注之峡。溯之，依南山之北，西入二里，下陟南来峡口。峡中所种，俱红花成畦①，已可采矣。西一里，陟西来峡口，其上不多，水亦无几，有十余家当峡而居，是为落马厂②。度峡北，复依北山之南西入，一里，平上逾脊。其脊自南而北度，起为北峡之山，而北尽于罗岷者也。逾脊西行峡中，甚平，路南渐有涧形依南崖西下，路行其北。三里，数家倚北山而居，有公馆在焉，是为大坂铺③。从其西下陟一里，有亭桥跨涧，于是涉涧南，依南山之北西下。二里，有数家当南峡，是为湾子桥④。有卖浆者，连糟而啜之，即余地之酒酿也⑤。山至是环耸杂沓，一涧自东来者，即大坂之水；一涧自南峡来者，坠峡倒崖，势甚逼仄，北下与东来之涧合而北去，小木桥横架其上。度桥，即依西山之东北行，东山至是亦有水从此峡西下，三水合而北向破峡去。东西两崖夹成一线，俱摩云夹日，溪嵌于下，蒙箐沸石，路缘于上，鏖壁摭崖，排石齿而北三里，转向西下，石势愈峻愈合。又西二里，峡曲而南，涧亦随峡而曲，路亦随涧而曲。半里，复西盘北转，路皆凿崖栈木。半里，复西向缘崖行。一里，有碑倚南山之崖，题曰"此古盘蛇谷"，乃诸葛武侯烧藤甲兵处，然后信此险之真冠滇南也。水寨高出众险之上，此峡深盘众壑之下，滇南二绝，于此乃见。碑南渐下，峡亦渐开。又西二里，乃北转下坡。复转而西一里，有木桥横涧而北，乃度，循北崖西行。一里，逾南突之脊，于是西谷大开，水盘南壑，路循北山。又西平下三里，北山西断，路乃随坡南转。西望坡西有峡自北而南，俱崇山夹立，知潞江当在其下而不能见⑥。南行二里余，则江流已从西北嵌脚下，逼东山南峡之山，转而南去矣。乃南向下坡，一里，有两三家倚江岸而栖，其前有公馆焉，乃就瀹水以饭。

【注释】

①红花：一年生直立草本，菊科，夏季开桔红色花，果实可榨油，花可做染料，制胭脂，也可入药。

②落马厂：今称"马厂"，分里马厂和外马厂，又称"马街"，在蒲缥以西的公路旁。

③大坂铺：《游记》五月二十二日作"打板箐"，今亦作"打板箐"。

④湾子桥：即今里湾。皆在今蒲缥以西的公路旁。

⑤酒酿：用糯米酿成，云南现称"甜白酒"，贵州称"甜酒"。

⑥潞江：唐时已作"怒江"，见《蛮书》。后讹为"潞江"。《明史·地理志》保山县注："又南有潞江，旧名怒江，一名喳里江，自潞江司流入。"今仍称"怒江"。

【译文】

十一日　鸡鸣起床，准备早饭。黎明，从村西马上向北沿西面的大山行。顺溪流往北走，地势渐渐高起来，上登山崖，共八里，是石子哨，有数户人家靠在西山的东北隅。又向北二里，于是绕着山向西转，有峡谷自西延向东，与枯飘往北流注的峡谷会合。逆峡谷走，靠南山的北面，向西深入二里，下行南来的峡口。峡中种植的全是成块的红花，已经可以采摘了。向西一里，越过西来的峡口，上登的路不多，水也没多少，有十多家临峡口居住，这里是落马厂。越到峡谷北面，又靠着北山的南面向西深入，一里，平缓上山翻越山脊。这条山脊自南往北延伸，突起成为北峡的山，而后向北在罗岷山到了尽头。越过山脊往西行走在峡中，十分平坦，路南渐渐有山涧依傍在南面山崖下往西下流，路在山涧北边延伸。三里，数户人家背靠北山居住，有公馆在那里，这儿是大坂铺。从它西边下走一里，有座亭桥跨在涧上，于是过到涧南，靠着南山的北面向西下走。二里，有数户人家位于南面峡中，这是湾子桥。有人卖淡甜酒的，连酒糟喝了它，就是我们地方的酒酿了。山到了这里杂沓环列高耸，一条山涧从东方流来的，就是大坂的水流；一条山涧自南面峡中流来的，坠入峡谷倒悬下山崖，水势十分狭窄，向北下流与东来的山涧合流后往北流去，有小木桥横架在涧上。过桥后，即刻靠着西山的东面往北行，东山到了此地也有水流从此峡中往西下流，三条水流汇合后向北冲破山峡流去。东西两面的山崖夹成一条线，全都上摩云天夹住红日，溪流深嵌在下方，山箐蒙密，溪石滚沸，路沿着上方延伸，穿石壁破山崖，攀着齿状的岩石向北行三里，转向西下走，石山的山势越加险峻越加合陇。又向西二里，峡谷弯向南，山涧也随着山峡弯曲，路也顺着山涧弯曲。半里，又向西盘旋转向北，路都是凿山崖修成的木栈道。半里，又向西沿着山崖行。一里，有块碑靠在南山的石崖下，题写着"此处是古盘蛇谷"，是武侯诸葛亮火烧藤甲兵之处，这才相信此处天险真是雄冠滇南。水寨高高突出在众多的险峰之上，此峡深深盘绕在众多的壑谷之下，滇南的两处奇绝之境，到这里才显现出来。从碑南渐渐下走，峡谷也渐渐开阔起来。又向西二里，便转向北下坡。再转向西一里，有木桥横到山涧北边，于是过桥，沿北面的山崖往西行。一里，越过南突的山脊，西面的山谷就一下子开阔起来，涧水绕着南面的壑谷流，路沿北山走。又往西平缓下走三里，北山在西边断开，路于是顺着山坡往南转。往西望去山坡西面有峡谷自北延向南，全是崇山峻岭相夹而立，心知潞江应当就在峡谷下方但不能见到。往南行二里多，就见江流已从西北流来嵌在脚下，逼近东山南峡的山，转向南流去了。于是向南下坡，一里，有两三户人家紧靠江岸居住，村前有公馆，于是走进村烧水做饭。

时渡舟在江南岸，待久之乃至。登舟后，舟子还崖岸而饭，久之不至，下午始放渡而南。江流颇阔，似倍于澜沧，然澜沧渊深不测，而此当肆流之冲，虽急而深不及之，则二江正在伯仲间也。其江从北峡来，按《一统志》云："其源出雍望。"不知雍望是何地名。据土人言出狗头国，言水涨时每有狗头浮下也。注南峡去，或言东与澜沧合，或言从中直下交南，故蒙氏封为"四渎"之一①。以余度之，亦以为独流不合者是。土人言瘴疠甚毒，必饮酒乃渡，夏秋不可行。余正当孟夏，亦但饭而不酒，坐舟中，棹流甚久，亦乌睹所云瘴母哉！渡南崖，暴雨急来，见崖西有树甚巨，而郁葱如盘，急趋其下。树甚异，本高二丈，大十围，有方石塔嵌其间，高与干等，干跨而络之，西北则干密而石不露，东南临江，则干疏而石出，干与石已连络为一，不可解矣，亦穷崖一奇也②。

【注释】

①渎（dú）：独流发源注海的大河。

②"树甚异"以下几句：清初刘昆《南中杂说》亦记此树："潞江之滨一石塔，累巨石而成之，四面各阔二丈，高亦二丈有奇，一大树冠其上，亭亭如盖，严冬不凋，根分十余股，笼罩石塔，下垂入地，南人不识此木……余戍腾冲日，就而察之，盖闽广之榕树云。"此即今傣族地区常见的大青树，通称"榕树"。

【译文】

此时渡船在江南岸，等了很久才来到。登船后，船夫返回石崖岸上吃饭，长时间不来，下午才放船渡到南岸。

江流很宽，似乎是澜沧江的一倍，但澜沧江渊深不可测量，而此处正当肆意奔流的冲要之地，水流虽急深处却赶不上澜沧江，两条江各有特点正好不相上下。此江从北面的峡中流来，据《一统志》说："它的源头出自于雍望。"不知雍望是什么地名。据当地人说，出自于狗头国，说是水涨时常有狗头漂下来。注入南面峡中流去，有人说向东流与澜沧江合流，有人说从中间一直下流到交趾南部，所以蒙氏把它封为"四渎"之一。以我的推测，也认为独自流淌不合流的说法是对的。当地人说瘴气非常毒，必得饮酒后才能渡江，夏、秋两季不能渡。我此时正当初夏，也只吃了饭而未饮酒，坐在船中，在江流中划了许久，也未见到所说的瘴母呀！渡到江南的山崖，暴雨急骤来临，见山崖西边有棵树十分巨大，郁郁葱葱好像盘子，急忙赶到树下。此树非常奇特，树干高二丈，大处要十人围抱，有座方形石塔砌在其间，高处与树干相等，树干高跨缠绕着它，西北的一面树干密布未露出石塔，东南一面临江，树干稀疏石塔便露了出来，树干与石塔已连接缠绕为一体，不可分了，这也是偏僻山崖间的一处奇景。

已大风扬厉，雨散，复西向平行上坡。望西北穹峰峻极，西南骈崖东突，其南崖有居庐当峰而踞，即磨盘石也。望之西行，十里，逼西山，雨阵复来。已虹见东山盘蛇谷上，雨遂止。从来言暴雨多瘴，亦未见有异也。稍折而南，二里，有村当山下，曰八湾①，数家皆茅舍。一行人言此地热不可栖，当上山乃凉。从村西随山南转，一里，过一峡口。循峡西入，南涉而逾一崖，约一里，遂从南崖西上。其上甚峻，曲折盘崖，八里而上凌峰头，则所谓磨盘石也②。百家倚峰头而居，东临绝壑，下嵌甚深，而其壑东南为大田，禾芃芃焉③。其夜倚峰而栖，月色当空，此即高黎贡山之东峰。忆诸葛武侯、王威宁骥之前后开疆④，方威远政之独战身死⑤，往事如看镜，浮生独倚岩，慨然者久之！

【注释】

①八湾：今作"坝湾"，在保山市隆阳区西隅。

②磨盘石：今名同。但仅留地名，已无百家之居。

③芃芃（péng）：繁茂的样子。

④"诸葛武侯"句：诸葛亮南征，时在建兴三年（225），从安上（今四川屏山县）由水路进入大凉山，五月渡过泸水（今金沙江），"亮至南中，所在战捷"，俘降孟获后，"遂至滇池"。这年冬天取归途经过汉阳（今贵州威宁自治县附近），年底还成都。行程和战事都在一年之内。当时永昌郡已有吕凯保境，"执忠绝域"，诸葛亮没有必要渡过澜沧江。经过诸葛亮南征，蜀汉在西南边疆的统治进一步巩固，并以庲降都督统领南中的朱提、牂柯、越嶲、建宁、兴古、云南、永昌等七郡，都督治所迁至今云南曲靖市。诸葛亮对南中的经营，在西南边疆各族中产生了极深的影响，至今云、贵两省有

关诸葛亮的传说和遗迹还很多。王威宁骥，即王骥（1378—1460），字尚德，束鹿人。官至兵部尚书，封靖远伯，死后赠靖远侯，故又称"王尚书"、"王靖远"。"威宁"当作"靖远"。明代，麓川土司经常骚扰内地，为了应付麓川土司的叛乱，明廷曾多次出兵，最后才有王骥三征麓川的事。1441年，王骥带领南京、湖广、四川、贵州等地军队共十五万，分三路进兵，东路由湾甸、镇康趋孟定，西路由上江西进，中路由下江西进，合兵腾冲。追思任发至杉木笼山，破其连环七营。又追至马鞍山，以精骑突寨，并败其象阵，思任发逃。1443年复令王骥总督军务，调五万兵征麓川。王骥从腾冲趋者兰，"捣机发巢，破之"，思任发子思机发逃据孟养，明在麓川旧地设立了陇川宣慰司。1449年，王骥又统官军、土军十三万三征麓川。由干崖造船，水陆兼程，过浮桥进至伊洛瓦底江西岸，攻破思机发设在鬼哭山的栅寨。结果，思任发少子思禄"部勒诸蛮，居孟养如故。立石金沙江为界，誓曰：'石烂江枯，尔乃得渡。'思禄亦惧，听命，乃班师"。至此，最后平定了麓川土司的叛乱。

⑤方威远政：即方政，事迹见《明史·云南土司传二》。正统三年（1438），麓川土司思任发叛，扰孟定、湾甸等地，"掠杀人民"。廷臣举右都督方政往云南，协同镇守右都督沐昂率兵讨之。"任发方修贡冀缓师，而晟遽信其降，无渡江意。任发乃遣众万

余夺潞江，沿江造船三百艘，欲取云龙，又杀死甸顺、江东等处军余殆尽。帝以贼势日甚，责晟等玩寇养患。政亦至军，欲出战，晟不可。政造舟欲济师，晟又不许。政不胜愤，乃独率麾下与贼将缅简战，破贼旧大寨。贼奔景罕，指挥唐清复击破之。又追之高黎贡山下，共斩三千余级。乘胜深入，逼任发上江。上江，贼重地也。政远攻疲甚，求援于晟，晟怒其违节制渡江，不遣。久之，以少兵往，至夹象石，又不进。政追至空泥，知晟不救，贼出象阵冲击，军歼，政死焉"。"而晟惧罪，暴卒"。后追赠方政为威远伯。

【译文】

不久大风凌厉飞扬，雨散开，又向西平行上坡。望见西北穹隆的山峰极为高峻，西南并立的山崖向东突出去，它南面的山崖上有房屋正当山峰盘踞着，就是磨盘石了。望着它向西行，十里，逼近西山，阵雨重又来临。不久彩虹出现在东山盘蛇谷上方，雨终于停了。从来都说暴雨时瘴气很多，也未见有什么异状。稍折向南，二里，有个村庄坐落在山下，叫做八湾，几户人家都是茅草房。同行的人说此地炎热不能居住，要上山后才会凉爽。从村西顺山势向南转，一里，走过一处峡口。顺峡谷往西深入，向南涉水后越过一处山崖，约走一里，于是从南面的山崖向西上登。那上面非常高峻，曲曲折折绕着山崖走，八里后登上峰头，就是所谓的磨盘石了。百来户人家依傍着峰头居住，东边面临绝壑，下嵌之处非常深，而这个壑谷东南边是大片农田，禾苗茁壮生长在田中。此夜背靠峰头住下，月色当空，此地就是高黎贡山的东峰。回忆起武侯诸葛亮、靖远侯王骥前后开拓边疆，威远伯方政只身战死，往事如镜中之影，漂泊的人生短暂，独自一人背靠着高峻的山崖，感慨了很长时间。

十二日　鸡再鸣，饭，昧爽出门。其处虽当峻峰之上，而居庐甚盛，有公馆在村北，潞江驿在其上。山下东南成大川，已插秧盈绿，潞江沿东山东南去，安抚司依西南川坞而居①。遂由磨盘石西南上，仍峻甚。二里，逾其南峡之上，其峡下嵌甚深，自西而东向，出安抚司下。峡底无余隙，惟闻水声潺潺在深箐中。峡深山亦甚峻，藤木蒙蔽，猿鼯昼号不绝。峡北则路缘崖上，随峡西进，上去山顶不一二里，缘峡平行西四里，有石洞南临路崖，深阔丈余，土人凿石置山神碑于中。又四里，稍折而北上崖，旋西，而登临峡之坡。北峡之上，至是始南垂一坡，而南峡之下，则有峡自南山夹底而出，与东出之峡会成"丁"字，而北向垂坡焉。又西二里，或陟山脊，或缘峰南，又三里，有数家当东行分脊间，是为蒲满哨②。盖山脊至是分支东行，又突起稍高，其北又坠峡北下，其南即安抚司后峡之上流也。由此西望，一尖峰当西复起，其西北高脊排穹，始为南渡大脊，所谓高黎贡山③，土人讹为高良工山，蒙氏僭封为西岳者也。其山又称为昆仑冈，以其高大而言，然正昆仑南下正支，则方言亦非无谓也。由蒲满哨西下一里，抵所望尖峰，即蹑级数转而上。两旁削崖夹起，中坠成路，路由夹崖中曲折上升，两岸高木蟠空，根纠垂崖外，其上竹树茸密，覆阴排幕，从其上行，不复知在万山之顶，但如唐人所咏："两边山木合，终日子规啼"④，情与境合也。一里余，登其脊。平行脊上，又二里余，有数家倚北脊，是为分水关⑤，村西有水沿北坡南下，此为潞江安抚司后峡发源处矣。南转，西逾岭脊，砖砌巩门，跨度脊上。其关甚古，顶已中颓，此即关之分水者。关东水下潞江，关西水下龙川江。

【注释】

①安抚司：此即潞江安抚司，隶永昌军民府，在今潞江坝。先治城子田，天启年间迁治老城。

②蒲满哨：今名同，在高黎贡山上的公路边。

③高黎贡山：山名最早见于唐代，又作"高丽共"，系景颇语地名，下文"高良工"即"高黎贡"的同音异写。"高黎"今译作"高日"，为景颇族的一个姓，汉姓作"排"。贡，又作"共"，今译作"砇"，是地方的意思。高黎贡山即景颇族高日家支居住的地方。

④"但如唐人"以下几句：此系杜甫于大历元年（766）春在云安所著《子规》诗。

⑤分水关：今称"城门洞"，在公路稍北，海拔2561米，为高黎贡山脊，保山的隆阳区和腾冲县以此为界。

【译文】

十二日　鸡叫两遍，吃饭，黎明出门。此处虽正当高峻的山峰之上，但居民房屋很多，有公馆在村北，潞江驿在它上边。山下东南一面成为大平川，已插满秧绿色盈野，潞江沿东山向东南流去，安抚司依傍着西南平川的山坞居住。于是由磨盘石向西南上山，仍非常陡峻。二里，翻越到它南边的山峡之上，这里的山峡下嵌得非常深，自西延向东，延到安抚司下。峡底没有空余的缝隙，只听到深箐中有潺潺水声。峡深山也十分高峻，藤枝树木蒙密荫蔽，猿猴鼯鼠白昼号叫不停。峡谷北路沿着山崖向上延伸，顺着山峡往西前进，上边离山顶不到一二里，沿山峡向西平缓行四里，有个石洞向南面临道路边的山崖，深处宽处各有一丈多，本地人用石头凿了山神碑放置在洞中。又走四里，稍折向北登上山崖，旋即向西，登临山峡的山坡。北面山峡之上，到这里开始向南下垂成一个山坡，但南面山峡之下，却有峡谷自南山的夹谷底部延伸出来，与向东延伸出来的峡谷相会成一个"丁"字，然后向北一面下垂成山坡。又向西二里，有时上登山脊，有时沿峰南走，又行三里，有数户人家居住在东分支延伸的山脊之间，这是蒲满哨。大体上山脊到了此地分出支脉往东延伸，又稍稍高高突起，它北面又向北下坠成峡，它南面就是安抚司后峡的上游了。由此往西望，一座尖峰正当西方重又耸起，尖峰西北排列着高大穹隆的山脊，并始成为向南延伸的大山脊，这就是所谓的高黎贡山，本地人错读为高良工山，是蒙氏僭封为西岳的山。此山又称为昆仑冈，是就它的高大而言的。不过它正好是昆仑山向南下延支脉中的正脉，那么方言也不是没有道理的。由蒲满哨往西下走一里，抵达来时望见的尖峰，立即踩着石阶转了数道弯上登。两旁陡削的山崖夹立耸起，中间深坠成路，路由相夹的山崖中曲折上升，两侧的高崖上高大的树木盘曲在空中，树根纠缠下垂露在山崖外边，山崖上浓密的竹丛树林绿茸茸的，下覆的树荫排成帏幕，从它上边走，不再觉得是万山之顶，只是如唐人所吟咏的："两边山林合，终日杜鹃啼"，情与境合一了。一里多，登上山脊。平缓行走在山脊上，又是二里多，有数户人家背靠北面的山脊，这是分水关，村西有水沿北面的山坡向南下流，这是潞江安抚司后峡的发源处了。转向南，往西越过岭脊，有砖砌的拱门，横跨在延伸的山脊上。此关十分古老，顶上中央已经坍塌，这就是分水的关隘。关东的水下流进潞江，关西的水下流进龙川江。

于是西下峡，稍转而南，即西上穿峡逾脊，共五里，度南横之脊，有村庐，是为新安哨。由哨南复西转，或过山脊，或蹈岭峡，屡上屡下，十里，为太平哨①。于是屡下屡平，始无上陟之脊。五里，为小歇厂。五里，为竹笆铺②。自过分水关，雨阵时至，至竹笆铺始晴。数家夹路成衢，有卖鹿肉者，余买而炙脯③。于是直下三里，为茶庵。又西下五里，及山麓，坡间始盘塍为田。其下即龙川江自北而南，水不及潞江三分之一，而奔坠甚沸。西崖削壁插江，东则平坡环塍。行塍间半里，抵龙川江东岸。溯江北行，又半里，有铁锁桥架江上。其制两头悬练，中穿板如织，法一如澜沧之铁锁桥，而狭止得其半。由桥西即蹑级南上，半里为龙关，数十家当坡而居，有税司以榷负贩者④。又西向平上四里余，而宿于橄榄坡⑤。其坡自西山之脊，东向层突，百家当坡而居，夹路成街，踞山之半。其处米价甚贱，每二十文宿一宵，饭两餐，又有夹包⑥。

【注释】

①太平哨：今作"太平铺"。

②竹笆铺：今名同。皆在腾冲市东隅，高黎贡山西坡。

③炙（zhì）：熏烤。脯（fǔ）：干肉，云南俗称"干巴"。腾冲向以产鹿著称，所出鹿茸称为"南茸"，现在和顺的下庄建有人工饲养马鹿的养鹿场。

④榷（què）：征税。

⑤橄榄坡：今作"橄榄寨"，在腾冲市东部，龙川江西岸，上营和芒棒之间。

⑥夹包：带在路上吃的食品。

【译文】

从这里往西下峡，稍转向南，就向西上走穿渡峡谷翻越山脊了，共五里，越过横在南面的山脊，有村庄房屋，这是新安哨。由哨南再向西转，有时翻讨山脊，有时跋涉岭峡，屡上屡下，十里，是太平哨。从这里起屡次卜山屡次遇上平地，开始没有上登的山脊。五里，是小歇厂。再五里，是竹笆铺。自从过了分水关，阵雨时时来临，到竹笆铺才晴起来。数户人家夹住道路形成街市，有卖鹿肉的，我买了些熏烤成肉干。从这里一直下走三里，是茶庵。又往西下行五里，到达山麓，山坡间开始有田埂环绕的农田。坡下就是龙川江，自北流向南，水面不到潞江的三分之一宽，但水势奔腾倾泻十分汹涌。西岸山崖陡削的石壁插入江中，东岸则是平缓的山坡田塍环绕。行走在田塍间半里，到达龙川江东岸。溯江往北行，又是半里，有铁索桥架在江上。它的建造方法是两头悬吊着铁链，中间用木板像织布一样穿起来，方法完全与澜沧江的铁索桥一样，但很窄，只有澜沧江的一半宽。由桥西头立即踏石阶往南上走，半里是龙关，数十户人家临山坡居住，设有税司向肩挑背驮贩卖的人征税。又向西平缓上走四里多，便住宿在橄榄坡。此处山坡自西山的山脊处起，向东层层冲过来，百来户人家正当山坡居住，夹住道路形成街市，盘踞在山半腰。此处米价很贱，每二十文钱住宿一晚，管两餐饭，另有带在路上吃的食品。

龙川江发源于群山北峡峨昌蛮七藏甸①，经此，东为高黎贡，西为赤土山。下流至缅甸太公城②，合大盈江。

【注释】

①峨昌蛮：即阿昌族。

②太公城：今作"达冈"，在缅甸北部，伊洛瓦底江上游东岸，杰沙西南。

【译文】

　　龙川江发源于峨昌蛮七藏甸北面山峡的群山之中，流经此地，东面是高黎贡山，西边是赤土山。往下流到缅甸的太公城，汇合大盈江。

游鸡足山日记后

　　徐霞客曾两次上鸡足山，鸡足山也是徐霞客一生旅游的终点。第一次于崇祯十一年（1638）十二月二十二日登鸡足山，第二年一月二十二日离开，在山上住了一个月。徐霞客结束滇西的考察后，于崇祯十二年（1639）八月二十二日重上鸡足山。本篇即记录他第二次在鸡足山上的生活，见《滇游日记十三》。

　　鸡足山是著名的佛教名山，省称"鸡山"。明末，逃禅风气很盛，鸡足山也处于它发展史上的鼎盛时期，众多的学问僧皆聚于此，鸡足山成为文化热岛，具有时代和地域上的典型性。徐霞客在此时亲履其境，《徐霞客游记》有关鸡足山的记载弥足珍贵。

　　徐霞客重登鸡足山，对鸡足山的风物和文化又作了拾遗补缺的查访和踏勘。加上他在丽江接受了木增"以书求修《鸡山志》"，对鸡足山的了解更加细致、深入。但是，这时的徐霞客与过去不同了。"先以久涉瘴地，头面四肢俱发疹块，累累丛肤理间。左耳左足，时时有蠕动状。"长期的野外生活损害了他的健康，后来竟至双脚致残，不能行走。长期相伴他万里西游的仆人顾行又偷走他的钱物逃跑了。连续的打击，使徐霞客心力交瘁。作为旅行家和地理学家的徐霞客，再也不能继续他酷爱的野外考察，但他却坚持创修《鸡山志》，为祖国文化事业的另一个领域贡献力量。直至崇祯十三年（1640）元月，丽江土官木增派人用滑竿把他从鸡足山送归故乡。

二十九日　为弘辨师诞日，设面甚洁白。平午，浴于大池。余先以久涉瘴地，头面四肢俱发疹块①，累累丛肤理间，左耳左足，时时有蠕动状。半月前以为虱也，索之无有。至是知为风，而苦于无药。兹汤池水深，俱煎以药草，乃久浸而薰蒸之，汗出如雨。此治风妙法，忽幸而值之，知疾有瘳机矣②。下午，艮一、兰宗来。体师更以所录山中诸刹碑文相示，且谋为余作揭转报丽江。诸碑乃丽江公先命之录者。

【注释】

①疹：皮肤上出现的斑块病变。

②瘳（chōu）：病愈。

【译文】

　　二十九日　是弘辨禅师的生日，摆出的面食十分洁白。正午，在大池中洗澡。我先前由于长期跋涉在瘴疠之地，头脸四肢全引发了块状的疹子，密密麻麻丛聚在皮肤纹理之间，左耳左脚，时时有蠕动的症状。半月前以为是生了虱子，找来又没有。到此时心知是中风，但苦于无药。这个热水池水很深，全是用药草烧煮的，于是长时间浸泡在水中熏蒸，汗出如雨。这是治中风的妙法，忽然间幸好遇上了它，知道疾病有痊愈的机会了。下午，艮一、兰宗过来。体极禅师又拿出他所抄录的山中诸寺的碑义给我观看，并且计划为我写揭帖转报丽江府。各寺的碑文是丽江木公事先命令他抄录的。

九月初一日　在悉檀。上午，与兰宗、艮一观菊南楼，下午别去。

【译文】

九月初一日　在悉檀寺。上午，与兰宗、艮一在南楼观赏菊花，下午他们告别离去。

初二日　在悉檀，作记北楼。是日体极使人报丽江府。

【译文】

初二日　在悉檀寺，在北楼写日记。这一天体极派人去报告丽江府。

初三日、初四日　作记北楼。

【译文】

初三日、初四日　在北楼写日记。

初五日　雨浃日。买土参洗而烘之。

【译文】

初五日　雨下了一整天。买土参来洗澡烘蒸身体。

初六日、初七日　浃日夜雨不休。是日体极邀坐南楼，设茶饼饭。出朱按君泰贞、谢抚台有仁所书诗卷，并本山大力、本无、野愚所存诗跋，程二游名还，省人。初游金陵，永昌王会图诬其骗银，钱中丞逮之狱而尽其家①。云南守许学道康怜其才②，私释之，避入山中。今居片角③，在摩尼东三十里。诗画图章，他山陈浑之、恒之诗翰，相玩半日。

【译文】

初六日、初七日　都是日夜雨不止。这天体极邀请我去南楼坐谈，摆设了茶水饼子米饭。拿出巡按朱大人朱泰贞、巡抚谢大人谢有仁所写的诗卷，连同本山大力、本无、野愚所保存的诗跋，程二游名叫还，省城人。当初游学金陵，永昌人王会图诬告他骗银子，钱中丞把他逮捕入狱并抄没了他的家产。云南署理学道许康怜爱他的才能，私下释放了他，逃入山中躲避。现今住在片角，在摩尼山东面三十里。的诗画图章，他山陈浑之、陈恒之的诗文，互相玩赏了半天。

初八日　雨霁，作记北楼。体极以本无随笔诗稿示。

【译文】

初八日　雨后晴开，在北楼写日记。体极拿本无的随笔诗稿来给我看。

初九日　霁甚。晨饭，余欲往大理取所寄衣囊，并了苍山、洱海未了之兴。体极来留曰："已着使特往丽江。若去而丽江使人来，是诳之也。"余以即来辞。体极曰："宁俟其信至而后去。"余从之，遂同和光师穷大觉来龙。

【译文】

初九日　十分晴朗。早晨吃饭，我想去大理取回寄存的衣服行李，并了却苍山、洱海未了的兴致。体极来挽留说："已派使者特意前往丽江。如果离开后丽江派人来，这是欺骗他了。"我用马上回来的话来答复他。体极说："宁可等木公的信使到后再去。"我听从了他，于是同和光禅师去穷究大觉寺山势的来龙去脉。

从寺西一里，渡兰那寺东南下水，过迎祥、石钟、西竺、龙华，其南临中谿，即万寿寺也，俱不入。西北约二里，入大觉，访遍周。遍周闲居片角庄，月终乃归。遂出，过锁水阁，于是从桥西上，共一里至寂光东麓。仍东过涧，从涧东蹑大觉后大脊北向上。一里余，登其中冈，东望即兰那寺峡，西望即水月庵后上烟霞室峡也。又上里余，再登一冈。其冈西临盘峡，西北有瀑布悬崖而下，其上静庐临之，即旃檀林也。东突一冈，横抱为兰陀后脊，冈后分峡东下，即狮子林前坠之壑也。于是岐分岭头：其东南来者，乃兰那寺西上之道；东北去者，为狮林道；西北盘崖而上者，为旃檀岭也；其西南来者，即余从大觉来道也。始辨是脊，从其上望台连耸三小峰南下，脊两旁西坠者，南下为瀑布而出锁水阁桥；东坠者，南下合狮林诸水而出兰那寺东。是东下之源，即中支与东支分界之始，不可不辨也。余时欲东至狮林，而忽见瀑布垂绡，乃昔登鸡山所未曾见，姑先西北上。于是愈上愈峻，路愈狭，曲折作"之"字而北者二里，乃西盘望台南嘴。此脊下度为大觉正脊，而东折其尾，为龙华、西竺、石钟、迎祥诸寺，又东横于大龙潭南，为悉檀前案，而尽于其下。此脊当鸡山之中，其脉正而雄，望台初涌处，连贯三珠，故其下当结大觉，为一山首刹，其垂端之石钟，亦为开山第一古迹焉。然有欲以此山作一支者，如是则塔基即不得为前三距之一，而以此支代之。但此支实短而中缩，西之大士阁，东之塔院，实交峙丁前，与西支之传衣寺岭鼎足前列。故论支当以寂光前引之冈为中，塔基上拥之脊为东，而此脉之中缩者不与；论刹当以大觉中悬为首，而西之寂光，乃其辅翼，东之悉檀，另主东盟，而此寺之环拱者独尊。故支为中条附庸，而寺为中条冠冕，此寺为中条重，而中条不能重寺也。嘴之西有乱砾垂峡，由此北盘峡上，路出旃檀岭之上，为罗汉壁道；由此度峡西下，为旃檀中静室道，而瀑布则层悬其下，反不能见焉。

【译文】

从寺西走一里，渡过兰那寺向东南下流的涧水，经过迎祥寺、石钟寺、西竺寺、龙华寺，那南面下临中谿读书处的，就是万寿寺了，都没有进去。向西北约走二里，进入大觉寺，拜访遍周。遍周闲居在片角庄，月底才归来。于是出寺来，走过锁水阁，从这里上桥西走，共一里来到寂光寺的东麓。仍向东过了山涧，从山涧东面踏着大觉寺后面的大山脊向北上登。一里多，登上它中间的山冈，望东边就是兰那寺的峡谷，望西面就是水月庵后上方烟霞室的峡谷。又上走一里多，再登上一座山冈。这座山冈西边面临盘绕的峡谷，西北有瀑布悬垂在山崖上，瀑布上边坐落着一处静室，这里就是旃檀林了。向东突的一座山冈，横抱为兰陀寺后面的山脊，山冈后面分出峡谷往东下延，那就是狮子林前方下坠的壑谷。在这里岭头分出岔道：那从东南来的，是兰那寺向西上走的路；往东北去的，是去狮子林的路；向西北盘绕山崖上登的，是去旃檀岭的路；那从西南来的，就是我从大觉寺来的路了。这才辨清这条山脊，从它上面的望台一连耸起三座小峰向南下垂，山脊两旁往西下坠的，向南下流成瀑布而后流出锁水阁桥；往东下坠的，向南下流汇合狮子林诸处的水后流到兰那寺东边。这是向东下流的水源，即是中间的支峰与东面的支峰分界的起点，不可不辨。我此时想往东到狮子林去，可忽然望见瀑布似白绸垂挂，是从前登鸡足山时所未曾见过的，姑且先向西北上走。从这里越上去越陡峻，路越窄，曲曲折折作出"之"字形往北走二里，就向西绕过望台南边的山嘴。此脊下延为大觉寺的正脊，而后向东掉转它的尾部，成为龙华寺、西竺寺、石钟寺、迎祥寺诸处寺院，又往东横在大龙潭南边，成为悉檀寺前方的案山，然后在它下方到了尽头。此脊正当鸡足山的中心，它的山脉又正又雄伟，望台刚出现之处，如连贯的三颗珠子，所以它的下方应当盘结着大觉寺，是全山首要的佛寺，它下垂处前端的石钟寺，也是开山时的第一古迹。不过有人想把此山算作一条支脉，如此那塔基就不能作为前山鸡爪的三个脚趾之一，却用此处支峰来代替它。但是此条支峰实际上很短而且缩在中央，西面的大士阁，东面的塔院，实际上交相耸峙在前方，与西面支峰的传衣寺岭鼎足样排列在前方。故而论支峰应当把寂光寺前方延伸的山冈看作中间的支峰，塔基上方拥围的山脊是东边的支峰，但此处缩在中间的山脉不参加进来；论寺院应当把悬在中央的大觉寺作为首位，而西边的寂光寺，是它辅佐的羽翼，东面的悉檀寺，另外成为东边的盟主，而此寺环绕拱卫之处独自占有尊贵的地位。所以支峰是中间支脉的附庸，可寺院是中间支脉的佼佼者，这是因为寺院在中脉增强了中脉的地位，而中脉不能增强寺院的地位。山嘴的西边有满是乱石块下垂的峡谷，由此向北绕到峡上，路通到旃檀岭之上，是去罗汉壁的路；由此越过峡谷向西下走，是去旃檀林中静室的路，可瀑布却层层悬在它的下方，反而不能见到了。

　　乃再度峡西崖，随之南下。一里，转东岐，得一新辟小室。问瀑布何在，其僧朴而好事，曰："此间有三瀑：东箐者，最上而小；西峡者，中悬而长；下坞者，水大而短。惟中悬为第一胜，此时最可观，而春冬则无有，此所以昔时不闻也。"老僧牵衣留待瀹茗，余急于观瀑，僧乃前为导。西下峻级半里，越级湾之西，有小水垂崖前坠为壑，而路由其上，南盘而下。又半里，即见壑东危崖盘耸，其上一瀑垂空倒峡，飞喷迢遥，下及壑底，高百余丈，摇岚曳石，浮动烟云。虽其势小于玉龙阁前峡口瀑，而峡口内嵌于两崖之胁，观者不能对峡直眺，而旁觑倒瞰，不能竟其全体；此瀑高飞于穹崖之首，观者隔峡平揖，而自颡及趾[1]，靡有所遗[2]。故其跌宕之势，飘摇之形，宛转若有余，腾跃若不及，为粉碎于空虚，为贯珠于掌上，舞霓裳而骨节皆灵[3]，掩鲛绡而丰神独迥，不由此几失山中第一胜矣！

【注释】

①颡（sǎng）：额头。

②靡（mǐ）：不。

③霓（ní）裳：如彩虹样漂亮而飘逸的裙裳。

【译文】

于是再越到峡西的山崖上，顺山崖往南下走。一里，转上东边的岔道，找到一处新开辟的小室。打听瀑布在哪里，那和尚朴实好事，说："这一带有三个瀑布，东边山箐中的，在最上方但水小；西边峡中的，悬在中央但水长；下面山坞中的，水大但最短。唯有悬在中央的是第一胜景，此时最值得观赏，到春、冬两季便没有水，这就是您为什么昔日没有听说的原因了。"老和尚拉着我的衣服挽留我等待沏茶，我急于去观看瀑布，和尚便在前边为我领路。向西下走陡峻的石阶半里，沿石阶越到山湾的西边，有小溪垂在山崖前下坠成为壑谷，而路径由它上边向南盘绕而下。又走半里，马上望见壑谷东面危崖弯曲上耸，危崖上一条瀑布垂空倒入峡中，远远地飞溅喷泻，下达壑谷底，高百多丈，山风飘飘，石崖朦胧，烟云浮动。水势虽然小于玉龙阁前边峡口的瀑布，但峡口向内嵌在两面山崖的侧旁，观看的人不能面对山峡直视，而要在旁边斜视倒着俯瞰，不能完整看到它的全貌；这个瀑布高高飞泻在穹隆的山崖头上，观看的人隔着峡谷平视作揖，而且从顶到脚，没有遗漏。所以它那跌宕的气势，飘摇的形态，弯弯转转好似有余，腾跃的气势好像不够，是散碎在虚空中的粉末，是握在掌上的串珠，是飘舞着的彩虹般的裙裳，而山石间充满灵气，遮掩着鲛人织成的丝绢而丰姿神韵独特迥异，不经由此地几乎错失山中的第一胜景了！

由对峡再盘西嘴，入野和静室。门内有室三楹甚爽，两旁夹室亦幽洁。其门东南向，以九重崖为龙，即以本支旃檀岭为虎，其前近山皆伏；而远者又以宾川东山并梁王山为龙虎，中央益开展无前，直抵小云南东水盘诸岭焉。盖鸡山诸刹及静室俱南向，以东西二支为龙虎，而西支之南，有木香坪山最高而前巩，亦为虎翼，故藉之为胜者此，视之为崇者亦此；独此室之向，不与众同，而此山亦伏而不见，他处不能也。野和为克新之徒，尚居寂光，以其徒知空居此。年少而文，为诗虽未工，而志甚切，以其师叔见晓寄诗相示，并己稿请正，且具餐焉。见晓名读彻，一号苍雪，去山二十年，在余乡中峰，为文湛持所推许，诗翰俱清雅。问克新向所居精舍①，尚在西一里，而克新亦在寂光。乃不西，复从瀑布上，东盘望台之南。二里余，从其东胁见一静室，其僧为一宗，已狮林西境矣。室之东，有水喷小峡中，南下涉之。又东即体极静室，其上为标月静室。其峡中所喷小水，即下为兰那东涧者，此其源头也。其山去大脊已不甚遥，而崖间无道，道由望台可上，至是已越中支之顶而御东支矣。

【注释】

①精舍：寺院的异名。意为精行者所居，故称"精舍"。

【译文】

由对面的峡上再绕过西边的山嘴，进入野和的静室。

门内有三间屋子十分清爽，两旁相夹的屋子也幽静整洁。静室的门朝向东南，把九重崖作为龙，就以此处支脉的㾑檀岭作为虎，它前方近处的山全都低伏着；而远处又把宾川的东山及梁王山作为龙虎，中央益加开阔平展，前方没有障碍，直达小云南驿东面的水盘岭诸山。大体上鸡足山诸寺院及静室全是向南，以东西两条支脉作为龙虎，而西面支脉的南边，有木香坪山最高而且向前环绕，也是虎翼，所以借此成为胜地的原因是这一点，把它视为崇山峻岭的也是这一点；独有此处静室的坐向，与诸寺不同，而且此山也隐伏着看不见，其他地方不可能这样。野和是克新的徒弟，还住在寂光寺，他让徒弟知空住在此处。知空年轻文雅，作的诗虽不工整，但志趣很大，他把师叔见晓寄赠的诗拿给我看，连同自己的诗稿也拿来请我指正，并且准备了饭食。见晓法名叫读彻，另一个法号叫苍雪，离山二十年，在我家乡的中峰，被文湛持所推重，诗文都清雅。询问克新从前居住的寺院，还在西边一里，但克新也在寂光寺。于是不向西走，再从瀑布上方，向东绕到望台之南。二里多，从望台的东侧见到一处静室，那僧人是一宗，知已到了狮子林的西境了。静室之东，有水喷泻在小峡中，往南下涉水流。又向东就是体极的静室，它上方是标月的静室。那峡中喷泻的小溪，就是下流成为兰那寺东边山涧的溪水，这里是它的源头。这里的山距大山脊已不十分远，可山崖间无路，道路可由望台上走，到了此地已越过中间支峰的峰顶而迎接东面的支峰了。

由此而东半里，入白云静室，是为念佛堂。白云不在。观其灵泉，不出于峡而出于脊，不出崖外而出崖中，不出于穴孔而出于穴顶，其悬也，似有所从来而不见，其坠也，曾不假灌输而不竭，有是哉，佛教之神也于是乎征矣。何前不遽出，而必待结庐之后，何后不中止，而独擅诸源之先，谓之非"功德水"可乎？较之万佛阁岩下之潴穴，霄壤异矣。又东一里，入野愚静室，是为大静室。浃谈半晌。西南下一里，饭于影空静室。与别已半载，一见把臂，乃饭而去。从其西峡下半里，至兰宗静室。盖狮林中脊，自念佛堂中垂而下，中为影空，下为兰宗两静室，而中突一岩间之，一踞岩端，一倚岩脚，两崖俱坠峡环之。岩峙东西峡中，南拥如屏。东屏之上，有水上坠，洒空而下，罩于嵌壁之外，是为水帘。西屏之侧，有色旁映，傅粉成金，焕乎层崖之上，是为翠壁。水帘之下，树皆偃侧，有斜骞如翅，有横卧如虬，更有侧体而横生者。众支皆圆而此独扁，众材皆奋而此独横，亦一奇也。

【译文】

由此往东走半里，进入白云的静室，这里是念佛堂。白云不在。观看这里的灵泉，不从峡中流出却从山脊上流出，不从山崖外流出却在石崖中涌出，不从孔洞中流出却从洞穴顶部溢出，泉水高悬，似应有流来的地方却不得见，水流下坠，不曾借助于灌注输运但不会枯竭，有这样的泉水啊，佛教的神异在这里得到了证实。为何从前不马上流出来，却必定要等到建了寺庵之后，为何后来不中止，而独擅诸处水源的先河，说它不是"功德水"行吗？把它与万佛阁岩石下的积水洞穴比较，就是天地之别了。又向东一里，进入野愚的静室，这是大静室。深谈了半晌。往西南下走一里，在影空的静室吃饭。与他相别已半年，一见面互相握住手臂，吃饭后离开。从它的西峡下走半里，来到兰宗的静室。狮子林中间的山脊，自念佛堂居中下垂，中间是影空，下边是兰宗两个和尚的静室，而中间突起一座石崖隔开了它们，一个静室盘踞在石崖顶端，一个静室紧靠在石崖脚下，石崖两侧都有深坠的峡谷环绕着它。石崖呈东西向屹立在峡谷中，往南围拥如同屏风。东边屏风之上，有水从上面下坠，洒在空中落下来，罩在下嵌的石壁之外，这便是水帘。西边如屏风的崖石旁，有色彩向四旁映照，如用粉抹成金色，光彩焕然地在层层山崖之上，这是翠壁。水帘之下，树全是侧倒着的，有的斜举如鸟翅，有的横卧如虬龙，更有树体侧着横长的。各地的树枝干都是圆的，可此处唯独是扁的，各处的树木都是直长的，但此地唯独是横的，也是一处奇观。

兰宗遥从竹间望余，至即把臂留宿。时沈莘野已东游，乃翁偶不在庐，余欲候晤，遂从之。和光欲下山，因命顾奴与俱，恐山庐无余被，怜其寒也。奴请匙钥，余并箱箧者与之，以一时解缚不便也。奴去，兰宗即曳杖导余，再观水帘、翠壁、侧树诸胜。既暮，乃还其庐。是日为重阳，晴爽既甚，而夜月当中峰之上，碧落如水，恍然群玉山头也。

【译文】

兰宗远远从竹丛间望见我，走到后立即握住手臂留宿。此时沈莘野已东游，其父偶然不在屋中，我想等他见面，便听从了兰宗的安排。和光想下山去，于是命令顾奴与他一同走，担心山间庐舍中没有多余的被子，怜惜他会受寒。奴仆请求把钥匙交给他，我连同箱子竹筐的钥匙都给了他，因为一时间解开捆钥匙的线不方便。奴仆离开后，兰宗立即拖着手杖引导我，再去观览水帘、翠壁、侧树诸处胜景。天黑后，就返回到他的屋中。这一天是重阳节，白天既已非常晴朗，而夜间明月正当中峰之上，天空如水，恍惚是在群玉山头了。

初十日　晨起，问沈翁，犹未归。兰宗具饭，更作饼食。余取纸为狮林四奇诗畀之。水帘、翠壁、侧树、灵泉。见顾仆不至，余疑而问之。兰宗曰："彼知君即下，何以复上？"而余心犹怏怏不释，待沈翁不至，即辞兰宗下。才下，见一僧仓皇至。兰宗尚随行，讯其来何以故，曰："悉檀长老命来候相公者。"余知仆逋矣。再讯之，曰："长老见尊使负包囊往大理，询和光，疑其未奉相公命，故使余来告。"余固知其逃也，非往大理也。遂别兰宗，同僧亟下。五里，过兰那寺前幻住庵东，又下三里，过东西两涧会处，抵悉檀已午。启箧而视，所有尽去。体极、弘辨欲为余急发二寺僧往追，余止之，谓："追或不能及。及亦不能强之必来。亦听其去而已矣。"但离乡三载，一主一仆，形影相依，一旦弃余于万里之外，何其忍也！

【译文】

初十日　早晨起床，打听沈翁，仍未归来。兰宗备好饭，另外做饼子来吃了。我取来纸作了狮子林四奇诗送给他。水帘、翠壁、侧树、灵泉四奇。见顾仆不到，我疑心去查问他。兰宗说："他知道先生就要下去，为何再上来？"可我仍然怏怏不乐放不下心，等不到沈翁，立即辞别兰宗下山。刚下山，见一个和尚仓皇来到。兰宗仍随行，询问他来是为什么事，说："悉檀寺的长老命令前来迎候相公的。"我心知仆人逃走了，再次询问和尚，他说："长老见贵使背着包袱前去大理，询问和光，怀疑他未奉相公的命令，因而派我来报告。"我本来就知道他逃跑了，不是去大理。于是告别兰宗，同和尚急忙下山。五里，经过兰那寺前幻住庵东边，又下走三里，经过东西两条山涧汇合之处，抵达悉檀寺，已是中午。打开箱子来看，所有东西全都不见了。体极、弘辨打算为我急速派遣两个寺中的僧人去追，我止住了他们，说道："追或许追不上。追上他也不能强迫他一定回来。也只能听任他离开而已了。"只是离开家乡三年，一主一仆，形影相依，忽然有一天在万里之外抛弃了我，为何这样狠心呀！

溯江纪源

　　《溯江纪源》又称《江源考》，是徐霞客科学论文的代表作。

　　徐霞客生长在长江口附近的江阴，面对浩渺的大江，从小立下大志，"欲穷江河之源"。他运用追踪和目击的办法考察江河。晚年到云南，面对盘绕不定、岸陡水急的金沙江，既不通航，又不能沿江步行，他则认真考察分水岭，即他所说的"龙脉"，追踪江流的走向。他舍弃传统官道不走，迂曲北出，选择昆明—武定—元谋—大姚—宾川—鹤庆—丽江一线，主要目的就是考察金沙江的流向，在元谋得以足勘目验了他怀念思索过一辈子的真正的长江正源。该文成稿于对这一片考察结束以后，可能于崇祯十三年（1640）归途中在"峨眉山下"定稿。《溯江纪源》不但是徐霞客一生延续时间最长、所耗精力最多的研究课题，也是他一生地理考察的最后一篇封笔之作。对长江及各主要支流，我国汉代以来已有记载。《溯江纪源》敢于大胆否定被视为圣经的《尚书·禹贡》"岷山导江"的传统说法，从整个水系的宏观上进行研究，在历史上第一次论证了金沙江才是长江正源。通过实地考察进行地理考证，"其所纪核，从足与目互订而得之"，成为科学名篇。而且结构严谨，层层递进，逻辑性强。

　　《溯江纪源》是最早付梓和最早被介绍到西方的徐霞客著作。被刊载于崇祯《江阴县志》和崇祯《靖江县志》。康熙皇帝的《康熙几暇格物编·江源》介绍并赞赏该文。

江、河为南北二经流，以其特达于海也。而余邑正当大江入海之冲，邑以江名，亦以江之势至此而大且尽也。生长其地者，望洋击楫，知其大不知其远；溯流穷源，知其远者，亦以为发源岷山而已。余初考纪籍，见大河自积石入中国[①]。溯其源者，前有博望之乘槎[②]，后有都实之佩金虎符[③]。其言不一，皆云在昆仑之北，计其地，去岷山西北万余里，何江源短而河源长也？岂河之大更倍于江乎？迨逾淮涉汴，而后睹河流如带，其阔不及江三之一，岂江之大，其所入之水，不及于河乎？迨北历三秦[④]，南极五岭[⑤]，西出石门、金沙，而后知中国入河之水为省五[⑥]，陕西、山西、河南、山东、南直隶。入江之水为省十一[⑦]。西北自陕西、四川、河南、湖广、南直，西南自云南、贵州、广西、广东、福建、浙江。计其吐纳，江既倍于河，其大固宜也。

【注释】

①大河：即黄河。积石：山名。明代分大积石山和小积石山。大积石山即阿尼马卿山，在今青海省南部，距黄河源甚近。小积石山在青海省东部，两山如削，黄河从中冲出，明有积石关，今称"积石峡"，在甘肃、青海界上。附近的循化撒拉族自治县今亦称"积石"。

②"前有"句：西汉人张骞（qiān）曾被封为博望侯，他出使西域，回来后对汉武帝说："于阗之西，则

水皆西流西海；其东，水东流注盐泽。盐泽潜行地下，其南则河源出焉。"于阗，即今新疆维吾尔族自治区和田县。盐泽指今罗布泊。这段话出自《史记·大宛传》，是关于黄河源的最早记载。槎（chá），用竹木编成的筏。神话中称乘木排上天河为"乘槎"。

③"后有"句：都实，元代人。《元史·地理志·河源附录》综录了元代探河源的成果，也概述了都实探河源的经过。"至元十七年（1280）命都实为招讨使，佩金虎符，往求河源。""西去愈高，四阅月，始抵河源。是冬还报，并图其城传位置以闻。其后，翰林学士潘昂霄从都实之弟阔阔出得其说，撰为《河源志》。"

④三秦：秦亡后，项羽把关中分为三份，封给秦降将章邯、司马欣、董翳三人为王，后来即称陕西（不包括汉中）、陇东为"三秦"。

⑤五岭：即越城、都庞、萌渚、骑田、大庾五岭的总称。"五岭"亦合称"南岭"，蜿蜒在今湖南、江西、广西、广东四省区之间。明代，越城岭又称"始安峤"，都庞岭又称"永明岭"，萌渚岭又称"白芒岭"，骑田岭又称"黄岑山"，大庾岭又称"梅岭"。

⑥入河之水为省五：这是按明代的行政区划讲的。明代无甘肃省，今甘肃省大部分包入陕西，故不提甘肃。明代黄河往南夺淮入海，故说黄河经过南直隶，即今安徽、江苏两省。

⑦入江之水为省十一：按，现今广东、福建不属长江
水系。另有江西属长江水系，《游记》未列。

【译文】

长江、黄河为南北的两条主干河流，是因为它们单独通到大海。我们县正当大江入海的要冲之地，县因长江而得名，也因为到了这里长江的水势浩大而且将要到头了。生长在这个地方的人，望着浩渺的水流击桨，知道它大却不知道它远；溯流穷源，知道它远的人，也只以为发源于岷山而已。我最初考证典籍的记载，见黄河自积石山流入中原。追溯它的源头的人，前有博望侯张骞如乘木筏上天河，后有都实佩带金虎符。他们的说法不一致，都说是在昆仑山的北面，估计那地方，距岷山西北一万多里，为何长江的源头短而黄河的源头长呢？莫非黄河的大处更比长江大一倍吗？等到越过淮河涉过汴河，然后才看到黄河的水流如同衣带，水面宽处不到长江的三分之一，难道长江这样大，它所流入的水流，赶不上黄河吗？等到往北经过了三秦地区，南边穷尽了五岭，向西到了石门关、金沙江，然后了解到中国流入黄河的水流是五个省，陕西、山西、河南、山东、南直隶。流入长江的水流是十一个省。西北自陕西、四川、河南、湖广、南直隶，西南自云南、贵州、广西、广东、福建、浙江。计算它们水流的吞吐量，长江既然比黄河多一倍，它的水流大本来就是应该的。

按其发源，河自昆仑之北，江亦自昆仑之南，其远亦同也。发于北者曰星宿海，佛经谓之徙多河①。

北流经积石，始东折入宁夏②，为河套，又南曲为龙门大河，而与渭合。发于南者曰犁牛石，佛经谓之殑伽河。南流经石门关③，始东折而入丽江，为金沙江，又北曲为叙州大江，与岷山之江合。余按岷江经成都至叙④，不及千里，金沙江经丽江、云南、乌蒙至叙，共二千余里，舍远而宗近，岂其源独与河异乎？非也！河源屡经寻讨，故始得其远；江源从无问津，故仅宗其近。其实岷之入江，与渭之入河，皆中国之支流，而岷江为舟楫所通，金沙江盘折蛮僚谿峒间，水陆俱莫能溯。在叙州者，只知其水出于马湖、乌蒙，而不知上流之由云南丽江；在云南丽江者，知其为金沙江，而不知下流之出叙为江源。云南亦有二金沙江：一南流北转，即此江，乃佛经所谓殑伽河也；一南流下海，即王靖远征麓川，缅人恃以为险者，乃佛经所谓信度河也。云南诸志，俱不载其出入之异，互相疑溷，尚不悉其是一是二，分北分南，又何由辨其为源与否也。既不悉其孰远孰近，第见《禹贡》"岷山导江"之文，遂以江源归之，而不知禹之导，乃其为害于中国之始，非其滥觞发脉之始也。导河自积石，而河源不始于积石；导江自岷山，而江源亦不出于岷山。岷流入江，而未始为江源，正如渭流入河，而未始为河源也。不第此也，岷流之南，又有大渡河，西自吐蕃，经黎、雅与岷江合⑤，在金沙江西北，其源亦长于岷而不及金沙，故推江源者，必当以金沙为首。

【注释】

①"佛经谓之"句：古代印度传说，以为地面各大河都是从雪山（指今喜马拉雅山西部一带）四向分流，因称"四河"。北面流出的一条称"徙多（sītā）河"，后有人以今叶尔羌河和塔里木河为徙多河，并误认为它是黄河上源。东面流出的一条称"殑（jìng）伽河"，指今印度恒河。南面流出的一条称"信度河"，即今巴基斯坦的印度河。西面流出的一条称"缚刍河"，应为今阿姆河。在此篇，徐霞客对以上各河多有自己的解释。

②宁夏：明置宁夏卫和宁夏镇，隶陕西省，治今宁夏回族自治区银川市。

③石门关：明设石门关巡检司，在今玉龙纳西族自治县石鼓稍北的金沙江西岸，地当吐蕃、麽些界上。

④叙：明置叙州府，在今四川宜宾市。

⑤黎：明置黎州安抚司，治今四川汉源县九襄镇。

【译文】

考察它们的发源地，黄河在昆仑山的北面，长江也是在昆仑山的南面，它们的长处也相同。发源于北面的叫星宿海，佛经称之为徙多河。往北流经积石山，这才向东折进宁夏卫，形成河套，又向南弯曲成为龙门峡的大河，而后与渭水合流。发源于南面的叫犁牛石，佛经称之为殑伽河。往南流经石门关，这才向东折入丽江，成为金沙江，又向北弯曲成为叙州府的大江，与源于岷山的江水合流。我考察，岷江经成都到叙州府，不到一千里，金沙江流经丽江、云南、乌蒙府到叙州府，共有二千多里，舍弃远的却把近的看做是本源，难道是它的源头唯独与黄河不同吗？不对！黄河的源头屡次经过寻找探求，所以才找到它远处的源头；长江的源头从来无人问津，所以仅把那近处的支流作为源头。其实岷江流入长江，与渭水流入黄河一样，都是中国的支流，而岷江是舟船所通之处，金沙江盘绕曲折在蛮僚各族聚居的溪谷之间，水、陆两路都无人能追溯。在叙州府的人，只知这条江水出自于马湖府、乌蒙府，却不知上游流经云南丽江；在云南丽江的人，知道它是金沙江，却不知下游流到叙州府成为长江的源头。云南也有两条金沙江：一条往南流后向北转的，就是此江，是佛经所称的殑伽河了；一条往南流下大海，就是王靖远征讨麓川时，缅甸人倚仗作为天险的江，是佛经所称的信度河了。云南诸种志书，都不记载它们出入的不同处，互相疑惑混淆，还不知悉它们是一条江还是两条江，分在北方还是分在南方，又从哪里来辨明它是不是长江的源头。既然不知悉它们谁远谁近，只见到《禹贡》中"岷山导江"的字句，便把长江的源头归属于岷江，却不知大禹疏导岷江，是因为它是为害于中国的起点，不是长江滥觞发源的起点。疏导黄河起自积石山，可黄河源头不起始于积石山；疏导长江起自岷山，而长江的源头也不是源出于岷山。岷江流入长江，而不是长江的源头，正如渭水流入黄河，不是黄河的源头一样。不但如此，岷江流域的南边，又有条大渡河，西面源自吐蕃，流经黎州、雅州与岷江合流，在金沙江西北方，它的源头也比岷江远但赶不上金沙江，所以推寻长江源头的，必定应当把金沙江作为第一。

不第此也，宋儒谓中国三大龙，而南龙之脉，亦自岷山，濒大江南岸而下，东渡城陵、湖口而抵金陵①，此亦不审大渡、金沙之界断其中也。不第此也，并不审城陵矶、湖口县为洞庭、鄱阳二巨浸入江之口。洞庭之西源自沅，发于贵州之谷芒关②；南源自湘，发于粤西之釜山、龙庙。鄱阳之南源自赣，发于粤东之浰头、平远；东源自信、丰，发于闽之渔梁山、浙之仙霞南岭③。是南龙盘曲去江之南且三千里，而谓南龙濒江乎？不第此也，不审龙脉，所以不辨江源。今详三龙大势，北龙夹河之北，南龙抱江之南，而中龙中界之，特短。北龙亦只南向半支入中国。俱另有说。惟南龙磅礴半宇内，而其脉亦发于昆仑，与金沙江相持南下，经石门、丽江，东金沙，西澜沧，二水夹之。环滇池之南，由普定度贵竺、都黎南界④，以趋五岭。龙远江亦远，脉长源亦长，此江之所以大于河也。不第此也，南龙自五岭东趋闽之渔梁，南散为闽省之鼓山⑤，东分为浙之台、宕。正脉北转为小箬岭，闽、浙界。度草坪驿，江、浙界。峙为浙岭、徽、浙界。黄山，徽、宁界。而东抵丛山关⑥，绩溪、建平界。东分为天目、武林⑦。正脉北度东坝⑧，而峙为句曲⑨，于是回龙西结金陵，余脉东趋余邑。是余邑不特为大江尽处，亦南龙尽处也。龙与江同发于昆仑，同尽于余邑，屹为江海锁钥，以奠金陵，拥护留都千载不拔之基以此。岂若大河下流，昔曲而北趋碣石⑩，今徙而南夺淮、泗，漫无锁钥耶？然则江之大于河者，不第其源之共远，亦以其龙之交会矣。故不探江源，不知其大于河；不与河相提而论，不知其源之远。谈经流者，先南而次北可也。

【注释】

①城陵：城陵矶，今名同，为洞庭湖口，在湖南岳阳市北。湖口：明设湖口县，今名同，为鄱阳湖口，在江西九江市东。

②谷芒关：今名同，在贵定县稍东，有公路从此经过。

③"鄱阳之南"四句：渔梁山在福建北隅，仙霞南岭在浙江西南隅，皆位于闽、浙、赣三省交界处。而信、丰在赣南，今名同，与渔梁、仙霞不相值。鄱阳东源应指上饶江，即今信江。

④贵竺：即贵竹，明置贵竹长官司，治今贵州贵阳市。都黎：即都泥江。

⑤鼓山：今名同，在福州市东郊，闽江北岸，山顶有大石如鼓，故名。为著名风景胜地。

⑥丛山关：在今安徽绩溪县北三十里处。

⑦东分为天目、武林：武林山为灵隐、天竺诸山的总名，在今浙江杭州市西。天目山在浙江省西北部，分为东天目山与西天目山两支，多奇峰竹林，为风景胜地。

⑧东坝：明时又称"广通镇"，今仍称"东坝"，在江苏南京市高淳区东境。

⑨句曲：即句曲山，在今江苏句容市东南，金坛、溧阳以西，又称"茅山"，有三峰，分别为大茅、中茅、小茅。

⑩碣石：古籍中称碣石的地方很多。一说即今河北昌黎县西北的碣石山。一说在今秦皇岛市北戴河附近。《肇域志》载，"山东海丰县马谷山，即大碣石"，则在今山东无棣县北。依文意，此碣石应在古黄河口附近。

【译文】

不仅如此，宋代儒生认为中国有三大龙脉，而南方的龙脉，也是起自岷山，濒大江南岸下延，往东延过城陵矶、湖口县后抵达金陵，这也是不清楚大渡河、金沙江在其中隔断了。不仅如此，并且是不清楚城陵矶、湖口县是洞庭湖、鄱阳湖这两个巨大的湖泽入江的湖口。洞庭湖西边的水源来自沅江，发源于贵州的谷芒关；南边的水源来自于湘江，发源于粤西的釜山、龙庙。鄱阳湖南边的水源来自赣江，发源于粤东的浰头、平远；东边的水源来自信江、永丰溪，发源于福建的渔梁山、浙江的仙霞南岭。这样南方的龙脉盘绕屈曲离长江的南岸将近三千里，却认为南方的龙脉是濒临长江吗？不仅如此，不清楚龙脉，所以不能分辨长江的源头。今天已详尽知道三条龙脉的大体趋势，北方的龙脉夹在黄河的北面，南方的龙脉环抱在长江的南面，而中部的龙脉隔在它们中间，特别短。北方的龙脉也只有向南延伸的半条支脉进入中原。全都另外有解说。唯有南方的龙脉磅礴在半个国家内，而且它的山脉也是起始于昆仑山，与金沙江互相并列往南下延，经过石门关、丽江，东边是金沙江，西面是澜沧江，两条江水夹住它。环绕过滇池的南边，由普定延伸到贵竺、都黎的南境，以后奔向五岭。龙脉远长江也远，山脉长水源也长，这就是长江之所以大过黄河的原因了。不仅如此，南方的龙脉从五岭往东延向福建的渔梁山，向南散开成为福建省的鼓山，向东分开成为浙江的天台山、雁宕山。正脉向北转成为小箪岭，闽、浙交界处。延伸到草坪驿，江、浙交界处。箬峙为浙岭、徽州、浙江交界处。黄山，徽州府、宁国府交界处。往东抵达丛山关，绩溪、建平境内。向东分散成为天目山、武林山。正脉往北延伸过东坝，而后箬峙为句曲山，于是龙脉向西回绕盘结为金陵，余脉往东奔向我县。这样我县不仅是大江的尽头处，也是南方龙脉的尽头处。龙脉与长江一同发源于昆仑山，一同在我县到了尽头，屹然成为长江入海处的军事要地，得以奠定金陵，拥围护卫留都千载不败的基础就是凭借这一点。难道是像黄河的下游，从前曲向北流向碣石，如今迁移到南边夺取了淮河、泗水的河道，漫无边际没有入海处的军事要地吗？这样长江之所以大于黄河的原因，不仅是它们的源头一样远，也是因为它与龙脉交会了。所以不探索长江的源头，不知它比黄河大；不与黄河相提并论，不知它的源头远。谈论主干河流的人，可以先及南方次及北方了。